Albrecht Bodenmüller

Schiffsmaschinen

Berechnung und Konstruktion

Reihe: Historische Schiffahrt, Band 52

Bodenmüller, Albrecht

Schiffsmaschinen
Berechnung und Konstruktion

Reihe: Historische Schiffahrt, Band 52

ISBN: 978-3-86195-501-6
Erscheinungsjahr: 2010
Erscheinungsort: Bremen, Deutschland

Salzwasser-Verlag (www.salzwasserverlag.de) ist ein Imprint der Europäischer Hochschulverlag GmbH & Co KG, Fahrenheitstr. 1, 28359 Bremen. Alle Rechte beim Verlag und bei den jeweiligen Lizenzgebern.

Bei diesem Titel handelt es sich um den Nachdruck eines historischen, lange vergriffenen Buches aus dem Verlag Oskar Leiner, Leipzig (1923). Da elektronische Druckvorlagen für diese Titel nicht existieren, musste auf alte Vorlagen zurückgegriffen werden. Hieraus zwangsläufig resultierende Qualitätsverluste bitten wir zu entschuldigen.

Cover: Foto © Barbara Eckholdt/Pixelio

Schiffsmaschinen
deren Berechnung und Konstruktion

Von

Oberingenieur ALB. BODENMÜLLER

Mit 233 Abbildungen

Vierte Auflage

Leipzig
Verlag von Oskar Leiner
1923

Vorwort zur 1. Auflage.

Das vorliegende Buch ist in der Absicht entstanden, alle praktischen Erfahrungen dem angehenden Konstrukteur in einem billigen und weniger umfangreichen Handbuch zugänglich zu machen.

Gegenüber ähnlichen Werken ist neu hinzugekommen das Kapitel über „Gegenpropeller", während die „Hilfsmaschinen" einem weiteren Bande vorbehalten bleiben.

Mit der Trennung in „Hauptmaschinen" und „Hilfsmaschinen" glaube ich denjenigen Konstrukteuren entgegenzukommen, die sich auf dem einen oder anderen Gebiete als Spezialisten ausbilden wollen.

Die in den Text eingefügten Konstruktionszeichnungen sind neueren Datums und Ausführungen der bekannten „Stettiner Maschinenbau-Aktien-Ges. Vulcan". Für die gütige Überlassung derselben spreche ich hiermit der Direktion der A.-G. „Vulcan" meinen besten Dank aus.

Stettin.

Alb. Bodenmüller.

Vorwort zur 4. Auflage.

Sowohl während des Krieges als auch unter seinen verhängnis-
vollen Nachwirkungen hat sich der Schiffsmaschinenbau stetig und
unaufhaltsam weiter entwickelt und die Kolbendampfmaschine in
Bezug auf Ausführung und Wirtschaftlichkeit zu einem hohen Grad
der Vollkommenheit gesteigert. Wenngleich nicht zu leugnen ist, daß
sowohl die Dampfturbine als auch die Ölmaschine der altbewährten
Dampfmaschine teils mit Erfolg den Rang streitig machen, so steht
letztere doch ihrer absoluten Zuverlässigkeit wegen im Handelsschiff-
bau immer noch an erster Stelle.

Insbesondere haben die H e i ß d a m p f m a s c h i n e und V e n t i l -
m a s c h i n e große Fortschritte gemacht und sind die ihnen anhaften-
den Mängel durch intensive Kleinarbeit nahezu verschwunden. Ich
bin mir bewußt, daß ich diese beiden Maschinenarten nicht erschöpfend
behandelt habe, doch bin ich innerhalb des gezogenen Rahmens dieses
Handbuches soweit auf deren Eigenarten eingegangen, als zum allgemeinen Verständnis nötig ist. Im übrigen haben fast alle Kapitel
zum Teil umfangreiche Erweiterungen erfahren,

An dieser Stelle spreche ich allen Firmen, die mich durch zum
Teil sehr wertvolles Material unterstützt haben, meinen verbind-
lichsten Dank aus.

Lübeck, April 1923.

Alb. Bodenmüller.

Inhaltsverzeichnis.

Seite

Einleitung 1

Erster Teil.

Kapitel I.

Bestimmung der Maschinenleistung. 2
  Tabelle der Koeffizienten ε. η. ζ . . . . 3—4
  Tabelle der Koeffizienten $C\,C_1$ und m 5

Kapitel II.

A. Bestimmung der Zylinderabmessungen 5
  a) Die Sattdampfmaschine 6
    1. Arbeit während der Einströmung 6
    2. Arbeit während der Expansion 6
    3. Vorausströmungsarbeit 8
    4. Ausströmungsarbeit (Verlust) 9
    5. Kompressionsarbeit (Verlust) 9
    6. Voreinströmungsarbeit 10

    Werte von $\varkappa$ für:
      Einzylindermaschinen 11
      Kompoundmaschinen 11
      Dreifachexpansionsmaschinen 11
      Tabelle der Werte $\Theta = \varepsilon\left(1 + l_n\,\dfrac{1}{\varepsilon}\right)$ 12

  b) Die Heißdampfmaschine 12
    1. Die Arbeit während der Einströmung 12
    2. Die Expansionsarbeit 12
    3. Arbeit während der Voreinströmung und Vorausströmung 15
    4. Kompression 15

B. Kolbenhub, Umdrehungszahl und Kolbengeschwindigkeit 16
  Tabelle über mittlere Kolbengeschwindigkeiten 18

C. Bestimmung der Zylinderverhältnisse 18
  Tabelle über Zylinder- und Füllungsverhältnisse 19

VI

Kapitel III.

Seite

Die Steuerungen 20
  a) Entwurf der Steuerung 21
  b) Die Schieber 23
    Der Trick-Schieber 25
    Der Penn-Schieber 27
    Der Patent-Hochwaldschieber 31
  c) Allgemeines über Schieber 37
    Ventile 39

Kapitel IV.

Die Umsteuerungen 44
  Die Klugsche Steuerung 49
  Die Joy-Steuerung 52
  Die Brown-Steuerung 54
  Die Heusinger von Waldegg-Steuerung 56
  Die Hackworth-Steuerung 57
  Die Marshall-Steuerung 59

Kapitel V.

Der Massenausgleich 63
  1. Die Zweikurbelmaschine 64
  2. Die Dreikurbelmaschine 66
  3. Die Vierkurbelmaschine 67
  4. Massenausgleich der Vierkurbelmaschinen nach Schlick-Tweedy . . 70

Kapitel VI.

Einzelteile der Hauptmaschine 71
  1. Dampfzylinder 71
  Zylinderflansch und Deckelschrauben 75
  Zylinderkanäle, Schieberkasten und Schieberkastendeckel . 76
  Schieberspiegel und Rundschiebereinsatz 77
  Stopfbuchsen und Packungen 77
  Tabelle für Stopfbuchsen mit gewöhnlicher Packung . . 78
  Anordnung der Zylinder 82
    Wasserdruckproben 82
  Leistungstafel der Lentz-Einheits-Schiffsmaschinen . . 91
  Hauptabmessungen der Lentz-Einheits-Schiffsmaschinen . 92
  Zylinderarmatur 92
  Absperr- und Manövrierventil 93
  Zylindersicherheitsventil 95
  Entwässerung der Zylinder und Schieberkasten . . . 96
  Indikatoranschlüsse 97
  Mantelheizung 97
  Hilfsschieber und Hilfsventil 98

2. Das Kolbengestänge 98
  a) Dampfkolben 98
    Ramsbottom-Kolbendichtung 102
    Buckley-Kolbendichtung 103
  b) Kolbenstange 104
  c) Gleitbahn 106
  d) Kreuzkopf 107
  e) Kreuzkopfzapfen 108
  f) Pleuelstangen 109
  g) Das Kurbelzapfenlager 112
  h) Die Kurbelwelle 113
  i) Kurbelzapfen 117
    Drucklager 118
  k) Die Grundplatten 124
  l) Die Grundlager 126
  m) Lagerdeckel 130
  n) Maschinenständer 131
  o) Das Steuerungsgestänge 135
    Kulissen 137
  p) Die Exzenter und Exzenterstangen 139

Kapitel VII.

Kondensatoren 142
  Allgemeines über Kondensatoren 150

Kapitel VIII.

Die Schiffsschraube 152
  Der Nutzeffekt des Propellers 154
  Koeffizienten K_1 und K_2 zur Schraubenberechnung 157
  Die Berechnung der Schraubenfläche 157
  Die Beanspruchung der Schraubenflügel 159
  Werte von X, Y und Z 160
  Zulässige Beanspruchung von Schraubenflügeln 163
  Tabelle ausgeführter Schlepperschrauben 173

Kapitel IX.

Der Gegenpropeller 174

Kapitel X.

Lauf- und Propellerwellen und Stevenrohre 178
Das Stevenrohr 182

Zweiter Teil.

Verschiedene Tabellen 187

Die Schiffsmaschine.

Einleitung.

Mit der Beendigung des Weltkrieges wurde wieder die gesamte technische Literatur zugänglich, und der deutsche Schiffsmaschinenbau mußte aus den bis dahin zurückgehaltenen Berichten erkennen, daß seine Annahme von der Überlegenheit der Dampfturbine und Ölmaschine auf der ganzen Linie über die Kolbenmaschine durchaus unzutreffend war. Eine große Zahl von Schaufelhavarien und Zusammenbrüche der Getriebe von Dampfturbinen wurde bekannt, und nur wenige Firmen führten mit Erfolg den Bau von Ölmaschinen in größerem Umfange aus. Nach wie vor kommt aber für den normalen Frachtdampfer noch immer die bewährte Kolbenmaschine zur Ausführung. Die Gründe dafür sind so augenscheinlich und bekannt, daß sie nicht weiter aufgezählt zu werden brauchen.

Schon vor Jahren hat der deutsche Schiffsmaschinenbau durch Einführung des H e i ß d a m p f e s die Wirtschaftlichkeit der Schiffsmaschinenanlagen wesentlich verbessert. Man hatte bisher aber von einer allgemeinen Einführung des Heißdampfes Abstand genommen, weil vielfach bei höherer Überhitzung Beschädigungen der Kolben- und insbesondere der Schieberliderungen eintraten, was nur durch erhebliche Steigerung der Schmierölmenge verhindert werden konnte. Um diese Ölmenge nicht in den Kondensator und möglicherweise in den Kessel gelangen zu lassen, war die Einschaltung besonderer Entöler von großen Abmessungen in die Abdampfleitung erforderlich. Um diesem zu entgehen, zog man es allgemein vor, auch weiterhin mit Naßdampf zu arbeiten, trotzdem man wußte, daß dies unwirtschaftlich war.

Nun aber sich die Kohlen- und Heizölbeschaffung immer kritischer und kostspieliger gestaltete, mußte man, diesem Umstande Rechnung tragend, sich zur Einführung der ökonomisch arbeitenden Heißdampfmaschine entschließen. Ihre großen wirtschaftlichen Vorzüge haben alle gegen ihre Verwendung bestehenden Vorurteile zurücktreten lassen, und die in der Praxis gemachten Erfahrungen und durchgeführten Verbesserungen haben denn auch diese Vorurteile zum größten Teile beseitigt, so daß die Heißdampfmaschine heute schon vielfach bevorzugt wird.

Durch die Einführung der „Ventilmaschinen" sind endlich die eingangs erwähnten Schwierigkeiten vollkommen umgangen, weil bei der Anwen-

dung dieser Steuerungsart keinerlei im Dampfraum liegende Flächen-
reibungen auftreten und für die Ventilspindeln die auch bei Sattdampf
übliche Schmierung des Dampfes vollkommen ausreicht.

Während die Ventilsteuerungen verschiedenster Bauart seit Jahr-
zehnten sich im Landmaschinenbau bestens bewährt haben, war es
wegen der für die Schiffsmaschine unbedingt zu fordernden Betriebssicherheit nur der einfachsten Ventilsteuerung möglich, Eingang in den
Schiffsbetrieb zu finden.

Als die zuverlässigste Ventilmaschine hat sich die von „L e n z"
erwiesen, welche im Schiffsmaschinenbau in großem Umfange heute
Verwendung findet. In den nachfolgenden Abhandlungen wird daher
nur auf die „Lenzsche Schiffsmaschine" näher eingegangen.

Erster Teil.

K a p i t e l I.

Bestimmung der Maschinenleistung.

A. Die Leistung einer Schiffsmaschine in PS_i bestimmt sich aus[1]).

1. der Schiffsgeschwindigkeit,
2. dem Schiffswiderstand und
3. dem Gesamtwirkungsgrad der Maschinenanlage einschließlich
Wellenleitung und Schrauben.

Der Gesamtwirkungsgrad ist abhängig von:

a) dem durch die Schraubenwirkung erhöhten Wasserwiderstand,
b) dem Reibungswiderstand der Schraube.
c) dem Slip der Schraube,
d) der Reibungsarbeit der gesamten Wellenleitung einschließlich
der Kurbelwelle,
e) der Arbeit der von der Hauptmaschine unmittelbar betriebenen,
angehängten Hilfsmaschinen (Luftpumpen, Lenzpumpen usw.).

Nach der neueren Formel von Middendorf, die für mittlere Geschwindigkeiten und die meisten Schiffsarten brauchbare Werte gibt,
berechnet sich die nutzbare Leistung zu:

$$PS_e = \frac{W}{75} \cdot \left(v + \sqrt{\frac{W}{160\,F}} \right);$$

und die indizierte Leistung zu:

$$PS_i = PS_e \cdot \eta;$$

---

[1]) Johows Hilfsbuch für den Schiffsbau.

es bedeutet hierin:

W den gesamten Widerstand des Schiffes in kg,
F die Kreisfläche der Schrauben in qm.

Der gesamte Widerstand W des Schiffes setzt sich zusammen aus dem Formwiderstand W_1 (kg) und dem Reibungswiderstand W_2 (kg). Es ist:

$$W_1 = \varepsilon \cdot \frac{\otimes \cdot B \cdot v^{2,5}}{\sqrt{B^2 + \zeta \cdot L^2}} = \varepsilon \cdot \frac{\otimes \cdot v^{2,5}}{\sqrt{1 + \zeta\left(\dfrac{L}{B}\right)^2}}$$

$$W_2 = 0,16 \cdot \Omega \cdot v^{1,85} \text{ (für Schraubenschiffe).}$$

In diesen Gleichungen ist:

L = Länge des Schiffes in der W. L. über Steven in m;
B = größte Breite des Schiffes im Hauptspant in m;
$\otimes$ = eingetauchtes Hauptspantareal in qm;
v = Schiffsgeschwindigkeit in m/sek.;
Ω = eingetauchte Schiffsoberfläche in qm;
ε, η und ζ Koeffizienten (siehe Tabelle Nr. 1, 2 und 3).

Der unter dem Wurzelzeichen stehende Wert $\dfrac{W}{160 \cdot F}$ berücksichtigt den Slip der Schrauben und etwa auftretende Wirbelbildungen der Schrauben im Wasser. Zur überschläglichen Bestimmung der Maschinenleistung in PS_i genügen jedoch die weit einfacheren Formeln:

$$a) \quad N_i = \otimes \left(\frac{v_k}{m}\right)^3 \text{ (franz. Formel)}$$

$$\beta) \quad N_i = \frac{v_k^3 \cdot P^{\frac{2}{3}}}{C_1} \text{ (engl. Formel)}$$

Tabelle Nr. 1.

Werte von ε.

$L:v^2$	ε	$L:v^2$	ε	$L:v^2$	ε	$L:v^2$	ε	$L:v^2$	ε	$L:v^2$	ε	$L:v^2$	ε
0,10	24,3	0,20	21,9	0,30	19,9	0,40	18,0	0,60	14,8	0,80	12,3	1,00	10,8
0,11	24,0	0,21	21,7	0,31	19,7	0,42	17,6	0,62	14,5	0,82	12,1	1,02	10,7
0,12	23,8	0,22	21,5	0,32	19,5	0,44	17,3	0,64	14,3	0,84	12,0	1,04	10,6
0,13	23,5	0,23	21,3	0,33	19,3	0,46	17,0	0,66	14,0	0,86	11,8	1,06	10,5
0,14	23,3	0,24	21,1	0,34	19,1	0,48	16,6	0,68	13,7	0,88	11,6	1,08	10,4
0,15	23,0	0,25	20,9	0,35	18,9	0,50	16,3	0,70	13,5	0,90	11,4	1,10	10,3
0,16	22,8	0,26	20,7	0,36	18,7	0,52	16,0	0,72	13,2	0,92	11,3	1,12	10,3
0,17	22,6	0,27	20,5	0,37	18,5	0,54	15,7	0,74	13,0	0,94	11,2	1,14	10,2
0,18	22,4	0,28	20,3	0,38	18,4	0,56	15,4	0,76	12,8	0,96	11,0	1,16	10,2
0,19	22,1	0,29	20,1	0,39	18,2	0,58	15,1	0,78	12,5	0,98	10,9	1,18	10,1
												1,20	10,0
												u.darüb.	

Tabelle Nr. 2.

Werte von η.

N_e	η	N_e	η	N_e	η	N_e	η
unter 10	1,73	230—250	1,57	680—720	1,41	1510—1590	1,25
10—20	1,72	250—270	1,56	720—760	1,40	1590—1670	1,24
20—30	1,71	270—290	1,55	760—800	1.39	1670—1770	1,23
30—40	1,70	290—310	1,54	800—840	1,38	1770—1870	1,22
40—50	1,69	310—330	1,53	840—880	1,37	1870—1980	1,21
50—60	1,68	330—355	1,52	880—930	1,36	1980—2090	1,20
60—70	1,67	355—385	1,51	930—980	1,35	2090—2220	1,19
70—85	1,66	385—410	1,50	980—1030	1,34	2220—2370	1,18
85—100	1,65	410—440	1,49	1030—1080	1,33	2370—2540	1,17
100—115	1,64	440—470	1,48	1080—1130	1,32	2540—2730	1,16
115—135	1,63	470—510	1,47	1130—1180	1,31	2730—3000	1,15
135—150	1,62	510—530	1,46	1180—1240	1,30	3000—3500	1,14
150—175	1,61	530—560	1,45	1240—1300	1,29	3500—4000	1,13
175—190	1,60	560—600	1,44	1300—1370	1,28	4000—5000	1,12
190—210	1,59	600—640	1,43	1370—1440	1,27	5000—6000	1,11
210—230	1,58	640—680	1,42	1440—1510	1,26	6000 u. darüb.	1,10

Tabelle Nr. 3.

Werte von ζ.

$L:B$	ζ	$L:B$	ζ	$L:B$	ζ
unter 8,5	2,00	9,3— 9,4	1,79	10,2—10,3	1,41
8,5—8,6	1,99	9,4— 9,5	1,75	10,3—10,4	1,38
8,6—8,7	1,98	9,5— 9,6	1,71	10,4—10,5	1,35
8,7—8,8	1,97	9,6— 9,7	1,67	10,5—10,6	1,32
8,8—8,9	1,95	9,7— 9,8	1,62	10,6—10,7	1,29
8,9—9,0	1,92	9,8— 9,9	1,58	10,7—10,8	1,27
9,0—9,1	1,89	9,9—10,0	1,54	10,8—10,9	1,25
9,1—9,2	1,86	10,0—10,1	1,50	10,9—11,0	1,24
9,2—9,3	1,83	10,1—10,2	1,45	11,0 u. darüber	1,23

$$\gamma)\ N_i = \frac{\otimes \cdot v_k^3}{C_1} \quad \text{(deutsche Formel)}.$$

In diesen Gleichungen ist:

P = Wasserverdrängung des Schiffes in Tonnen;

v_k = Geschwindigkeit in Knoten;

$\otimes$ = Hauptspantareal in qm (eingetaucht);

m, C und C_1 Koeffizienten (siehe Tabelle Nr. 4).

Bei Schiffen mit sehr hoher Geschwindigkeit oder ungewöhnlicher Größe genügen diese Formeln nicht mehr, vielmehr läßt man von diesen kleine Paraffin-Schleppmodelle anfertigen und leitet nach dem Ähnlichkeitsgesetz den Schiffswiderstand aus den Beobachtungen der Schleppversuche ab. (Vergleiche die Arbeiten von Froude, Newton, Helmholtz.)

Tabelle Nr. 4.

	Depl.	⊕	PS_i	v	C	C_1	m
Linienschiffe	18500	205,5	26900	20	208	76,5	3,94
„	13140	154	20400	19,2	193	53,45	3,77
Große Kreuzer	11320	139	22000	22,5	258	70	4,12
Kleine „	6300	84,3	21000	24,5	239	59,2	3,89
„ „	3310	52,4	11580	23,2	239	56,5	3,84
„ „	1150	22,9	8020	23,1	169	35,2	3,28
Torpedoboote	633	14,4	7740	25,4	156	30,5	3,12
„	561	12,47	10930	30,3	173	31,7	3,16
„	510	12,14	6930	26,95	178	34,3	3,25
„	358	8,15	6700	30,7	217	35,2	3,28
Kanonenboot	1000	25,3	1300	13,5	250	48	3,64
Schnelldampfer	30730	197,24	20000	18	286	57,5	1,8
„	24955	177,4	40000	23	260	54	1,775
„	19360	177,5	40000	23,5	234	57,5	1,795
Fracht- und Passagierdampfer	16800	138,8	9000	16,5	327	69,2	4,1
„ „ „	13450	119,75	7200	15,5	292	62	3,96
„ „ „	9340	97,12	2400	11	242	54	3,78
„ „ „	7588	88,95	1750	11,5	341	77,3	4,25
„ „ „	2200	44,3	1050	10	162	43	3,48
Nur Frachtdampfer	4580	63,1	1225	10,5	264	73	3,92

Kapitel II.

A. Bestimmung der Zylinderabmessungen.

Die Leistung eines Zylinders in indizierten Pferdestärken berechnet sich

zu: $$N_i = \frac{\pi\,d^2}{4} \cdot \frac{p_i \cdot c_m}{75};$$

hierin ist:

$\dfrac{\pi\,d^2}{4}$ = Kolbenfläche abzüglich Kolbenstangen-Querschnitt in qcm;

p_i = mittlerer indizierter Druck in kg/qcm;

c_m = mittlere Kolbengeschwindigkeit in m/sek.

Zunächst wird der mittlere indizierte Druck p_i bestimmt; dieser ist abhängig von der Dampfspannung p, der Füllung l und dem Gegendruck p_g.

Die von dem Dampf in

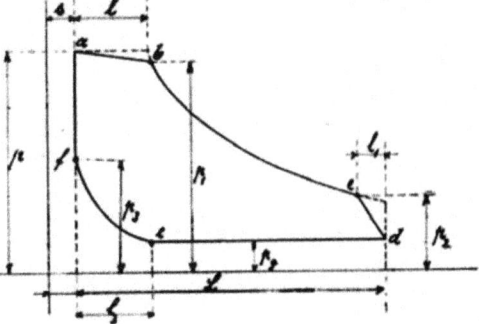

Fig. 1.

dem Zylinder geleistete Gesamt-Arbeit setzt sich zusammen aus den Arbeiten:

1. während der Einströmung $a — b$;
2. „ „ Expansion $b — c$;
3. „ „ Vorausströmung $c — d$;
4. „ „ Ausströmung $d — e$;
5. „ „ Kompression $e — f$;
6. „ „ Voreinströmung $f — a$

siehe Figur 1.

Zunächst wird nachstehend die **Sattdampfmaschine** und in unmittelbarem Anschluß daran die **Heißdampfmaschine** behandelt.

a) Die Sattdampfmaschine.

1. Arbeit während der Einströmung.

Der Einströmungsdruck bleibt während dieser Periode nicht konstant. Dies rührt von den hydraulischen Widerständen, der langsamen Schieberöffnung und den engen Dampfkanälen her. Man setzt bei Schnellläufern p_1 ca. $0,9\ p$, bei langsamen Maschinen p_1 ca. $0,95\ p$ ein. Mittlerer Druck während des Einströmens $\sim \dfrac{p + p_1}{2}$ und Dampfarbeit

$$A_1 = \frac{p + p_1}{2} \cdot l \cdot F;\ \text{ hierin bedeutet}$$

$$l = \text{Füllungsdauer}$$
$$F = \text{Zylinderfläche in cm}^2.$$

Mittlerer Druck in kg/cm² während des Einströmens bezogen auf den ganzen Hub L

$$p_c = \frac{p + p_1}{2} \cdot \frac{l}{L}.$$

2. Arbeit während der Expansion.

Die Arbeit des Dampfes während der Expansion berechnet sich unter der Annahme, daß die Maschine mit gesättigtem Dampf arbeitet und daß hierfür das Mariottesche Gesetz $p \cdot v = $ konstant genau genug ist nach Fig. 2 zu:

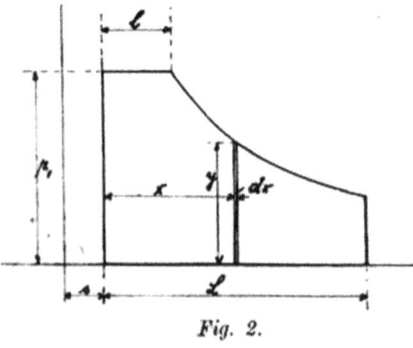

Fig. 2.

$$A_2 = F \cdot \int_{(l + s)}^{(L + s)} y\, d x;$$

da aber sich $\dfrac{y}{p_1} = \dfrac{(l + s)}{(x + s)}$ verhält, so formt sich die Gleichung um in:

$$A_2 = F \cdot \int_{(l+s)}^{(L+s)} \frac{p_1 \cdot (l+s) \cdot dx}{(x+s)} = F \cdot p_1 (l+s) \int_{(l+s)}^{(L+s)} \frac{dx}{(x+s)};$$

oder

$$A_2 = F \cdot p_1 \cdot (l+s) \cdot l_n \frac{(L+s)}{(l+s)};$$

der mittlere Druck der Expansionsarbeit bezogen auf den Hub L wird

$$p_s = p_1 \frac{(l+s)}{(L+s)} \cdot l_n \frac{(L+s)}{(l+s)};$$

den Quotienten $\dfrac{l}{L}$ nennt man den Füllungsgrad ε und den rezipro-

ken Wert $\dfrac{L}{l} = \dfrac{1}{\varepsilon}$ den Expansionsgrad. Bei mehrstufigen Expansions-

maschinen versteht man unter dem Gesamtfüllungsgrad das Verhältnis der Füllung im Hochdruckzylinder zum Volumen des Niederdruckzylinders. Ist a das

$$\text{Zylinderverhältnis} = \frac{\text{Areal des Niederdruckzylinders}}{\text{Areal des Hochdruckzylinders}}$$

dann ist der Gesamtfüllungsgrad $\varepsilon = \dfrac{l}{a \cdot L}$ und die Gesamtexpansion

$$\frac{1}{\varepsilon} = \frac{a \cdot L}{l} = a \cdot \frac{1}{\varepsilon_1}.$$

wenn ε_1 den Füllungsgrad für Zylinder I bedeutet.

Die Form der Expansionslinie ist abhängig von der Füllungsdauer l und dem schädlichen Raum s.

Zum Zweck möglichst voller Dampfausnützung ist es dringend geboten, den schädlichen Raum auf ein Mindestmaß zu beschränken, da der schädliche Raum sich bei jedem Hubbeginn mit Frischdampf neu füllen muß und die Wirtschaftlichkeit der Maschine dadurch beeinflußt wird.

Ein Teil dieser Dampfmenge geht aber immer verloren, da die Arbeit der Gewichtseinheit Dampf infolge unvollständiger Expansion und Kompression mit schädlichem Raum kleiner ist, als ohne schädlichen Raum. Bei vollständiger Expansion und Kompression dagegen ist der Einfluß des schädlichen Raumes = 0.

Die Wirkungen des großen schädlichen Raumes sind verschiedener Natur.

Er beeinflußt:

1. die Expansion, indem er den Enddruck erhöht,

2. die Kompression, indem er den Enddruck verringert.

3. Wirkt er dadurch schädlich, daß er während der Füllungsperiode Kondensationsverluste verursacht.

Fig. 3 zeigt deutlich die unter 1 und 2 geäußerten Nachteile.

Es ist in dieser Figur Diagramm $A\,B\,C\,D\,E\,F\,A$ (strichpunktiert) die Dampfarbeit für den schädlichen Raum s_1, Diagramm $A\,B\,C_1\,D\,E\,F_1\,A$ (ausgezogen) diese für den schädlichen Raum s.

Allgemeine Regeln für den schädlichen Raum lassen sich nicht aufstellen. Seine Größe richtet sich nach der Gattung der Maschinen und beträgt erfahrungsgemäß bei Maschinen mit Flachschiebern:

etwa   8—14% für große Zylinder,
,,   10—15%   ,,   kleine   ,,

Bei Maschinen mit Rundschiebern:

für kleine Zylinder etwa 20—30%,
,, mittlere   ,,   ,,   18—22%,
,, große   ,,   ,,   15—18%.

Dabei gelten die großen Werte für schnellaufende Maschinen.

Aus Fig. 4 ist die Konstruktion der Expansionslinie, der gleichseitigen Hyperbel, ersichtlich.

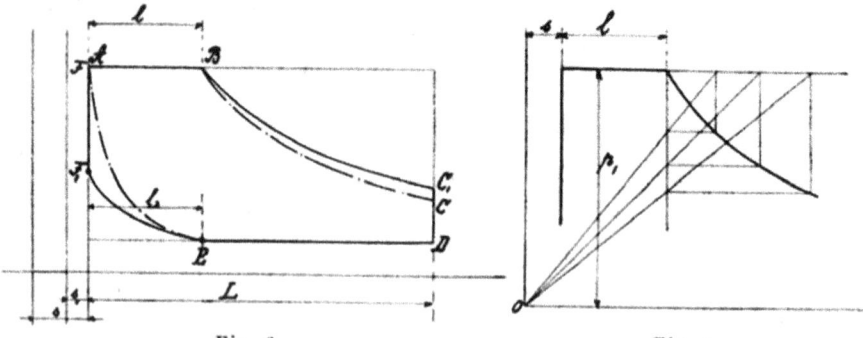

Fig. 3.   Fig. 4.

Errichte im Anfangspunkt und Endpunkt der Füllung je eine Senkrechte. Trage vom Anfangspunkt den schädlichen Raum s (in % der Diagrammlänge) an und errichte hier gleichfalls eine Senkrechte, deren Schnittpunkt mit der Null-Linie den Ausgangspunkt der Strahlen bildet. Mit Hilfe dieser Strahlen findet man, wie die Figur zeigt, die Punkte der Expansionslinie.

3. Vorausströmungsarbeit.

Die Vorausströmung ist ein Arbeitsverlust von der Größe:

$$A_3 = \frac{p_2 - p_9}{2} \cdot F \cdot l_1; \quad \text{(Fig. 1.)}$$

Im allgemeinen wählt man die Vorausströmung etwa:

7—14% für Hochdruckzylinder,
9—18% ,, Mitteldruckzylinder,
10—20% ,, Niederdruckzylinder.

Hierbei gelten die großen Werte für Schnelläufer, die kleineren Werte für langsame Maschinen.

Vorausströmung und Kompression sind zwei voneinander abhängige Funktionen, die miteinander in Einklang gebracht werden müssen. Große Vorausströmung gibt geringe Kompression, kleine Vorausströmung hohe Kompression.

4. Ausströmungsarbeit (Verlust).

Die Größe des Arbeitsverlustes beträgt während der Ausströmung:

$$A_4 = p_g \cdot F \cdot (L - l_3).$$

Bei Maschinen mit Kondensation rechnet man mit einem Gegendruck von ca. 0,1 bis 0,15 kg/qcm absolut, bei Auspuffmaschinen mit 1,1 bis 1,15 kg/qcm absolut.

5. Kompressionsarbeit (Verlust).

Die während der Kompression verbrauchte Arbeit hat unter der Annahme, daß das Mariottesche Gesetz $p \cdot v =$ konstant auch hier gültig ist, die Größe:

$$A_5 = p_3 \cdot F \cdot s \cdot l_n \frac{p_3}{p_g} \quad \text{(siehe Fig. 5)}.$$

Die von dem schädlichen Raum s während der Expansion geleistete Arbeit wird während der Kompression teilweise wieder vernichtet.

Die Kompression ist sehr wichtig für den ruhigen Gang einer Maschine, da durch sie die Gelenke so zusammengeschoben werden, daß beim Hubwechsel Stöße vermieden werden. Für die Gewinnung äußerer Arbeit ist die Kompression scheinbar unvorteilhaft, dies ist jedoch nicht der Fall, da der eintretende Frischdampf den schädlichen Raum voll hochgespanntem (komprimierten) Dampf gefüllt und vorgewärmt vorfindet. Im allgemeinen bleibt man für die normale Maschinenleistung mit dem Kompressions-Enddruck unter der Eintrittsspannung, um die Schleifenbildung, die einen weiteren Arbeitsverlust bedeutet, zu vermeiden. Bei ganz kleiner Fü.lurg bezw. Ma-

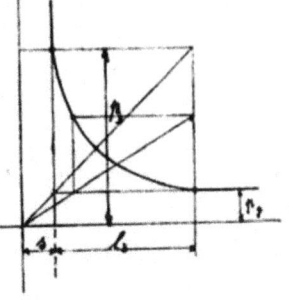

Fig. 5.

schinenleistung läßt sich die Schleifenbildung für gewöhnlich ausgebildete Schieber kaum verhindern. Wo dies zur Bedingung gemacht wird, muß man zu besonders hierfür geeigneten Schiebern greifen. Die Kompression schwankt bei Schiffsmaschinen zwischen:

4— 8% im Hochdruckzylinder,
7—14% „ Mitteldruckzylinder,
10—20% „ Niederdruckzylinder (beachte auch Vorausströmung).

6. Voreinströmungsarbeit.

Für die Bestimmung des mittleren Druckes ist die Voreinströmung von ganz geringem Einfluß.

Die Voreinströmung darf nicht zu gering sein, damit beim Hubbeginn die Dampfkanäle genügend weit geöffnet sind und dadurch einer Drosselung des Dampfes vorgebeugt wird.

Die Voreinströmung macht man auf der Deckelseite kleiner als auf der Bodenseite: etwa $^1/_2$ der letzteren. Diese Maßnahme hat ihre Ursache in der endlichen Pleuelstangenlänge. Die Füllungen zwischen Deckelseite und Bodenseite würden zugunsten der ersteren zu verschieden ausfallen. Man wählt die Voreinströmung allgemein, bezogen auf den halben Schieberhub:

$$\text{Deckelseite} \begin{cases} 0,07\ \ -0,16 & r \quad \text{Hochdruckzylinder,} \\ 0,08\ \ -0,19 & r \quad \text{Mitteldruckzylinder,} \\ 0,085-0,21 & r \quad \text{Niederdruckzylinder.} \end{cases}$$

$$\text{Bodenseite} \begin{cases} 0,14\ \ -0,22 & r \quad \text{Hochdruckzylinder,} \\ 0,155-0,255 & r \quad \text{Mitteldruckzylinder,} \\ 0,17\ \ -0,3 & r \quad \text{Niederdruckzylinder.} \end{cases}$$

Die Voreinströmung schwankt zwischen 2 mm bei kleinen und etwa 30 mm bei großen Maschinen.

Nach den vorausgegangenen Erörterungen setzt sich die Dampfarbeit unter Vernachlässigung der Voreinströmung zusammen aus:

1. Einströmungsarbeit

$$A_1 = \left(F \cdot l \cdot \frac{p - p_1}{2} \right) + (F \cdot l \cdot p_1)$$

2. Expansionsarbeit

$$A_2 = F \cdot (l + s) \cdot p_1 \cdot l_n \left(\frac{L + s}{l + s} \right)$$

3. Vorausströmungsarbeit (Verlust)

$$A_3 = F \cdot l_1 \cdot \frac{p_2 - p_0}{2}$$

4. Ausströmungsarbeit (Verlust)

$$A_4 = F \cdot (L - l_3) \cdot p_y$$

5. Kompressionsarbeit (Verlust)

$$A_5 = F \cdot s \cdot p_3 \cdot l_n \frac{p_3}{p_0}$$

Gesamtarbeit:

$$A = A_1 + A_2 - (A_3 + A_4 + A_5);$$

$$A = F \cdot \left[\left(l \cdot \frac{p - p_1}{2} \right) + (l \cdot p_1) \right] + F \cdot \left[(l + s) \cdot p_1 \cdot l_n \left(\frac{L + s}{l + s} \right) \right] -$$

$$- F \cdot \left[l_1 \cdot \frac{p_2 - p_g}{2} \right] - F \cdot \left[(L - l_3) \cdot p_g \right] - F \cdot \left[s \cdot p_3 \cdot l_n \cdot \frac{p_3}{p_g} \right].$$

Nun kann man sich aber einen mittleren Druck p_i vorstellen, der dieselbe Arbeit während des ganzen Hubes L leistet.

Also:

$$A = F \cdot L \cdot p_i - F \cdot L \cdot p_g$$

oder:

$$p_i = p \cdot \frac{l}{L} \cdot \left(1 + l_n \frac{L}{l} \right)$$

für

$$\frac{l}{L} = \varepsilon \quad \text{und} \quad \frac{L}{l} = \frac{1}{\varepsilon} \quad \text{eingesetzt}$$

ergibt sich:

$$p_i = p \cdot \varepsilon \cdot \left(1 + l_n \frac{1}{\varepsilon} \right).$$

Faßt man nun die Werte für den schädlichen Raum, den Spannungs-abfall während der Einströmung, den Verlust der Vorausströmung und die Kompression usw. in dem Völligkeitskoeffizienten $\varkappa$ zusammen, dann wird der tatsächliche mittlere indizierte Druck

$$p_{mi} = \varkappa \cdot p \cdot \varepsilon \left(1 + l_n \frac{1}{\varepsilon} \right).$$

Der Koeffizient $\varkappa$ ist nach dem bisher Gesagten abhängig von der Wirkungsweise der Steuerung, den Abkühlungs- und Drosselverlusten usw. Für Maschinen mit Kondensation rechnet man bei:

Einzylindermaschinen:

Große Maschinen kleine Umdr. $\varkappa = 0,7$ —0,75,
kleine   ,,   große   ,, $\varkappa = 0,65$—0,7.

Kompoundmaschinen:

Große Maschinen kleine Umdr. $\varkappa = 0,6$ —0,675,
kleine   ,,   große   ,, $\varkappa = 0,55$—0,6.

Dreifache Expansionsmaschinen.

a) mit 3 Zylindern:

Große Maschinen kleine Umdr. $\varkappa = 0,53$—0,55,
kleine   ,,   bis etwa 100 Umdr. $\varkappa = 0,55$—0,6.

b) m i t 4 Z y l i n d e r n :

Große Umdrehungszahl $\varkappa = 0{,}5\text{—}0{,}52$,
bis etwa 100 Umdr. $\varkappa = 0{,}54$.

Arbeiten die Maschinen mit Auspuff, dann ist unter Berücksichtigung des Gegendruckes p_g der mittlere Druck

$$p_{mi} = \varkappa \left\{ p \cdot \varepsilon \left(1 + l_n \frac{1}{\varepsilon} \right) - p_g \right\}.$$

Tabelle 5 gibt ausgerechnete Werte für $\Theta = \varepsilon \left(1 + l_n \frac{1}{\varepsilon} \right)$ bei verschiedenen Füllungsgraden.

Tabelle Nr. 5.

Werte von $\Theta = \varepsilon \left(1 + l_n \frac{1}{\varepsilon} \right)$.

ε	Θ	ε	Θ	ε	Θ	ε	Θ	ε	Θ
0,01	0,056	0,10	0,330	0,19	0,506	0,28	0,636	0,40	0,767
0,02	0,098	0,11	0,353	0,20	0,522	0,29	0,649	0,45	0,810
0,03	0,135	0,12	0,374	0,21	0,538	0,30	0,661	0,50	0,847
0,04	0,169	0,13	0,395	0,22	0,555	0,31	0,673	0,55	0,879
0,05	0,200	0,14	0,415	0,23	0,569	0,32	0,685	0,60	0,906
0,06	0,229	0,15	0,435	0,24	0,583	0,33	0,696	0,65	0,930
0,07	0,257	0,16	0,453	0,25	0,597	0,34	0,707	0,70	0,949
0,08	0,282	0,17	0,471	0,26	0,610	0,35	0,717	0,75	0,969
0,09	0,307	0,18	0,489	0,27	0,624	0,375	0,743	0,80	0,978

b) Die Heißdampfmaschine.

1. D i e A r b e i t w ä h r e n d d e r E i n s t r ö m u n g.

Die Einströmungsarbeit für Heißdampf entspricht genau jener für Sattdampf, desgleichen der mittlere Druck während der Einströmung bezogen auf den ganzen Hub L.

2. D i e E x p a n s i o n s a r b e i t.

Während der gesättigte Wasserdampf ungefähr dem mariottischen Gesetz

$$p \cdot v = \text{konstant}$$

folgend expandiert, also nur Druck und Volumen für die Expansionskurve bestimmend sind, folgt der Heißdampf während dieser Periode einer Kurve unveränderlicher spezifischer Wärme, der polytropischen Kurve nach der Poissonschen Gleichung:

$$p \cdot v^k = \text{konstant}.$$

Der Exponent k schwankt nach den gemachten Beobachtungen je nach dem Grad der Überhitzung zwischen 1,1 für kleine und 1,25 für große Überhitzungen.

In der Figur 6 sind die auf Grund angestellter Messungen gefundenen Werte von k in Form einer Kurve aufgetragen.

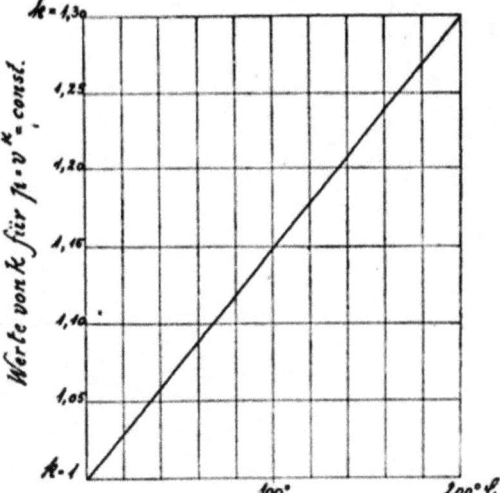

Fig. 6.

Die Expansionskurve für überhitzten Dampf wird nach dem Verfahren von Bauer wie folgt ermittelt:

Man zieht unter einem beliebigen Winkel α einen von O ausgehenden, zur X—Y-Achse geneigten Strahl O—A, Figur 7, und berechnet aus der Gleichung

$$1 + \mathrm{tg}\,\beta = (1 + \mathrm{tg}\,\alpha)^k$$

den Winkel β, zieht dann unter dem Winkel β den Strahl O—B. Die Punkte der Expansionslinie werden hierauf folgendermaßen gefunden:

Man bestimmt zunächst unter Berücksichtigung des zu erwartenden Spannungsabfalles und der reduzierten Füllung (bei Mehrfach-Expansionsmaschinen) den Anfangspunkt der Expansionslinie a. Von diesem Anfangspunkt ausgehend wird zu der Y-Achse eine Parallele zur X-Achse gezogen. Hierauf zieht man von dem Schnittpunkt dieser, mit der Y-Achse unter 45° eine Linie, die den Strahl O—B in s schneidet. Fällt hierauf von dem Punkte a eine senkrechte, die den Strahl A—O in s_1 schneidet und zieht ferner von diesem Schnittpunkt s_1 unter 45° zur X—X-Achse eine Linie, die diese Achse in s_2 schneidet. Fällt man nun

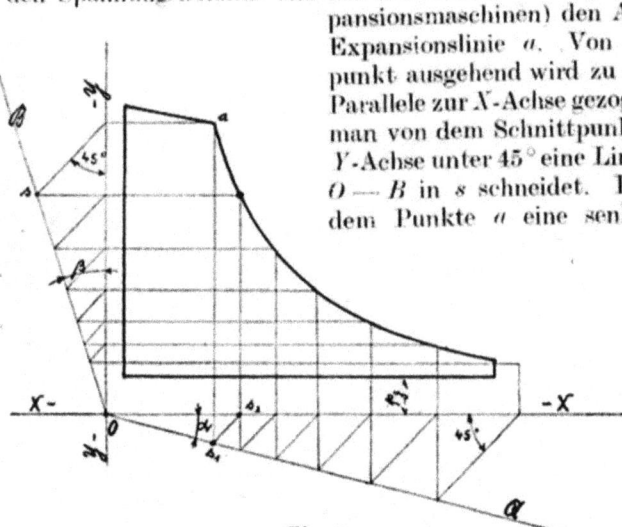

Fig. 7.

von s_2 eine senkrechte und von s eine wagerechte, so findet man in dem Schnittpunkt dieser beiden Linien einen Punkt der Expansionslinie.

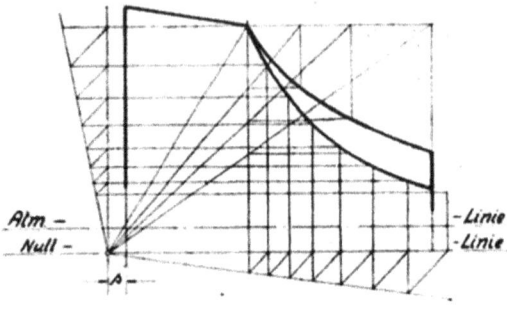

Fig. 8.

Um eine möglichst genaue Expansionslinie zu erhalten, wählt man den Winkel a so klein als möglich.

Unter Zugrundelegung der Gleichung:

$$p_1 \cdot v_1^k = p_2 \cdot v_2^k$$

berechnet sich die Arbeit während der Expansion zu:

$$A_{Exp} = p_1 \cdot v_1^k \int_{v_1}^{v_2} \frac{d v}{v^k} \quad \text{oder}$$

$$A_{Exp} = \frac{p_1 \cdot v_1}{k-1} \left[1 - \left(\frac{v_1}{v_2} \right)^{k-1} \right]$$

In nachstehender Tabelle Nr. 6 sind für verschiedene Werte von k in der Formel:

$$1 + \operatorname{tg} \beta = (1 + \operatorname{tg} a)^k$$

die Größen von $\operatorname{tg} a$ und $\operatorname{tg} \beta$ zusammengestellt:

Tabelle Nr. 6.

$k =$	1,05	1,10	1,15	1,20	1,25
$\operatorname{tg} a =$	0,2	0,2	0,2	0,2	0,25
$\operatorname{tg} \beta =$	0,21	0,222	0,234	0,31	0,325

Vergleichsweise sind in Fig. 8 die Expansionskurven für Sattdampf und Heißdampf zusammengestellt. Die zwischen den beiden Expansionslinien liegende Fläche gibt ein Bild für die Leistungsunterschied einer unter gleichen Füllungsverhältnissen arbeitenden Heißdampfmaschine.

Aus verschiedenen Versuchsreihen mit in Heißdampf-Maschinen umgewandelte Naßdampf-Maschinen hat man mit ziemlicher Genauigkeit das Verhältnis

$$\sigma = \frac{\text{Heißdampf-Diagrammfläche}}{\text{Naßdampf-Diagrammfläche}}$$

unter genau gleichen Füllungsverhältnissen Umdrehzahlen usw. bei verschiedenen Überhitzungsgraden ermittelt. Die entsprechenden Werte von $\sigma = \dfrac{F_H}{F_N}$ sind in dem Diagramm, Fig. 9, graphisch dargestellt, und man kann hieraus überschläglich die entsprechende

Leistungsverminderung bei etwa beabsichtigter Umwandlung feststellen, auch kann diese Kurve zur überschläglichen Beurteilung bzw. zur Kontrolle der Rechnung als Grundlage dienen.

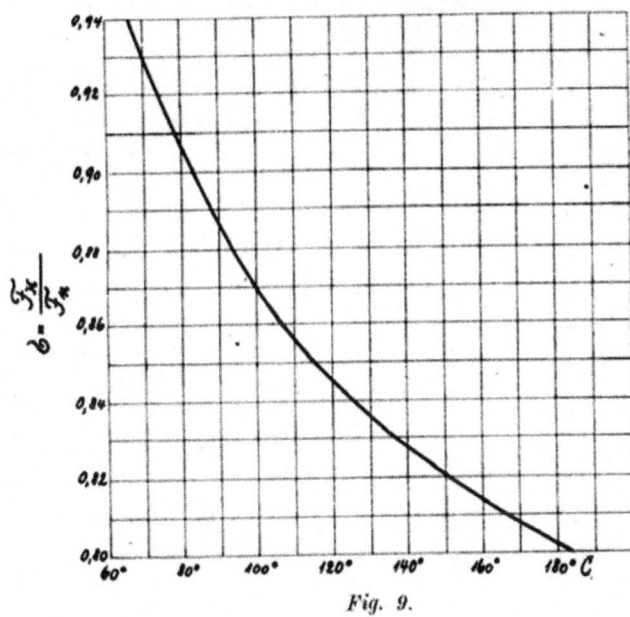

Fig. 9.

3. Arbeit während der Voreinströmung und Vorausströmung

wie bei der Sattdampfmaschine.

4. Kompression.

Die Kompressionslinie folgt gleichfalls dem Gesetz

$$p \cdot v^k = \text{konstant.}$$

Entsprechend der dem Dampf inzwischen entzogenen Wärme (Verminderung der Überhitzung) muß der Wert des Exponenten k niedriger eingesetzt werden. Erfahrungsgemäß ist die Überhitzung beim Austritt aus dem Heißdampfzylinder gegenüber dem Eintritt um etwa 50% niedriger.

Die Konstruktion der Kompressionslinie ist genau die gleiche, wie die der Expansionslinie, siehe Fig. 10.

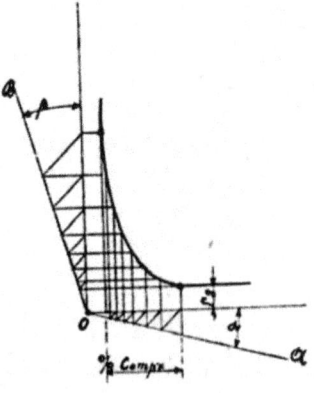

Fig. 10.

Gegenüber der Sattdampfmaschine zeigt sich auch hier, daß bei gleichem Kompressionsbeginn die Völligkeit des Diagramms geringer wird, d. h. der Kompressionsenddruck wird bei gleicher Kompressionsdauer höher als bei Sattdampf oder um gleichen Enddruck zu erhalten, muß man die Dauer verringern, wie die in Fig. 11 dunkel angelegte Fläche veranschaulicht.

Im Verhältnis zu einer gleich großen Sattdampfmaschine haben die Ergebnisse gezeigt, daß die Heißdampfmaschine bei gleichem Anfangsdruck, gleicher Füllung und Kompression eine Minderleistung bis zu etwa 16 bis 18% aufweist.

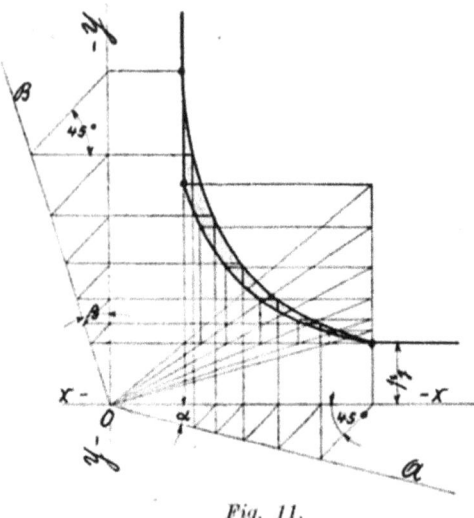

Fig. 11.

Man muß muß daher, falls eine Erhöhung der Kolbengeschwindigkeit nicht angängig ist, entweder die Füllung des Heißdampfzylinders oder aber das Zylinderverhältnis vergrößern. Im ersteren Falle ist aber zu berücksichtigen, daß mit einer Vergrößerung der Füllung die Wirtschaftlichkeit der Maschine nachteilig beeinflußt wird.

Aus vorstehenden Betrachtungen hat es den Anschein, als ob die Naßdampfmaschine der Heißdampfmaschine überlegen wäre; dies trifft indessen nur für die erreichbare Leistung unter absolut gleichen Verhältnissen zu, während die Heißdampfmaschine in bezug auf den Dampfverbrauch pro PS$_i$ und Stunde entschieden im Vorteil ist.

B. Kolbenhub, Umdrehungszahl u. Kolbengeschwindigkeit.

Der vom Kolben während einer Umdrehung zurückgelegte Weg ist: $2 \cdot l$ (in m). Bei n Umdrehungen pro Minute wird die mittlere Kolbengeschwindigkeit, gleichmäßige Rotation vorausgesetzt:

$$c_m = \frac{2 \cdot l \cdot n}{60} = \frac{l \cdot n}{30}; \text{ (m pro Sek.)}$$

Die zulässige Kolbengeschwindigkeit steht mit der verfügbaren Dampfspannung in ursächlichem Zusammenhang. Sie darf nie so groß werden, daß zu ihrer Erzeugung in den Massen ein höherer Druck erforderlich ist, als der Dampf auf den Kolben ausüben kann. Nach Radinger berechnet sich die maximale Kolbengeschwindigkeit aus der Gleichung:

$$p - p_g = \frac{\pi^2}{2g}\left(1 + \frac{r}{L}\right)\frac{P}{F \cdot l} \cdot v^2;$$

hierin ist:

p = Anfangsdruck in kg/qcm absolut,
p_g = Gegendruck in kg/qcm absolut,
r = Kurbelradius in m,
L = Pleuelstangenlänge in m,
P = Gewicht der oszillierenden Massen in kg,
F = Zylinderquerschnitt in qcm,
l = Hublänge $= 2\,r = $ m,
v = maximale Kolbengeschwindig-
keit $= \left(\dfrac{2\,r\,\pi\,n}{60}\right) = $ m/sek.

Die Kolbenweglinie stellt sich als Sinuslinie dar (Fig. 12). Bei unendlich langer Pleuelstange (Kurbelschleife, Fig. 13) erreicht der Kolben in der Mitte des Hubes seine maximale Geschwindigkeit gleich der Umfangsgeschwindigkeit.

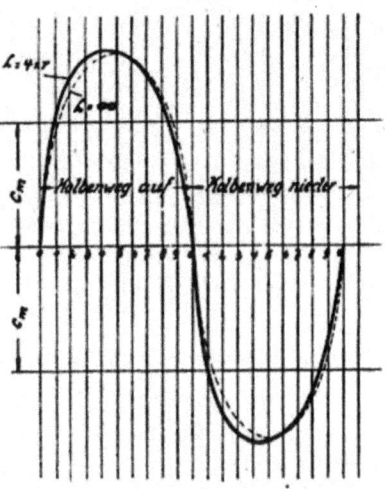

Fig. 12.

Diese ist:

$$c_0 = \frac{r\,\pi\,n}{30} = v \cdot \sin \omega \ (\text{für } \omega = 90°)$$

worin

r = Kurbelradius in m,
n = Umdrehzahl pro Minute,
v = Umfangsgeschwindigkeit in m/sek.,
ω = Kurbelwinkel von einer Totlage gemessen bedeutet.

Die mittlere Kolbengeschwindigkeit c_m wird erreicht bei

$$\sin \omega = \frac{2}{\pi} \ (\omega = 39^1/_2°)$$

oder in der Länge des Kolbenweges ausgedrückt

$$l_1 = \frac{l}{2} \cdot \left(1 - \sqrt{1 - \left(\frac{2}{\pi}\right)^2}\right) = 0,11\,l$$

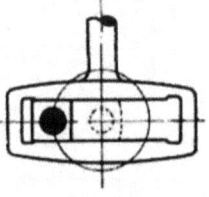

Fig. 13.

von der oberen oder unteren Totlage gemessen, welcher Wert absolut unabhängig von der Größe der Geschwindigkeit selbst ist.

Durch die endlich langen Pleuelstangen verschiebt sich jedoch der

Scheitelpunkt der Geschwindigkeitskurve um ein unbedeutendes Maß.
wie aus der Fig. 12 und der nachfolgenden Tabelle ersichtlich.

Kolbenweg =	0,0	0,1	0,2	0,3	0,4	0,5	0,6	0,7	0,8	0,9	1,00
Pleuelstange ∞ lang	0,00	0,599	0,807	0,917	0,980	1,000	0,980	0,917	0,807	0,599	0,00
$L = 6 \cdot r$	0,00	0,640	0,846	0,960	1,010	1,009	0,969	0,894	0,763	0,561	0,00
$L = 5 \cdot r$	0,00	0,649	0,853	0,962	1,012	1,015	0,975	0,892	0,760	0,554	0,00
$L = 4 \cdot r$	0,00	0,661	0,866	0,977	1,024	1,024	0,978	0,889	0,753	0,543	0,00

Diese Werte mit der Umfangsgeschwindigkeit v multipliziert ergeben
die jeweiligen Kolbengeschwindigkeiten.

Tabelle Nr. 7 gibt einige Werte mittlerer Kolbengeschwindigkeiten.
Hub- und Umdrehungszahlen ausgeführter Schiffsmaschinen.

Tabelle Nr. 7.

Typ der Maschine	n	$l = 2 r = m$	Überdruck $p/kg/qcm$	c_m m/sek
Schnelldampfer	75—90	1,600—1,900	10—12,5	4—5,7
Panzerschiffe	100—130	0,900—1,300	12—18,5	3—5,6
Große Passagierdampfer	70—100	1,300—1,500	10—12,5	3,3—5
Kleine „	150—250	0,250—0,500	8—10	1,25—4,1
Große Frachtdampfer	70—95	0,900—1,400	10—12,5	2,1—4,5
Kleine „	100—130	0,600—0,900	8—10	2,0—3,9
Kreuzer	120—180	0,600—0,900	12—18,5	2,4—5,4
Torpedojäger und Boote	300—400	0,400—0,500	16—18,5	4—6,6

C. Bestimmung der Zylinderverhältnisse.

Bei einer Schiffsmaschine zielt man fast immer darauf hin, für
jeden Zylinder gleiche Leistungen zu erhalten. Dies trifft meistens bei
Zwei- und Dreizylindermaschinen zu. Bei vier- und
mehrzylindrigen Maschinen dagegen sieht man von
dieser Forderung mit Rücksicht auf ein gleichmäßiges Drehmoment bzw. auf den günstigsten
Massenausgleich ab.

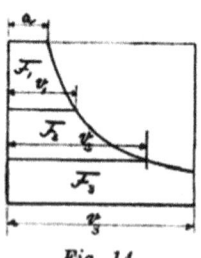

Fig. 14.

Für die Wahl der Zylinderverhältnisse gibt
Fig. 14 das auf dem Niederdruckzylinder bezogene
Diagramm, einen ungefähren Anhalt. Hierin ist
$a =$ Füllung, auf den Niederdruckzylinder reduziert.

Teilt man das Diagramm in drei gleiche Flächen-
teile F_1, F_2 und F_3, dann ist:

$V_1 =$ Volumen des Hochdruckzylinders,
$V_2 =$ „ „ Mitteldruckzylinders,
$V_3 =$ „ „ Niederdruckzylinders;

ferner:

$$\frac{a}{V_1} = \text{Füllungsgrad des Hochdruckzylinders},$$

$$\frac{V_1}{V_2} = \text{„} \quad \text{„ Mitteldruckzylinders},$$

$$\frac{V_2}{V_3} = \text{„} \quad \text{„ Niederdruckzylinders},$$

$$\frac{a}{V_3} = \text{Gesamtfüllungsgrad und } 1 : \frac{V_2}{V_1} : \frac{V_3}{V_1} =$$

$$= \text{Zylinderverhältnis}.$$

Berücksichtigt man den Gegendruck, den Spannungsabfall während des Eintritts und der Vorausströmung sowie die Kompression, so kann man mit einiger Sicherheit passende Zylinderverhältnisse ermitteln. Durch Veränderung der Füllungen im Mittel- und Niederdruckzylinder lassen sich die Leistungen in den einzelnen Zylindern in weiten Grenzen regulieren. Vergrößert man z. B. im Niederdruckzylinder die Füllung, dann sinkt dessen Arbeitsleistung, während die des Mitteldruckzylinders steigt. Vergrößert man die Füllung im Mitteldruckzylinder, dann steigt

Tabelle Nr. 8.

Maschinentyp	Zyl. I. II. III.	Füllung im H. D. %	Gesamt-Expans. $\frac{1}{\varepsilon}$	N_i	Umdreh. pro Min.	p
Kleine leichte 2fache Expansionsmaschinen .	1 : 3 / 1 : 4	50—70	5,1—8	125—600	bis 300	8—10
Kleine schwere 2fache Expansionsmaschinen .	1 : 4 / 1 : 4,5	50—70	5,6—8	750— / 2000—	100—150	8—10
Heißdampf-Ventilmasch..	1 : 4,5	33—45	10—13	3000-5000	100—140	13,5
3fache Expansionsmasch.						
für große Passagierdampfer	1 : 2,6 : 6,8 / 1 : 3,2 : 7,2	60—70	9,5—12	2000— / 7000—	70—100	10—12,5
„ Schnelldampfer . .	1 : 2,4 : 6 / 1 : 3 : 7	70—75	8—10	6000— / 15000—	75—90	10—12,5
„ Frachtdampfer . .	1 : 2,5 : 8,25	65—75	11—12,5	2200—	70—75	14
„ Fischdampfer . . .	1 : 2,64 : 7,12	70—75	9,5—10	bis 500	90—100	13
„ kl. Frachtdampfer .	1 : 2,36 : 6,7	65—70	9,5—10	bis 500	90—100	12
„ Linienschiffe . . .	1 : 2 : 4,75 / 1 : 2,65 : 7,1	70—75	6,8—10	5000— / 10000—	100—130	12—18,5
„ Panzerkreuzer. . .	1 : 2,2 : 4,8 / 1 : 2,6 : 7,5	70—75	6,8—10,8	2500— / 12500—	115—200	12—18,5
„ Kreuzer	1 : 2,45 : 5,7	70—75	8	2000— / 5000—	120—180	12—18,5
„ Torpedoboote . . .	1 : 2,1 : 4,4 / 1 : 2,2 : 5	65—80	6—7,5	bis 6000	300—400	16—18,5
„ Torpedojäger . . .						

2*

die Leistung im Hochdruckzylinder, da der Gegendruck im Mitteldruck-Überströmrohr sinkt. Die Veränderung der Füllungen kann gewöhnlich für jeden Zylinder unabhängig vorgenommen werden.

In vorstehender Tabelle Nr. 8 sind einige Werte von Zylinderverhältnissen und Füllungen ausgeführter Maschinen zusammengestellt.

Das kleinste Füllungsverhältnis darf mit Rücksicht auf den Enddruck nie kleiner werden als:

$$\frac{p_g}{p};$$

und mit Rücksicht auf die Massenbeschleunigung

$$\frac{1}{8} \cdot \frac{p}{p - p_g};$$

die Zylinderfüllung nimmt man für voll ausgelegte Steuerung etwa:

Heißdampf	Sattdampf		
35—55%	60—80%	für den	Hochdruckzylinder.
60—70%	55—70%	„ „	Mitteldruckzylinder,
50—60%	50—65%	„ „	Niederdruckzylinder.

Kapitel III.

Die Steuerungen.

Allgemein verwendet man bei Maschinen für Handelsschiffe für den Hoch- und Mitteldruckzylinder Rundschieber, für die Niederdruckzylinder entweder gewöhnliche oder entlastete Flachschieber. Bei Kriegsschiffsmaschinen der größeren Leichtigkeit wegen fast ausschließlich Rundschieber (Kolben- oder Röhrenschieber). Die Rundschieber haben gegenüber den Flachschiebern folgende Nachteile:

1. große schädliche Räume,
2. großen Ö.verbrauch,
3. Wahl der richtigen Kompression schwer (der großen schädlichen Räume wegen).

Für die Bestimmung der erforderlichen Kanalquerschnitte und Schieberöffnungen gilt die Gleichung:

$$f = \frac{F \cdot c_m}{v};$$

hierin ist:

f = freier Querschnitt des Dampfkanals bzw. des Schieberspiegels in qcm,

F = Kolbenfläche in qcm,

c_m = mittlere Kolbengeschwindigkeit in m/sek.,

v = zulässige mittlere Dampfgeschwindigkeit in m/sek.

Die zulässigen mittleren Dampfgeschwindigkeiten betragen:

Tabelle Nr. 9.

Im Hauptdampfrohr	30—40 m/sek.
In den Dampfkanälen:	
Hochdruckzylinder	25—30 ,,
Mitteldruckzylinder	30—35 ,,
Niederdruckzylinder	35—45 ,,
In den Ausströmkanälen und Überströmrohren:	
Hochdruckzylinder	20—25 ,,
Mitteldruckzylinder	25—30 ,,
Niederdruckzylinder	30—35 ,,

Für gewöhnliche Schieber-Heißdampfmaschinen können die in obiger Tabelle Nr. 9 angeführten Dampfgeschwindigkeiten (bei einer Dampftemperatur von mehr als 275°) mit Rücksicht auf das geringere spezifische Gewicht des Dampfes um etwa 10—15% größer gewählt werden.

Bei Ventil-Heißdampfmaschinen sind sogar etwa 20—30% größere Dampfgeschwindigkeiten zulässig.

Bei raschlaufenden kleineren Maschinen werden diese Geschwindigkeiten im Interesse der Leichtigkeit und Raumersparnis noch um 20% vergrößert.

Die Dampfkanäle sollen so angeordnet sein, daß sie möglichst wenig die Strömungsrichtung des Dampfes hindern. Scharfe Krümmungen sind unter allen Umständen zu vermeiden. Die vorteilhafteste Kanalordnung bietet die Ventilmaschine, da die Ventile beliebig nach oben oder unten gelegt werden, so daß nur ein ganz kurzer Kanal entsteht.

Die maximale Dampfgeschwindigkeit beträgt bei einem Verhältnis $\dfrac{r}{L} = \dfrac{1}{5}$ annähernd das 1,6 fache der mittleren Dampfgeschwindigkeit.

a) Entwurf der Steuerung.

Zur Bestimmung der Steuerungselemente benutzt man in der Regel das Schieberdiagramm von Müller-Releaux oder das von Zeuner. Zum Entwurf sind erforderlich:

die Kanalweite w,
das lineare Voröffnen l_B bzw. l_D,
die Füllungen auf Boden- und Deckelseite.

Der Schieberhub S ist zur Vermeidung großer Massenbeschleunigung und großer Reibungsarbeit, die beide annähernd proportional mit dem Schieberhub wachsen, so gering wie möglich zu machen, er soll jedoch mindestens aber die Größe: Kanalweite + Zudampfdeckung haben. Dies erfordert zwar größere Exzenter, demgegenüber bieten sich aber die Vorteile:

1. Kanalquerschnitt bleibt lange geöffnet;
2. der Schluß der Kanalkanten erfolgt rascher als bei kleinen
   Exzentern und ergibt präzisere Diagramme.

Bei großen Maschinen führt man aus diesem Grunde Schieber mit
doppelten oder dreifachen Kanälen aus.

Fig. 15 zeigt die Konstruktion des Schieberdiagramms von Müller-
Releaux. Man schlägt vom Mittelpunkt O einen Kreis mit dem Halbmesser $\dfrac{S}{2}$; trägt auf der horizontalen Mittellinie im Schnittpunkt mit
dem Kreisbogen das gewählte Voröffnen ebenfalls als Kreis mit dem

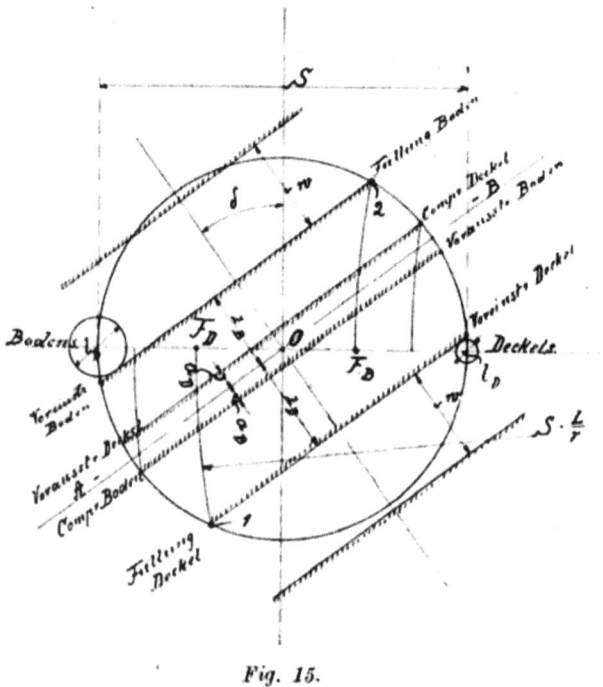

Fig. 15.

Radius l_B bzw. l_D auf. Ferner trägt man auf der horizontalen Mittellinie die verlangten Füllungen F_B und F_D für Boden- und Deckelseite
auf und schlägt mit einem Radius von der Größe $S \cdot \dfrac{L}{r}$ einen Kreisbogen, der den Exzenterkreis in 1 bzw. 2 schneidet.

Nun zieht man von dem Schnittpunkt 1 bzw. 2 an die Voröffnungs-
kreise l_D bzw. l_B eine Tangente. Errichtet auf dieser eine Senkrechte,
die durch den Mittelpunkt O geht. Der von dieser und der vertikalen
Mittellinie eingeschlossene Winkel ist der gesuchte Voreilwinkel δ für

das Exzenter. Die Strecken Z_B und Z_D sind die Zudampfdeckungen. Zieht man nun zu der Mittellinie $A - B$ parallele Linien, die den gewünschten Kompressionen bzw. Vorausströmen entsprechen, dann findet man die zugehörigen Abdampfdeckungen a_B bzw. a_D. Bei geringer Kompression und großem Vorausströmen können diese Werte negativ ausfallen.

Trägt man über die Strecke Z_B bzw. Z_D die Kanalweite w ab, dann sieht man, wie weit der Kanal während des Einströmens geöffnet ist.

Bezüglich des Wertes $S \cdot \dfrac{L}{r}$ ist folgendes zu erwähnen: Der Wert ist korrigiert und zwar müßte er folgerichtig lauten $\dfrac{S}{2} \cdot \dfrac{L}{r}$ d. h.

„Exzenterradius" und „Kurbelradius" müssen zueinander im Verhältnis stehen. Dieser letztgenannte Wert ist aber nur bei unendlich langer Exzenterstange richtig (Kurbelschleife Fig. 13). Bei Anwendung einer Exzenterkurbel muß man die „endliche" Länge der Pleuelstange in Rechnung ziehen. Wo dies vernachlässigt wird, zeigt sich als Folge zwischen dem theoretischen und aufgemessenen Diagramm eine Verschiedenheit in den Abschlußperioden.

Durch Korrektur des Wertes

$$\frac{S}{2} \cdot \frac{L}{r} \text{ in } S \cdot \frac{L}{r}$$

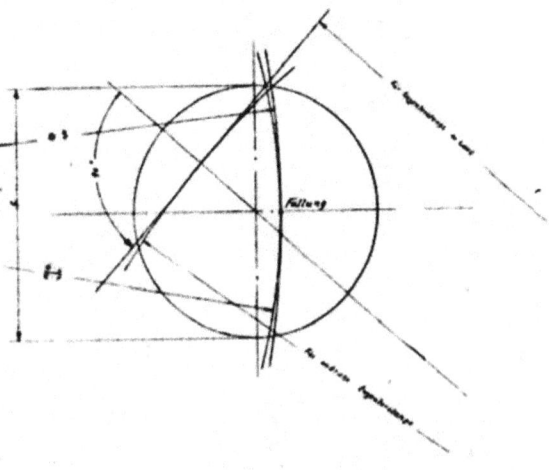

Fig. 16.

hat man gefunden, daß zwischen dem theoretischen und aufgemessenen Diagramm gute Übereinstimmung erzielt wird. In Fig. 16 sind die gegenseitigen Abweichungen dargestellt.

b) Die Schieber.

Bei kleinen Maschinen und Dampfmaschinen bis etwa 8 kg Überdruck pro qcm kommt fast ausnahmslos der gewöhnliche Flachschieber Fig. 17 zur Anwendung.

Es bezeichnet:

b = Kanalbreite,
w = Kanalweite,

Z_B und Z_D die Zudampfdeckungen,
a_B und a_D die Abdampfdeckungen.

Die lichte Höhe h des Schiebers muß mindestens $= w$ sein.

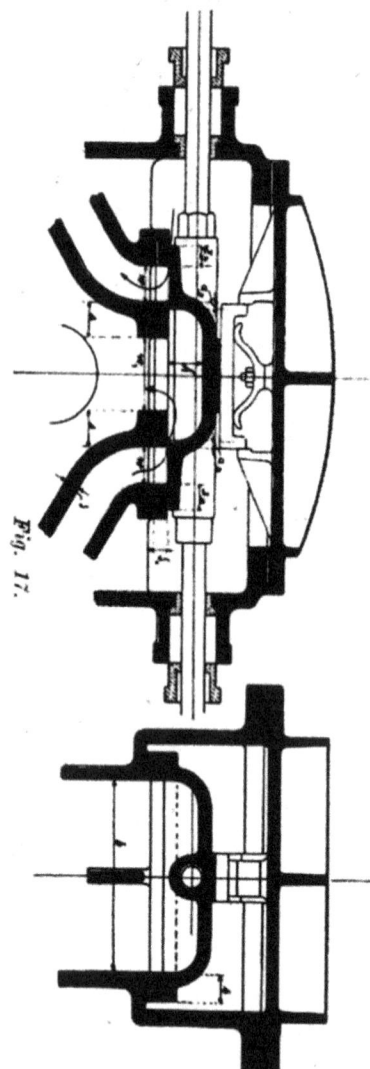

Fig. 17.

Für innere Einströmung vertauschen sich die Zu- und Abdampfdeckungen. Nach Möglichkeit vermeide man aber Flachschieber für innere Einströmung, denn einen dampfdichten Schluß kann auch ein eingebautes Schieberdach nicht gewährleisten. Auf dem Schieberrücken wird häufig eine federbelastete Schleifplatte angebracht, die einerseits bei etwa zu hoch getriebener Kompression ein Abheben des Schiebers von dem Schieberspiegel verhindern, andererseits aber Zylinder und Schieber vor Zerstörung durch Wasserschlag schützen soll.

Die Breite des Steges s macht man etwa $1,5\,\delta$ bis $2\,\delta$, es muß jedoch beachtet werden, daß die Dichtungsfläche in den Endstellungen des Schiebers nicht zu gering werden.

Bei größeren Maschinen läßt man den Schieber nicht direkt auf dem Schieberspiegel des Zylinders gleiten, sondern bringt eine auswechselbare Schieberplatte bzw. Einsatzbüchse an, deren Stärke δ_1 etwa δ bis $1,5\,\delta$ beträgt.

Da jedoch auch die Flachschieber mit äußerer Einströmung eine verhältnismäßig große Reibungsarbeit erzeugen, so ging man dazu über, sie durch ein besonderes Schieberdach zu entlasten (siehe Fig. 1). Die Aussparungen in dem Schieberdach entsprechen genau den Öffnungen im Schieberspiegel. Es wird auf diese Weise, abgesehen von unvermeidlichen Undichtigkeiten, ein fast vollkommener Druckausgleich erzielt, da der Schieber nunmehr von beiden Seiten unter gleichem Druck steht. Es ist aber besonders darauf zu achten, daß der Schieber und das Schieberdach genügend stark ausgeführt werden, damit schädliche Durchbiegungen bei Erwärmung vermieden werden. Bei der Verwendung von Rundschiebern macht man bei innerer Einströmung die obere Schieberhälfte, bei äußerer Einströmung die untere um einige Millimeter größer im Durchmesser, um dadurch dem Gewicht des Steuergestänges entgegenzuwirken. In Fig. 19 ist ein Rundschieber mit einfacher Eröffnung, ausgeführt für eine Torpedobootsmaschine, dargestellt. Material des Schieberkörpers Bronze. Diese Bronzeschieber haben sich indessen nicht sonderlich bewährt. Am zweckmäßigsten ist der in Fig. 20 dargestellte Schieber. Dieser ist ganz aus feinkörnigem Gußeisen (ohne Ringe) hergestellt und erhält zur Aufnahme von Öl in die obere und untere Lauffläche je 2 oder 3 Rillen von 2 bis 3 mm Tiefe eingedreht.

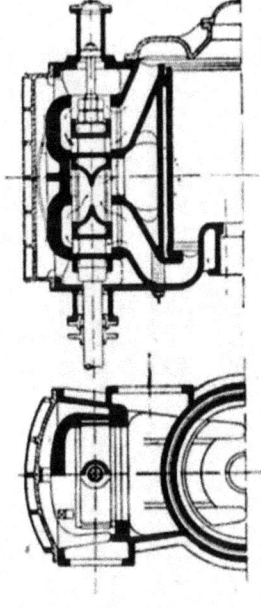

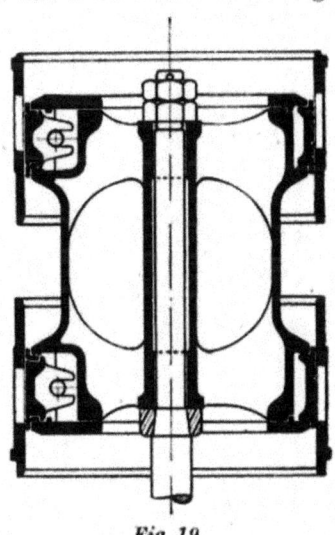

Fig. 18.   Fig. 19.

Der Schieber arbeitet mit innerer Einströmung und gehört zu einer Heißdampfmaschine.

Bei langhubigen Maschinen fallen diese Schieber, um kurze Dampfkanäle zu erhalten, teilweise sehr lang aus. Man stellt sie dann aus Fabrikationsrücksichten zweiteilig her und verbindet die obere und untere Hälfte durch Flanschen; siehe Fig. 21.

Der Trick-Schieber.

Wie schon erwähnt, erhalten größere Maschinen, um den Schieberhub zu verringern, Schieber mit mehreren Kanälen. Der bekannteste dieser Schieber ist der Trick-Schieber (Fig. 22). Dieser Schieber besitzt einen Zusatz- (Trick-) Kanal für die Einströmung.

Die Überdeckungen für Zu- und Abdampf werden in derselben Weise wie für den gewöhnlichen Schieber bestimmt. Die Weite des Trick-Kanales wechselt zwischen $^1/_4$ bis $^1/_2$ der gewöhnlichen Kanalweite w. Die Mündungsweite des eigentlichen Dampfkanales im Spiegel ist mindestens mit $2w_1 + c$ zu bemessen.

Hierin ist $w_1 =$ Eröffnungsweite für Einströmung und Weite des Trick-Kanales und c die Wandstärke. Den Trick-Kanal rückt man soweit als möglich nach außen, es muß aber in den Endstellungen des Schiebers mindestens die Sicherheitsdeckung c noch vorhanden

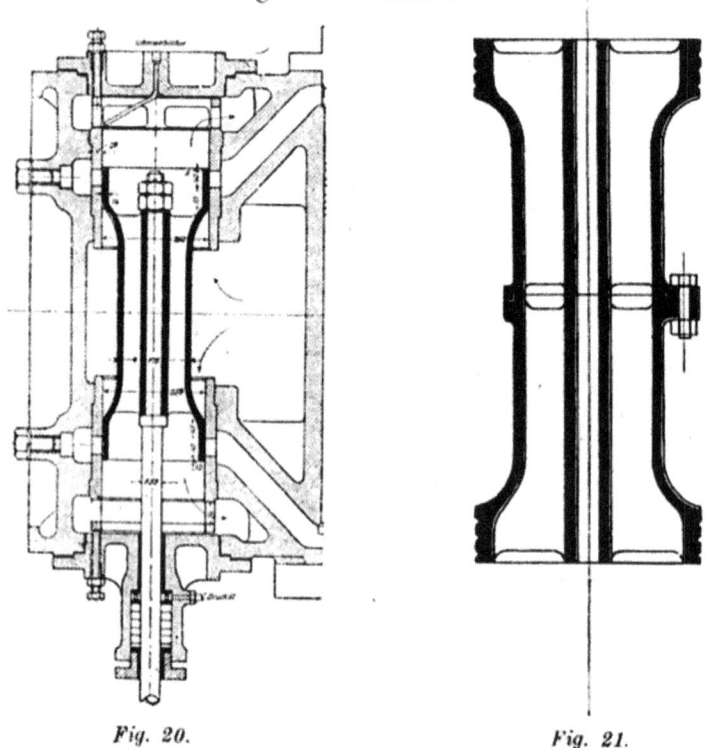

Fig. 20.   Fig. 21.

sein. Ist dies nicht der Fall, d. h. macht man die Sicherheitsdeckung zu klein oder gar negativ, dann tritt der Frischdampf, der in dem Trick-Kanal steht, ungehindert in den Abdampfraum.

Es müssen daher unter allen Umständen die in Fig. 22 bezeichneten Kanten in der Mittellage des Schiebers um den Betrag $\dfrac{S}{2} + c$ voneinander entfernt sein. Durch Anwendung des Trick-Kanales verringert sich nicht nur der Schieberhub S, sondern auch gleichzeitig die Schieberlänge.

Ein weiterer Vorteil des Trick-Kanales liegt in der raschen Eröffnung für den Eintritt, wodurch der sonst unvermeidliche Spannungs-

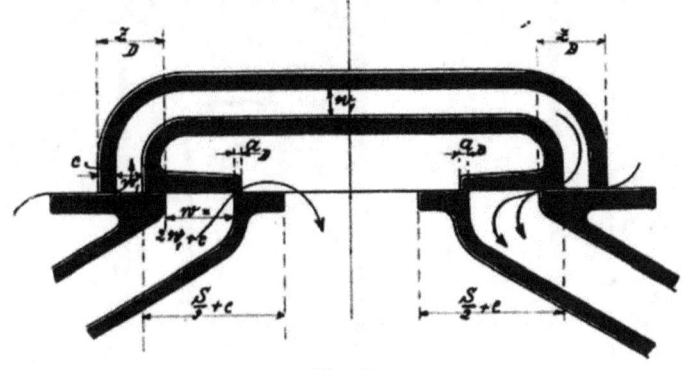

Fig. 22.

abfall hervorgerufen durch schleichende Eröffnung während der Ein-
trittsperiode wesentlich verringert wird

In Fig. 22 sind die Werte für die Kanalweiten eines Trick-Schiebers
eingetragen. Für den Austritt kommt als größte Öffnung die gesamte
Kanalweite w, für den Eintritt die Kanalweite $2 w_1$ in Betracht. Fig. 23
zeigt eine Schieberausführung eines Rundschiebers mit Trick-Kanal,
während Fig. 24 einen Flachschieber mit
Trick-Kanal, ausgeführt für eine kleine Handelsschiffsmaschine, darstellt.

Der Penn-Schieber.

Wendet man den Trick-Kanal auch für
die Ausströmung an, dann erhält man den
Penn-Schieber. Eine schematische Darstellung des Penn-Schiebers zeigt Fig. 25.

Der Penn-Schieber wird häufig bei großen
Schiffsmaschinen für Mitteldruck- und Nieder-
druckschieber angewendet. Er wird länger,
höher und schwerer als der Trick-Schieber,
ohne wesentliche Vorteile gegenüber diesen zu
bieten.

Fig. 25 gibt die ungefähren Abmessungen
für Schieber und Schieberspiegel. Der Fuß der
Trennungswand x muß mindestens eine Breite
gleich der Sicherheitsdeckung c aufweisen. Die

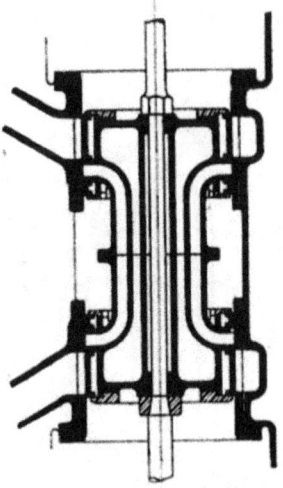

Fig. 23.

Wand ist so anzuordnen, daß sie in den Schieberendlagen die Kanal-
mündung noch nicht verengt. Es ist zu beachten, daß die Mittelöffnung

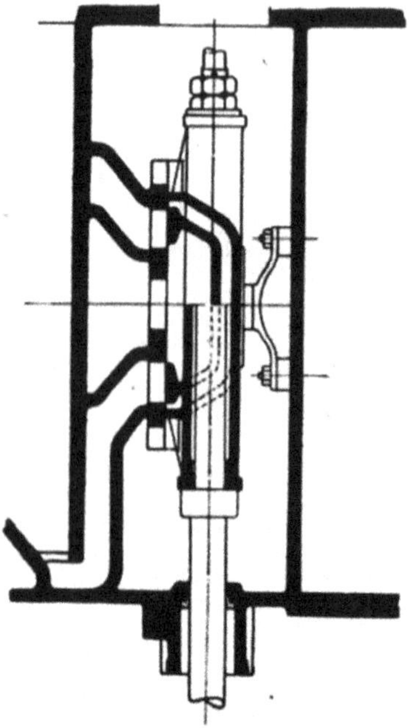

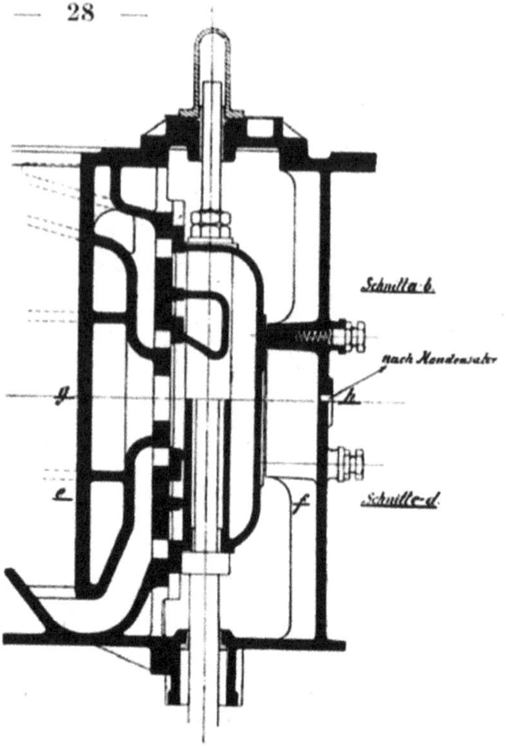

Schnitt a-b.

nach Kondensator

g

h

e

f

Schnitte-d.

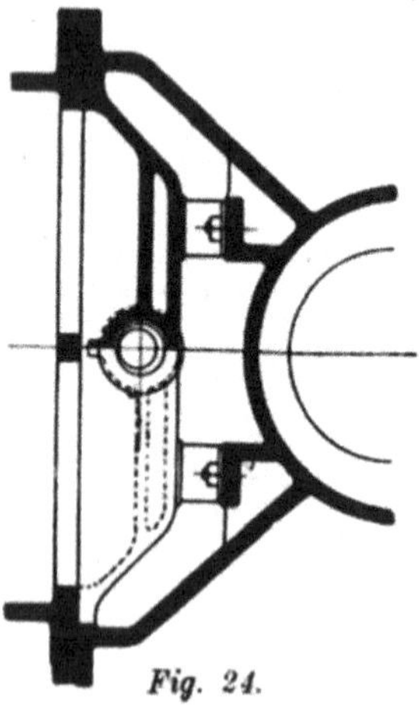

Fig. 24.

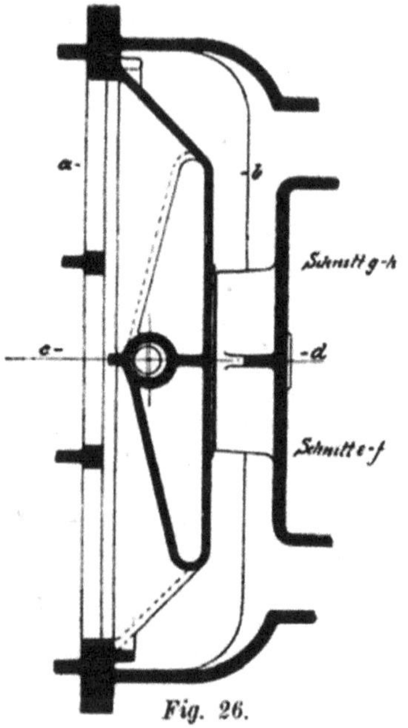

a-

b

Schnitt g-h

c-

-d

Schnitt e-f

Fig. 26.

im Schieberspiegel bei äußerster Stellung noch den vollen Querschnitt freigibt. —Der Kanal A, durch welchen die halbe Abdampfmenge zur Mitte des Schiebers geht, muß einen Querschnitt von $\geqq {}^1/_2\,f$ aufweisen, während die beiden Querschnitte F im Schieber, durch welche der Frischdampf, von der Seite her, zur inneren Einlaßkante gelangt,

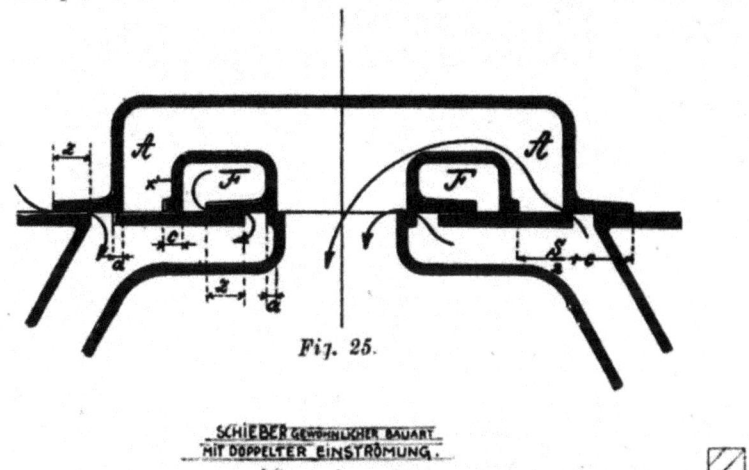

Fig. 25.

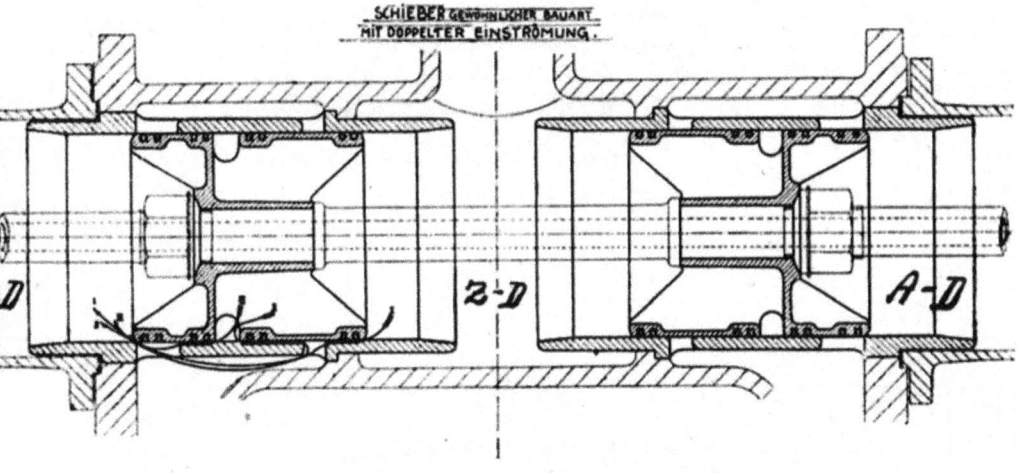

Fig. 27.

$\geqq {}^1/_4\,f$ sein müssen. Die steuernden Kanten einer Schieberseite müssen auch hier mindestens um den Betrag $\dfrac{S}{2} + c$ voneinander entfernt sein. Im übrigen gilt das für den Trick-Schieber gesagte auch hier. Eine Penn-Schieberausführung zeigt Fig. 26. Dieser Schieber ist teilweise entlastet. Die Entlastung wird durch einen an den Konden-sator angeschlossenen Raum zwischen Schieberrücken und Schieber·

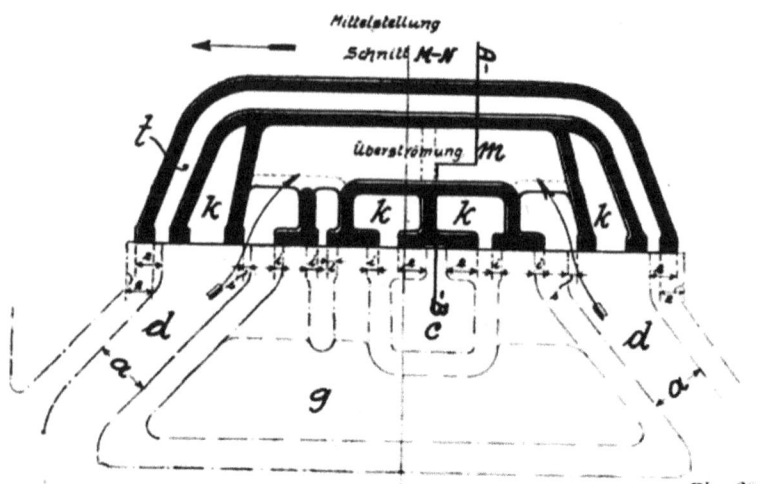

Mittelstellung

Schnitt M-N

Überströmung m

Fig. 28.

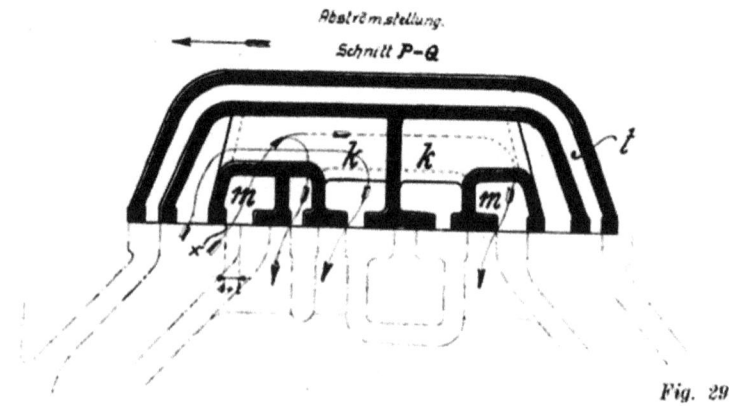

Abströmstellung.

Schnitt P-Q

Fig. 29.

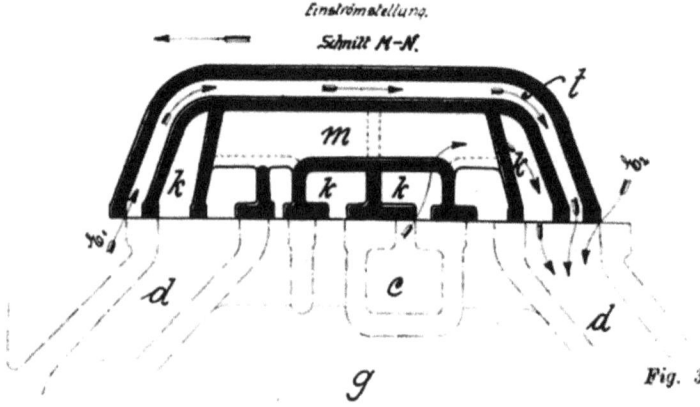

Einströmstellung.

Schnitt M-N.

Fig. 30.

kastendeckel herbeigeführt. Die Dichtungsringe werden mit Federn gegen das Schieberdach gepreßt.

Sowohl der Trick- als auch der Pennschieber haben den Nachteil, daß zur Abdichtung gegen den Frischdampfraum nur ein schmaler Steg stehen bleibt, der dem Entweichen des Frischdampfes nach dem Abdampfraum keine genügende Dichtfläche entgegenstellen kann. Ferner ist zu beachten, daß bei den obengenannten Schiebern bei mehrfachen Eröffnungen mit zunehmender Zahl der Durchtrittsspalten gleichzeitig die Dampflässigkeit wächst. Fig. 27 zeigt z. B. einen Trickschieber gewöhnlicher Bauart mit doppelter Innenkanteneinströmung und veranschaulicht deutlich, wie der Frischdampf auf drei Wegen unverbraucht entweichen kann. Der

Patent-Hochwaldschieber

vermeidet durch seine eigentümliche Bauart diesen Übelstand vollkommen. Er gewährleistet bei präzisem Dampfabschluß gute Dampfdichtheit und weist außerdem günstige Vorausströmungs- und Kompressionsverhältnisse auf.

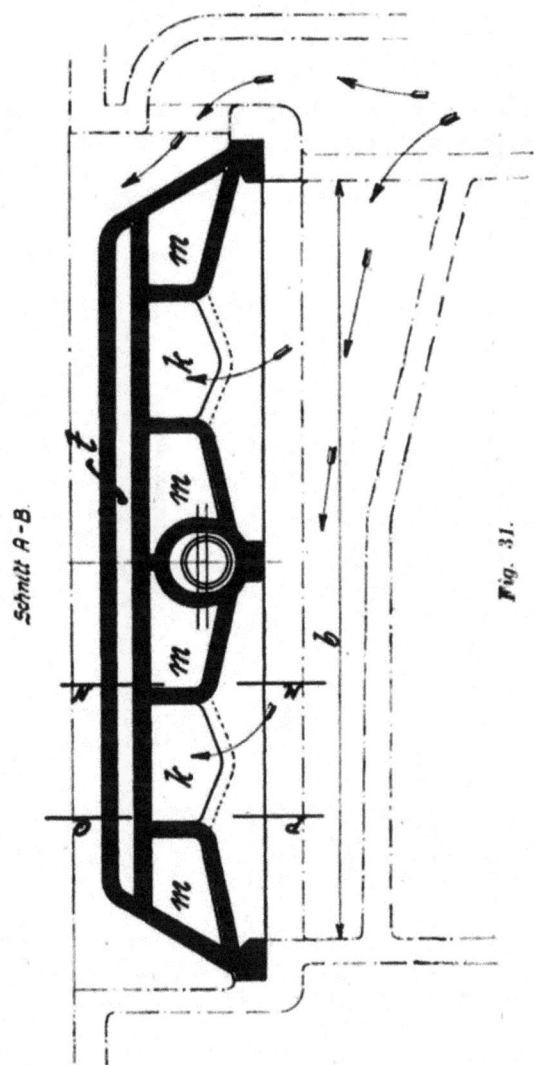

Schnitt A-B.

Fig. 31.

Der Hochwaldschieber kann mit zwei- und mehrfacher Einströmung und ein- und mehrfacher Ausströmung ausgeführt werden.

Fig. 28, 29, 30, 31 zeigen die schematische Darstellung eines Hochwaldschiebers mit dreifachem Ein- und Auslaß sowie dem charakteristischen Überströmkanal k. In diesen Figuren bezeichnet

e = Einströmdeckung,
i = Ausströmdeckung,
s = Überströmspalt $\cong i$,
a = theoretische Kanalweite,
b = Kanalbreite.

In der Mittelstellung des Schiebers sind die Kanäle d durch den Überströmkanal m und die offenen Überströmspalten s miteinander in Verbindung gebracht. Der verbrauchte (expandierte) Dampf strömt von der Expansionsseite zum Wiedergebrauch nach der Kompressions-

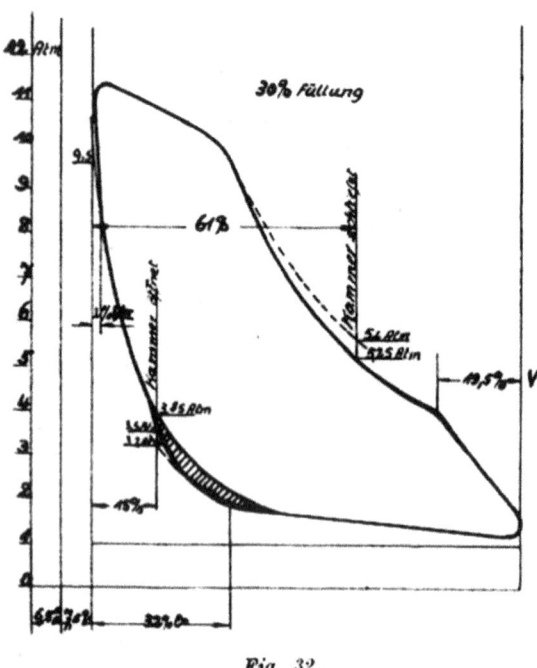

seite über und verbessert hierdurch in ganz erheblichem Maße die Kompressionsarbeit.

Der Dampfeintritt erfolgt

1. an der Abschlußkante E_2 direkt,
2. an der Abschlußkante E_1 durch den Kanal t und
3. durch das Zusammenarbeiten des Kanals k mit dem Schieber - Kastenraum c.

Die Ausströmung erfolgt

1. durch den Kanal k und
2. und 3. durch die beiden Kanäle m.

Fig. 32.

Bei Beginn der Ausströmungen hat die Schieberkante x bereits eine Voröffnung von der Größe $s + i$; hierdurch wird durch die Kanäle m eine doppelte Ausströmung erreicht. Der gesamte Austrittsquerschnitt des Schiebers beträgt:

$$\left(\frac{a}{2} - \frac{s + i}{2}\right) + \left(\frac{a}{2} - \frac{s + i}{2}\right) + (s + i).$$

Infolge der dreifachen Eröffnung der Kanäle wird eine korrekte Dampfverteilung bei ungewöhnlich kleinem Schieberhub erzielt.

In der Mittelstellung des Schiebers sind die beiden Zylinderseiten durch den Kanal m und die Spaltöffnung s miteinander verbunden.

Der Kanal *m — m* steht unmittelbar vor Beginn der Überströmung mit dem Kondensator bzw. dem Auspuffrohr in dauernder Verbindung. Hierdurch wird eine vollkommene Überströmung erreicht und gleichzeitig eine bessere Ausnutzung des Dampfes erzielt.

Im Vergleich zu einem zweifachen Pennschieber bietet der Hochwaldschieber folgende Vorteile:

1. Die Exzentrizität kann etwa 20 bis 22% kleiner gewählt werden. Hierbei sind die Dampfgeschwindigkeits-Verhältnisse bei Eröffnung und Abschluß der Kanäle günstiger als beim Pennschieber.

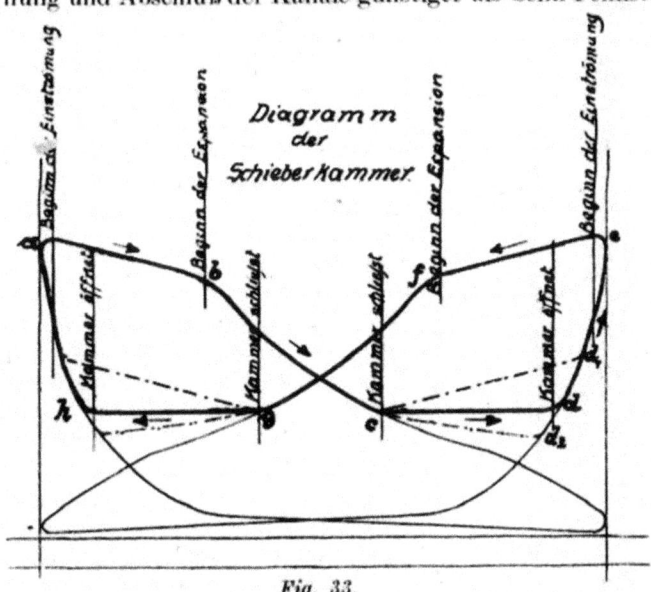

Fig. 33.

c ——————— d *Schieber dicht.*
c ·—·—·—· d_1 *Muschelsteg undicht, Dampf strömt aus dem Frischdampfraume.*
c ·—··—··— d_2 *Schiebersteg undicht, Dampf strömt aus der Kammer in den Zylinder.*

2. Die Baulänge fällt etwa 6 bis 8% und seine nichtentlastete Schieberfläche etwa 22 bis 24% kleiner aus als beim Pennschieber.

3. Mit dem Überströmen des Dampfes von der Expansionsseite nach der Kompressionsseite ist infolge Auffüllung des schädlichen Raumes stets eine Vergrößerung der Diagrammfläche verbunden (s. Fig. 32).

4. Ferner werden durch das Überströmen die Temperaturdifferenzen zwischen Arbeitsdampf und Zylinderseiten einschließlich des Schieberkastenraumes verkleinert und als Folge die sonst in Erscheinung tretenden schädlichen Wechselwirkungen zwischen Arbeitsdampf und den Wandungen gemildert, wodurch eine weitere verbesserte Dampfausnutzung erreicht wird.

5. Die Überströmung gibt ein bequemes Mittel an die Hand, durch

zusätzliche Erhöhung der Kompression einen ruhigen gleichmäßigen Gang der Maschine zu erzielen.

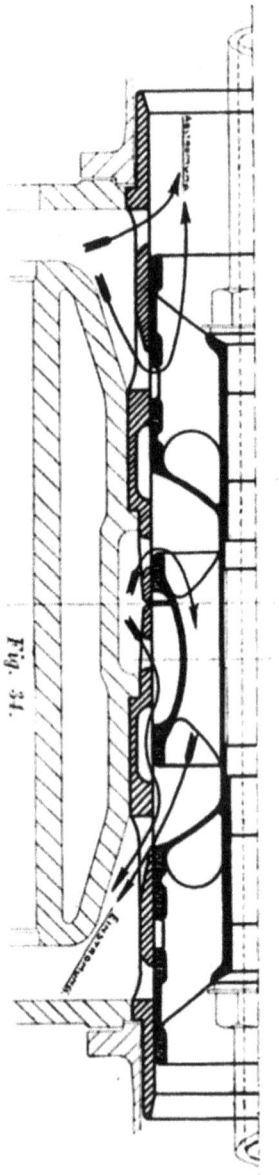

Fig. 34.

Die Wirkung der Kammer läßt sich deutlich aus dem Diagramm Fig. 32 erkennen. Nach Beendigung der Füllungsperiode nimmt die Kammer k noch eine Zeitlang an der Expansionsarbeit teil. Nach Trennung der beiden Räume verbleibt in der Kammer noch eine gewisse Dampfmenge von verminderter Spannung. Dieser Dampfrückstand wirkt besonders bei kleineren Füllungen nach Wiedereröffnung der Kammer stark mildernd auf die Kompression. Man kann die schädlichen Räume so klein, als es die Konstruktion zuläßt, halten, ohne Gefahr zu laufen, daß bei kleineren Füllungen die Kompression über die Eintrittsspannung getrieben wird.

Im Prinzip arbeitet der Hochwaldschieber ähnlich wie der Trickschieber. Er unterscheidet sich aber von letzterem grundsätzlich dadurch, daß sich die einzelnen Dampfstrahlen schon in der Schieberkammer vereinigen und nicht wie beim Trickschieber erst im Zylinderkanal. Dadurch ist die Möglichkeit gegeben, die Kammerdeckung in weiten Grenzen verändern und den Zeitpunkt für die Eröffnung der Kammer so wählen zu können, daß neben der Bildung eines zweiten Einströmspaltes gleichzeitig auch der gewollte günstige Einfluß auf den Verlauf der Kompression erreicht wird. Die Aussparungen a im Schieberspiegel Fig. 35 können beliebig tief gewählt und damit der Kompressionsraum den jeweiligen Erfordernissen angepaßt werden.

Es empfiehlt sich, von Zeit zu Zeit Schieberkastendruckdiagramme zu 'entnehmen, um Aufschluß über das Dichthalten der Schieber und deren Betriebszustand zu erhalten. Bei gut dichthaltendem Schieber hat das Diagramm der Schieberkammer die Gestalt a, b, c, d, e, f, g, h, nach Fig. 33.

Undichtheiten der Schieber äußern sich dadurch, daß entweder der Kammerdruck durch Zuströmen von Frischdampf rasch ansteigt bzw.

K
Ausströmung

Fig. 35.

Überströmen
δ = 47°
11% Va K
26,5% Co D
24,5%
12,5%
0,5% Vz D
50% Füllg. K.
Auslaßkanal Kurbelseite ganz offen
K
D
54% Füllg. D.
0,9% Vz K
10% Va D
23% Co K
11,5%
21%
Auslaßkanal Deckelseite ganz offen

Fig. 36.

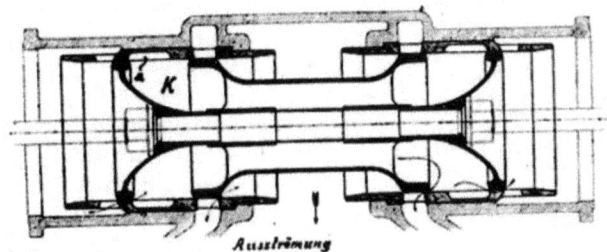

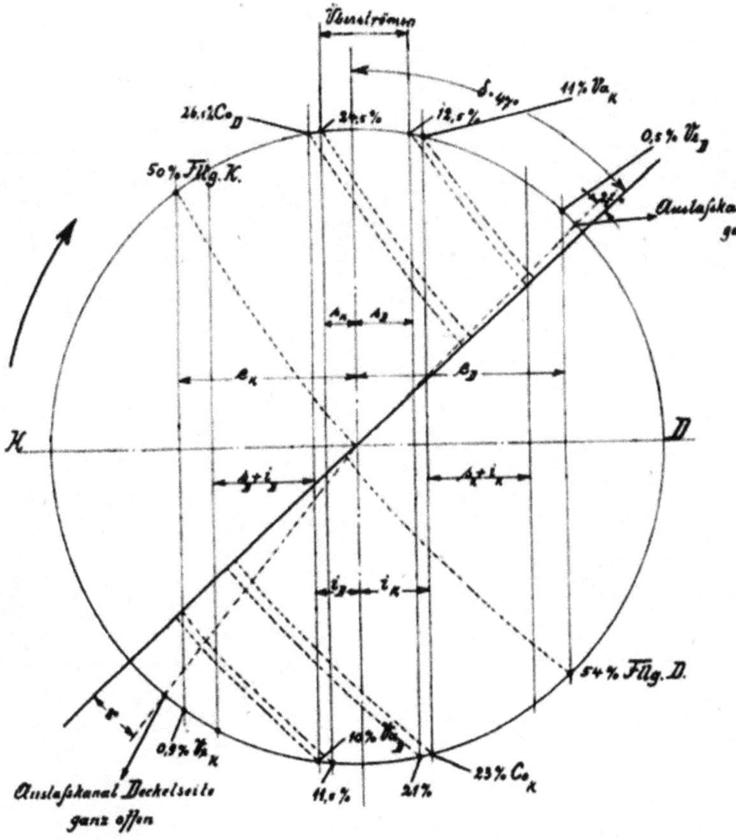

durch Entweichen des Dampfes nach einer Zylinderseite ein rasches Sinken des Schieberkastendruckes eintritt.

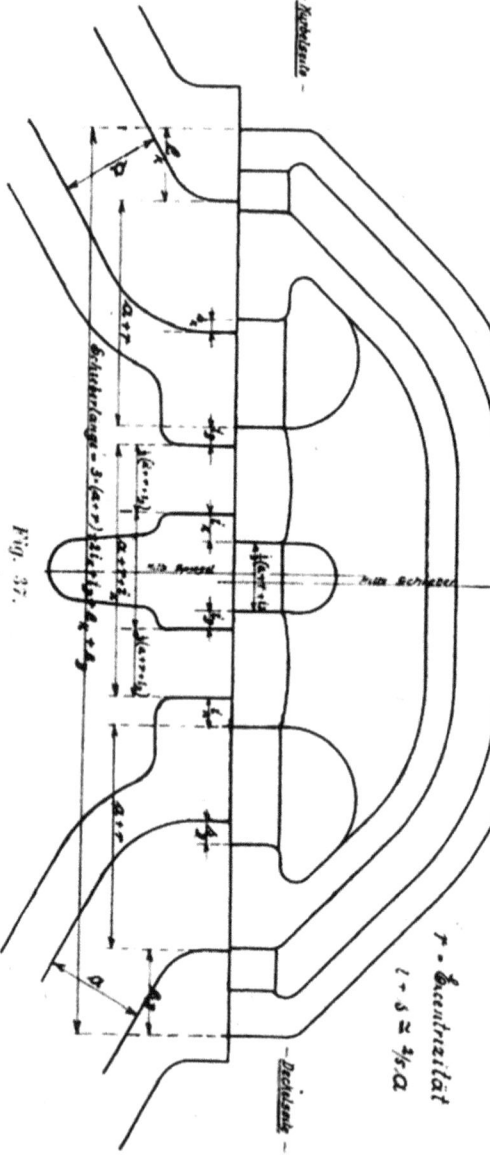

Fig. 34 zeigt die Ausführungsform eines Hochwaldschiebers mit doppelter Ein- und doppelter Ausströmung. Die doppelte Ausströmung wird in einfacher Weise durch Anordnung eines erweiterten Zylinderkanals sowie eines zweiten Steges am Schieberkopf erreicht. Die Verdoppelung der Ausströmquerschnitte hat eine schnelle Entleerung des Zylinders zur Folge und vermindert Drosselungsverluste bei der Ausströmung.

Der Hochwaldschieber kann sowohl mit innerer als auch mit äußerer Einströmung ausgeführt werden. Die Ausführung eines Schiebers mit äußerer Einströmung zeigt Fig. 35. Die im Kammerraum K liegenden Aussparungen a des Schieberspiegels sind hier nach außen verlegt.

In Fig. 36 ist das Müller-Releauxsche Diagramm für einen Hochwaldschieber dargestellt. Die darin vorkommenden Bezeichnungen gehen aus der Fig. 37 hervor.

Bei mittleren und kleineren Umdrehzahlen und mäßig großen schädlichen Räumen ist s bis ca. 3 mm kleiner als i, bei großen Umdrehzahlen und großen schädlichen Räumen bis ca. 2 mm größer als i zu machen.

Ein Hochwaldschieber mit vierfacher Innenkanteneinströmung und einfacher Ausströmung ist in Fig. 38 dargestellt.

c) Allgemeines über Schieber.

Die Flachschieber werden aus bestem feinkörnigen Gußeisen hergestellt. Rundschieber findet man aus Gußeisen, Stahlguß, Bronze oder Aluminium (für Torpedobote). Die Rundschieber werden teilweise auch mit gußeisernen federnden Ringen mit Schloß ausgeführt.

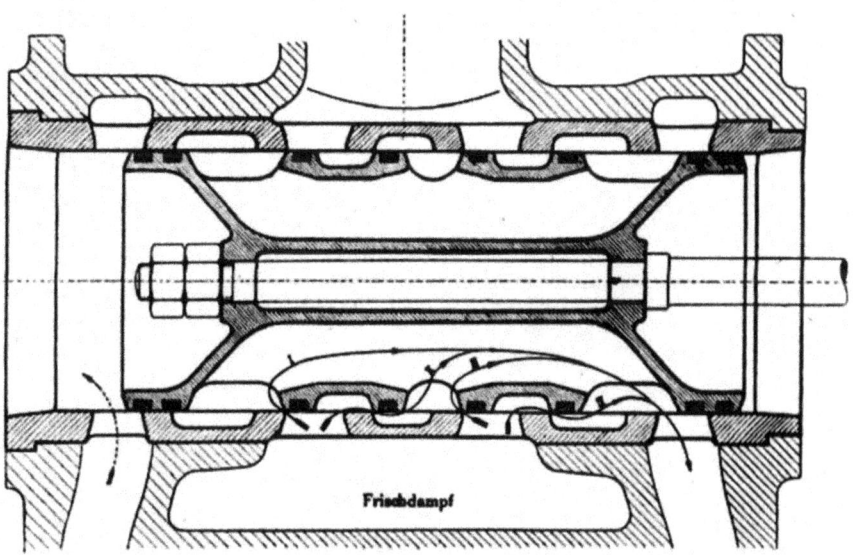

Schieber Bauart Hochwald

mit 4 facher Einströmung und 1 facher Rundrömung.

Abströmung

Frischdampf

Fig. 38.

Der Ausführung der Kolbenschieber muß in Anbetracht auf die Forderung unbedingter Dichtigkeit zur Vermeidung von Dampfverlusten die größte Aufmerksamkeit gewidmet werden. Kleinere Kolbenschieber werden gewöhnlich massiv, d. h. ohne Schieberringe ausgeführt. Zweckmäßig wird für diese mit Rücksicht auf die Wärmeausdehnung dasselbe Material verwandt wie für die Schiebereinsätze. Es läßt sich indessen bei diesen Kolbenschiebern nicht vermeiden, daß sie infolge des natürlichen Verschleißes nach längerer oder kürzerer Betriebszeit undicht werden. Zur Vermeidung dieses Mißstandes führt man die größeren Kolbenschieber dagegen stets mit federnden Liderungsringen aus, um einerseits der Wärmeausdehnung Rechnung zu tragen

und andererseits sich dichtschließende Schieber zu sichern. Zur Verwendung kommt entweder ein breiter Schieberring oder je nach der
Breite der Kanäle mehrere schmale Ringe aus Gußeisen. Die Ringe
müssen gegen Drehen gesichert werden. Eine einfache Ringsicherung
für zwei Ringe zeigt Fig. 39.

Fig. 40 zeigt eine Schloßverbindung eines Schieberringes.

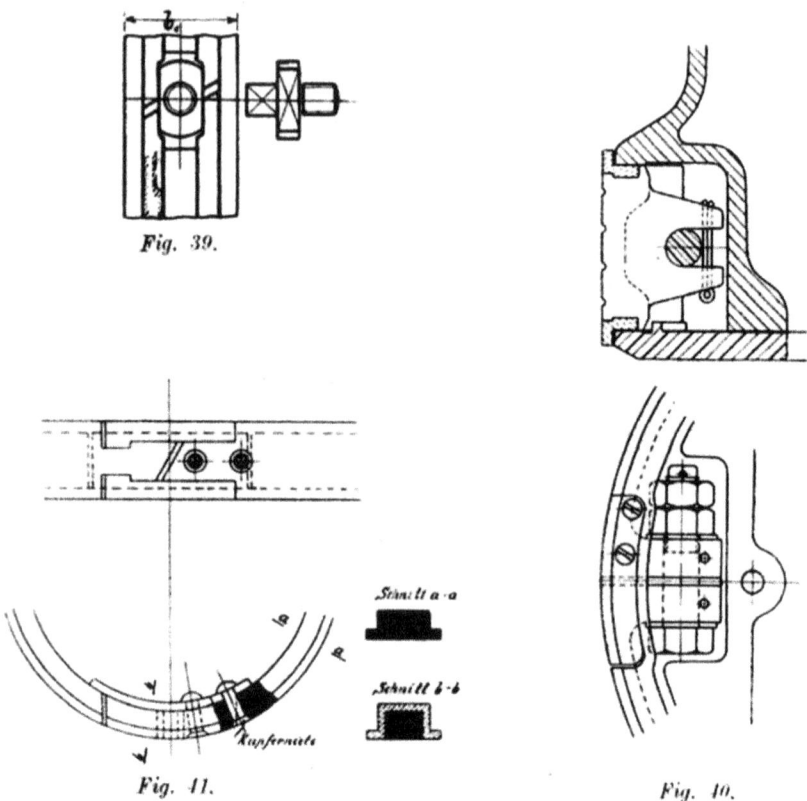

Fig. 39.

Fig. 41.

Fig. 40.

Fig. 41 zeigt ein Schieberschloß für einen kleinen Rundschieber.
Dieses Schloß besteht aus einem Bronzestück, das in entsprechende
Aussparungen des Schieberringes eingesetzt und mit diesem an einer
Seite durch Kupfernieten verbunden wird, während die andere Seite
frei federn kann.

Allgemein wird bei den Flachschiebern die Schieberstange durch
den Schieber geführt und durch Muttern befestigt (Muttersicherung).
Am unteren Ende der Stange wird entweder ein Bund oder besser

ein Konusring vorgesehen (Fig. 42). Soll die Schieberstange durch
den Schieberkasten oben durchgeführt werden, dann bedient man sich
der Ausführung nach Fig. 43.

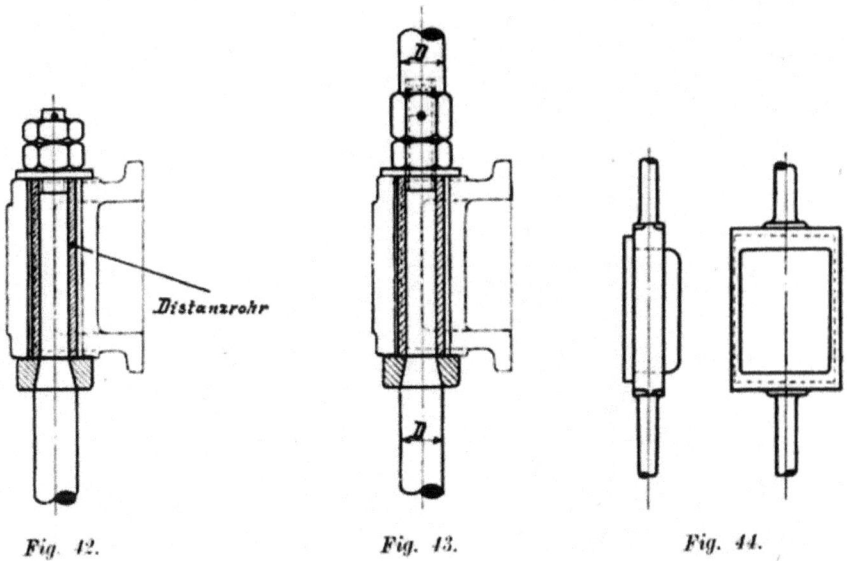

Distanzrohr

Fig. 42.   *Fig. 43.*   *Fig. 44.*

Der in Fig. 44 dargestellte sog. Rahmenschieber kommt kaum
noch zur Anwendung.

Ventile.

Die Anwendung des Heißdampfes bedingt bei den Schiebermaschinen eine außergewöhnlich reichliche Schmierung aller im Dampfraum
gleitenden Organe, insbesondere der Schieber, da durch die hohen
Temperaturen und d e n trockenen Dampf die Neigung zum Fressen
sehr groß ist. Die erhöhte Ölzufuhr führt naturgemäß zu erheblichen
Verunreinigungen des Kondensators und· Kessels, und man ist zur
Abstellung dieses Übelstandes gezwungen, große Abdampfentöler einzu-
bauen. Bei Verwendung von Ventilen anstelle der Schieber kommen
diese Schwierigkeiten in Fortfall, da bei diesen Steuerorganen mit
Ausnahme der Ventilspindel keinerlei gleitende Reibungen im Dampfraum auftreten.

Ein weiterer Vorteil bei Verwendung von Ventilen liegt in der
rascheren Eröffnung der Ein- und Auslaßquerschnitte. Hierdurch
werden genauere Abschlüsse und völligere Diagramme erzielt, was bei
gleicher Leistung einen geringeren Dampfverbrauch ergibt. Ferner ist
noch zu bemerken, daß bei einer gut durchgebildeten Ventilkonstruktion

auch bei den höchsten Dampftemperaturen nie ein Klemmen oder
Fressen eintreten kann. Schließlich ist die voneinander unabhängige
Regulierung der Ein- und Auslaßventile bemerkenswert. Während
beim Schieber z. B. die Veränderung der Füllung gleichzeitig eine Ände-
rung der Vorausströmung und damit auch der Kompression zur Folge
hat, werden bei Ventilen diese Perioden nicht berührt.

Die Ventilmaschinen älterer Ausführung wurde stets mit je einem
Ventil für Ein- und Auslaß für jede Zylinderseite ausgerüstet, so daß

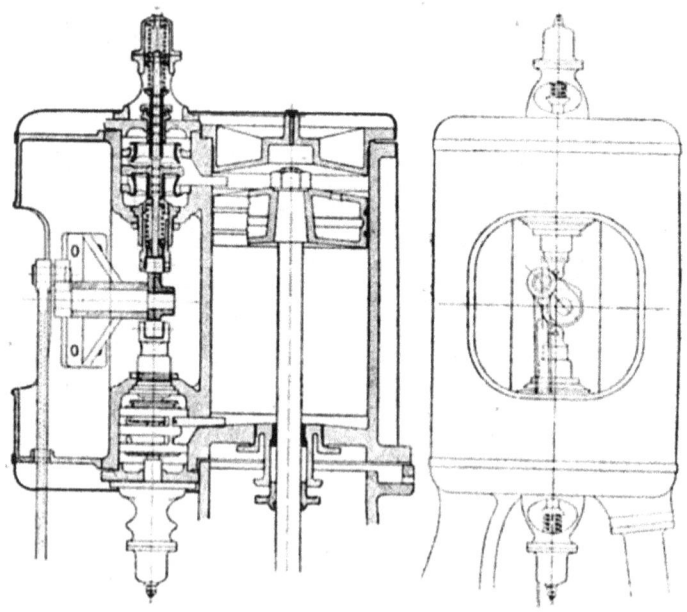

Fig. 45.

jeder Zylinder vier Ventile aufwies. Die Ventilgruppen wurden für
jede Zylinderseite entweder getrennt, oder wie Fig. 45 zeigt, in einem
gemeinsamen Gehäuse untergebracht mit übereinanderliegenden Ein-
und Auslaßventil. Eine andere ältere Anordnung („Lenz") zeigt
Fig. 46; bei dieser sind die Ein- und Auslaßventile einer Zylinderseite
nebeneinander angeordnet. Zylinder- und Ventilgehäuse bestehen aus
einem Gußstück. Aus wärmetechnischen Gründen aber hat man diese
Ausführung verlassen. Ein Nachteil dieser Anordnung liegt auch in
der Unzugänglichkeit der Ventile.

Ganz neue Wege geht bezüglich der Ventilanordnung die Herrn
Baurat Hugo Lentz patentierte und von der Firma Willy Salge & Co.,
Berlin, heraus gebrachte „Lentz-Einheits-Schiffsmaschine".

Während die Ventilmaschinen (Compound) älterer Ausführung für die beiden Zylinder zusammen acht Ventile (je zwei Einlaß- und zwei Auslaß-) benötigten, kommen bei dieser nur deren sechs zur Anwendung und zwar:

    1. Zwei Einlaßventile für den Hd.-Zylinder;

Fig. 46.

    2. Zwei Auslaßventile für den Hd.-Zylinder gleichzeitig Einlaßventile für den Nd.-Zylinder (sog. Zwischenventile):

    3. Zwei Auslaßventile für den Nd.-Zylinder.

Die Dampfführung ist die denkbar günstigste, da der Dampf die sehr kurz gehaltenen Kanäle fast ohne Richtungsänderung stets in derselben Richtung durchströmt. Die Zylinder benötigen keinen Aufnehmer und auch keine Längskanäle, da der Dampf innerhalb der Maschine nicht die Zylinderseite wechselt.

Der Ausbildung der Ventile und insbesondere der Materialverteilung ist die größte Beachtung zu schenken, um eine ungleichmäßige Ausdehnung zu verhindern.

Zur Anwendung kommen hauptsächlich die sogenannten „Rohrventile", deren Grundformen die Figuren 47 bis 50 zeigen und von denen sich die in Fig. 49 dargestellte als die praktischste erwiesen hat, da die

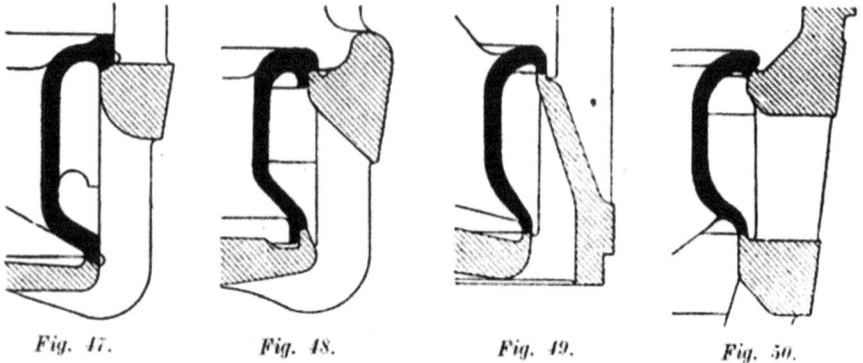

Fig. 47.   Fig. 48.   Fig. 49.   Fig. 50.

beiden Sitzflächen sich bei dieser Konstruktion am bequemsten und sichersten zum gleichmäßigen Schluß bringen lassen. Auf jeden Fall

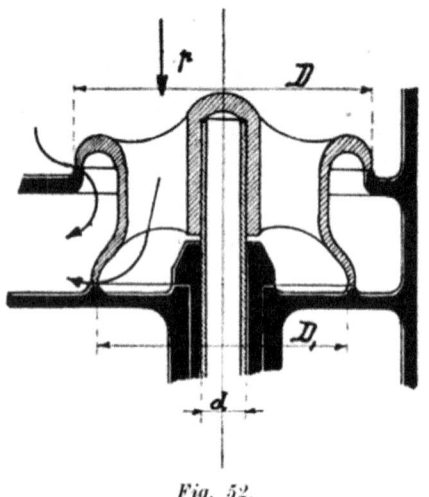

Fig. 52.

ist es geboten, das Ventil aus dem gleichen Material herzustellen, wie das es umschließende Gehäuse, um verschiedenen Wärmeausdehnungen vorzubeugen.

Als besonders zweckmäßig hat sich herausgestellt, die Ventilsitze als besondere Einsätze auszuführen und mit den zugehörigen Ventilen aus einer Charge zu gießen, um die Gewähr Material gleicher Ausdehnung zu haben.

In Fig. 51 ist ein häufig vorkommendes Ventil mit Einsatz dargestellt. Material: feinkörniges Gußeisen.

Diese Rohrventile geben doppelte Ein- bzw. Ausströmquerschnitte frei und beanspruchen bei gleichem Durchmesser nur den halben Hub, wie die früher üblich gewesenen Tellerventile.

Die Ventile sind mit Rücksicht auf die Massenbeschleunigung so leicht wie möglich zu machen und ihr Hub unter Zugrundelegung einer größten Ventilbeschleunigung von etwa 25 bis 30 m zu berechnen. Die Breite der Sitzfläche wird je nach der Größe des Ventils mit 2 bis 5 mm ausgeführt.

Da der untere Sitz des Ventils stets kleiner sein muß, als der obere (zwecks Einbringung in den Ventilkorb), so ergibt sich aus den Bezeichnungen in Fig. 52 ein nach unten gerichteter Druck von der Größe:

$$P = \left[(D - D_1)^2 + d^2\right]\frac{\pi}{4} \cdot p$$

der von dem Steuerungsnocken überwunden werden muß.

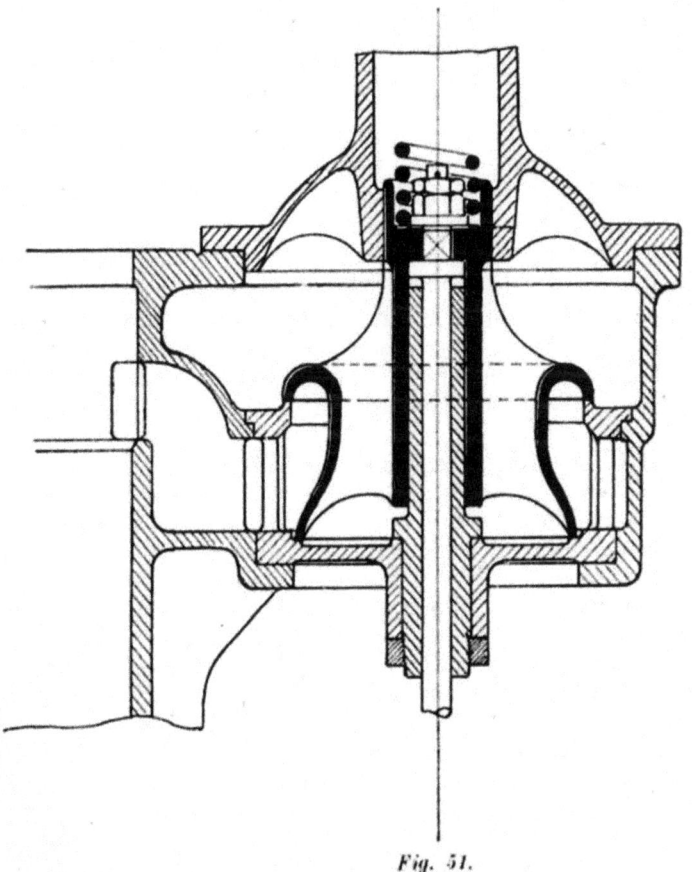

Fig. 51.

Um ein Hängenbleiben des Ventiles in der oberen Lage unter allen Umständen zu verhindern, ordnet man außerhalb des Dampfraumes leicht zugängliche und nachspannbare Druckfedern an.

Die Federn erhalten eine Vorspannung entsprechend einer Belastung von etwa 35 bis 50 kg. Sie müssen eine größere Anzahl Windungen erhalten, um ein weiches Arbeiten zu gewährleisten. Die Ventilspindeln werden durch lange Hülsen geführt und mit Labyrinthdichtung versehen. Länge der Hülse etwa sechs- bis achtmal Spindeldurchmesser.

Kapitel IV.

Die Umsteuerungen [1]).

Eine Hauptbedingung der Schiffsmaschinen ist ihre Umsteuerbarkeit während des Ganges, und zwar muß die Maschine in jeder Lage des Umsteuerungshebels, d. h. bei allen Füllungsgraden in den Totpunktlagen der Kurbeln ein Mindestmaß von Voröffnung erhalten, damit sie auch bei kleinen Füllungen sicher anspringt.

Die Umsteuerung kann bewirkt werden

1. durch Vertauschen der Dampfkanäle,
2. durch Verdrehung des Exzenters,
3. durch Anwendung eines Vorwärts- und Rückwärtsexzenters in Verbindung mit einer Kulisse oder einem Lenker.

Die beiden erstgenannten Umsteuerungen wurden früher und nur bei kleinen Maschinen angewendet, kommen aber heute nur noch bei Hilfsmaschinen in Frage. Die letzt angeführte dagegen kommt fast ausschließlich und in den verschiedensten Abarten zur Anwendung.

Maßgebend für die Beurteilung einer Lenkersteuerung ist die sog. Zentrallinie, die, sobald sie keine gerade Linie bildet, auf die Veränderlichkeit des linearen Voröffnens hinweist.

Bei den nachstehend behandelten Lenkersteuerungen ist hierauf besonders hingedeutet.

Die gebräuchlichste älteste und am weitesten verbreitete Art der Umsteuerung ist die mittels der Stephensonschen Kulisse.

In bezug auf Anordnung und Anzahl der Einzelteile zeichnet sich diese Steuerung durch große Übersicht und Einfachheit aus. Die Abnutzungen sind bei sachgemäßer Konstruktion und guter Wartung gering, die Zugänglichkeit und Nachstellbarkeit sehr bequem.

Hierin und in ihrer Unempfindlichkeit liegen die Vorzüge dieser Steuerung, die diese bei Maschinen für Dauerbetrieb so geeignet erscheinen läßt. Besonders bei großen Anlagen (Schnell- und Postdampfermaschinen) hat sie sich ausgezeichnet bewährt. Es soll aber hier gleich bemerkt werden, daß auch einzelne andere Kulissen- oder Lenkersteuerungen sich in der Praxis bestens bewährt haben und auch in bezug auf Übersichtlichkeit der Steuerung von Stephenson kaum nachstehen.

---

[1]) S. a. Leist, Die Steuerungen der Dampfmaschinen. Ferner Bauer, Die Schiffsmaschinen und Kessel.

Beim Entwurf dieser Steuerung macht man die vereinfachende Voraussetzung, daß das Verhältnis von Exzenterstangenlänge zur halben Exzentrizität $\dfrac{l}{r} = x$ ist und daß sämtliche Kulissenpunkte sich geradlinig bewegen. Durch die Art der Aufhängung des Steuergestänges weicht die Bewegung jedoch mehr oder weniger von der geradlinigen Bewegung ab und bildet eine liegende Acht.

Für Vorwärts- und für Rückwärtsgang ist je ein Exzenter auf die Kurbelwelle aufgekeilt, deren Voreilwinkel gewöhnlich von gleicher Größe sind. Die Übertragung der Bewegung auf die Schieberstange erfolgt durch die Exzenterstangen auf die Kulisse. Durch Verschieben der Kulisse wird die Umsteuerung bewirkt.

In Fig. 53 erscheinen die Kulissenpunkte A und B in der Schub-

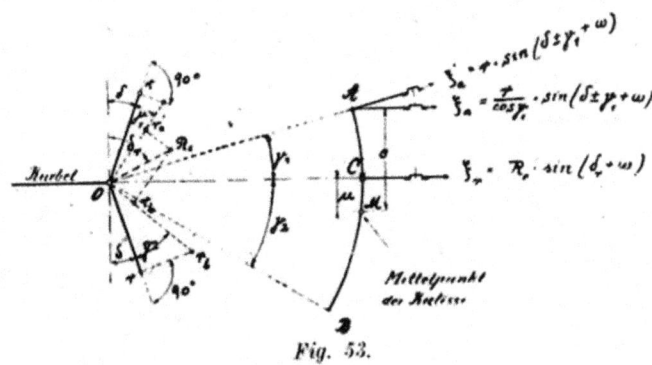

Fig. 53.

richtung OA bzw. OB gesteuert durch einen Exzenter vom Radius r und den Voreilwinkel $\delta + \gamma_1$ bzw. $\delta + \gamma_2$.

Die Ablenkungen des Schiebers ergeben sich aus den Beziehungen:

$$\xi'_A = r \cdot \sin(\delta \pm \gamma_1 + \omega)$$
$$\xi'_B = r \cdot \sin(\delta \pm \gamma_2 + \omega)$$

Ablenkungen parallel zur Zylinderebene:

$$\xi_A = \frac{r}{\cos \gamma_1} \cdot \sin(\delta \pm \gamma_1 + \omega)$$

$$\xi_B = \frac{r}{\cos \gamma_2} \cdot \sin(\delta \pm \gamma_2 + \omega)$$

γ für offene Stangen positiv,
γ „ gekreuzte Stangen negativ.

Fig. 54 bis 57 zeigen die Exzenterstellungen zur Kurbel für äußere und innere Einströmungen für offene und gekreuzte Exzenterstangen.

Die Punkte A und B bewegen sich demnach in Richtung der Zylinderebene genau so, als ob sie durch die Exzentrizitäten

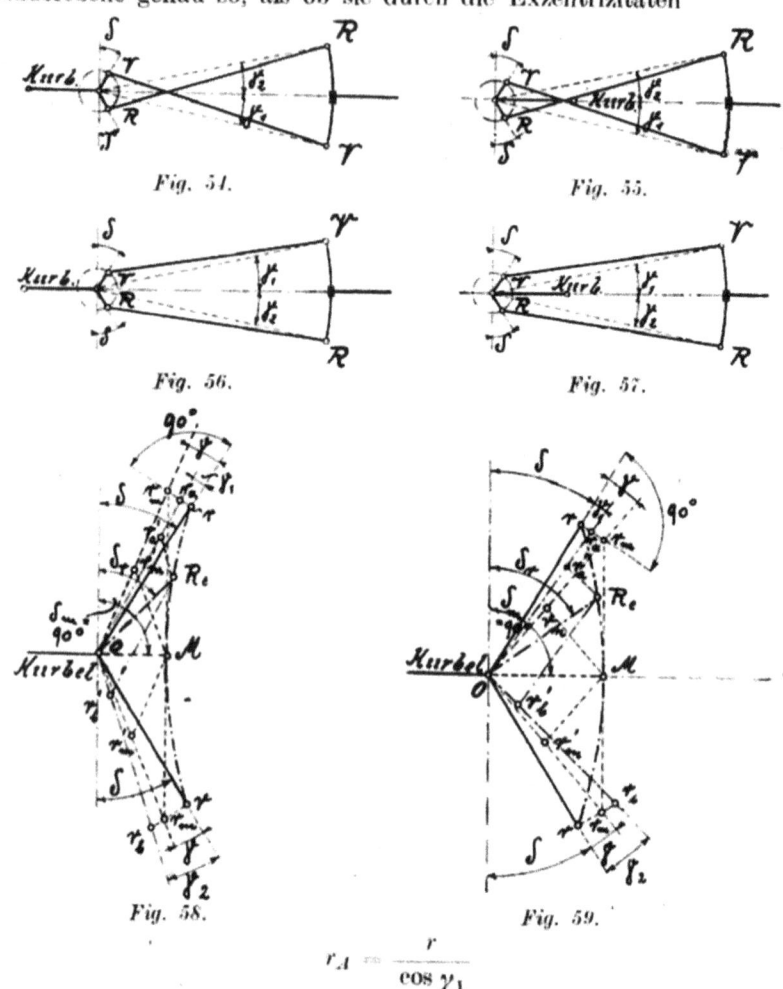

Fig. 54.

Fig. 55.

Fig. 56.

Fig. 57.

Fig. 58.

Fig. 59.

$$r_A = \frac{r}{\cos \gamma_1}$$

mit dem Voreilwinkel $\delta \pm \gamma_1$ gesteuert würden.

Der größte Nachteil dieser Steuerung liegt in der Veränderlichkeit des Winkels γ', die einen ungünstigen Einfluß auf das lineare Voreilen ausübt und kleinste Füllungen in Frage stellt. In Fig. 58 ist die Zentrallinie für offene Stangen, in Fig. 59 für gekreuzte Stangen zu ersehen. Nach diesen Figuren nimmt das lineare Voreilen für offene Stangen mit zunehmendem Voreilwinkel zu, für gekreuzte Stangen dagegen ab.

Dieser prinzipielle Nachteil kommt jedoch bei Schiffsmaschinen kaum in Betracht, weil diese Maschinen meist nur mit größter Füllung

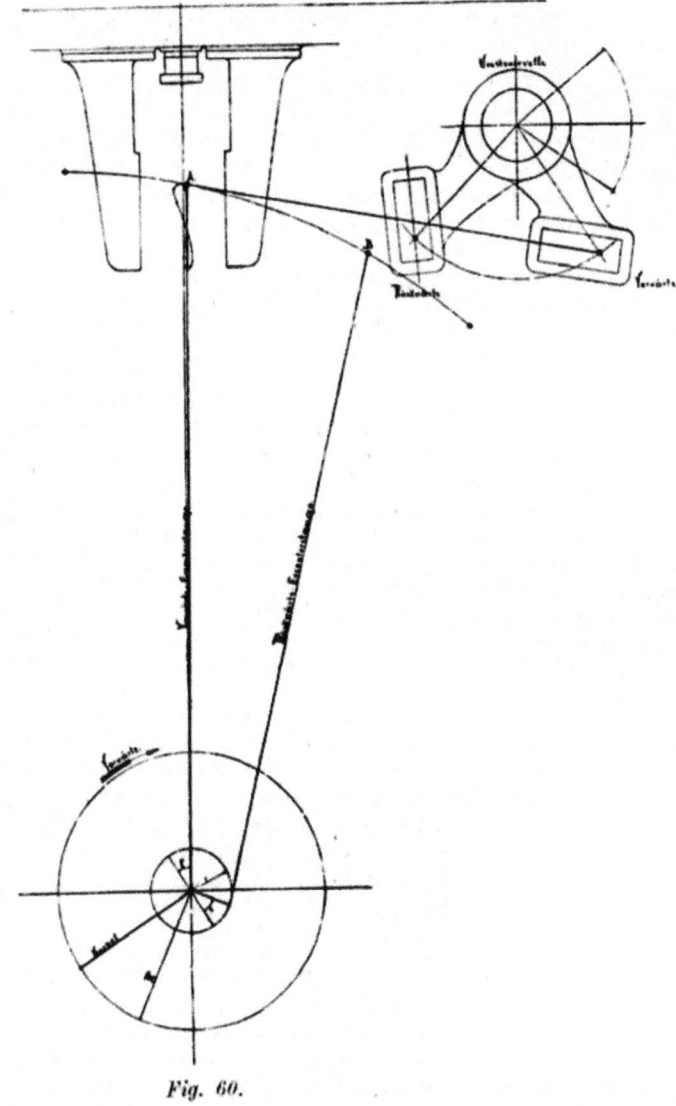

Fig. 60.

arbeiten und die Expansion nur in geringen Grenzen verändert wird, selten mehr als 25% der größten Füllung.

Bei gekreuzten Stangen tritt dieser Nachteil ganz besonders hervor, da bei diesen das lineare Voreilen negativ ausfallen kann. Aus diesem Grunde wird diese Steuerung mit gekreuzten Stangen nur ungerne ausgeführt.

Die Steuerung hat die Eigenschaft, daß bei zunehmender Expansion die Ausströmung und Kompression wachsen, während die Schieberwege und Kanalöffnungen kleiner werden.

Durch ihren geringen Raumbedarf in der Längs- bzw. Höhenrichtung lassen sich lange Exzenterstangen unterbringen, die für die Gestaltung der Zentrallinie auf die Unveränderlichkeit des linearen Voreilens von günstigem Einfluß sind, denn je länger die Stangen werden, um so mehr nähert sich die Zentrallinie einer Geraden.

Besondere Beachtung muß man der Aufhängung der Kulisse schenken. Infolge ihrer Aufhängung und der endlichen Länge der Exzenterstangen beschreiben die einzelnen Kulissenpunkte Schleifen (Fig. 60), die eine Horizontalbewegung zur Mittellinie verursachen und eine Relativverschiebung zwischen Kulisse und Stein zur Folge haben. Durch Anwendung von langen Hängeschienen läßt sich diese Verschiebung auf ein Mindestmaß bringen.

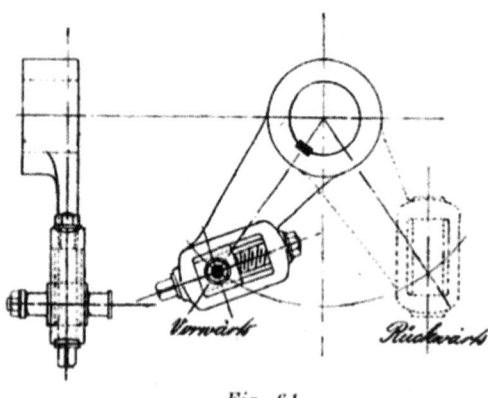

Fig. 61.

Für Maschinen, die nur ausnahmsweise rückwärts arbeiten, läßt man die Hängeschienen vorteilhaft an dem Zapfen der Vorwärtsexzenterstange angreifen, da hierbei der Einfluß der Hängeschienen d. h. die Schleifenbildung für Vorwärtsgang fast ganz verschwindet. Für diese Maschinen legt man auch die Vorwärtsexzenterstange zweckmäßig in die Schieberebene, wodurch eine einseitige seitliche Beanspruchung der Kulissen vermieden wird. Die Rückwärtsexzenterstange wird dann mit einseitiger oder gekröpfter Gabel ausgeführt. Für eine gute Führung der Schieberschubstange, sowie für eine kräftige Aufhängung des Schiebergestänges ist Sorge zu tragen.

Um bei mehrzylindrigen Maschinen die Füllungen bzw. die Leistungen der einzelnen Zylinder unabhängig voneinander regulieren zu können, führt man den Umsteuerhebel mit einem in einem Schlitz verschiebbaren Stein aus. Damit bei Maschinen, die nur wenig rückwärts arbeiten, die Manövrierfähigkeit nicht beeinflußt wird, stellt man den Schlitz möglichst senkrecht zur Mittellage der Hängeschienen. (Fig. 61). Eine Veränderung der Füllung für Vorwärtsgang ist dann fast ohne Einfluß auf die Füllung für Rückwärtsgang. Fig. 62 zeigt die Anordnung einer Stephenson-Steuerung für eine kleine Schiffsmaschine.

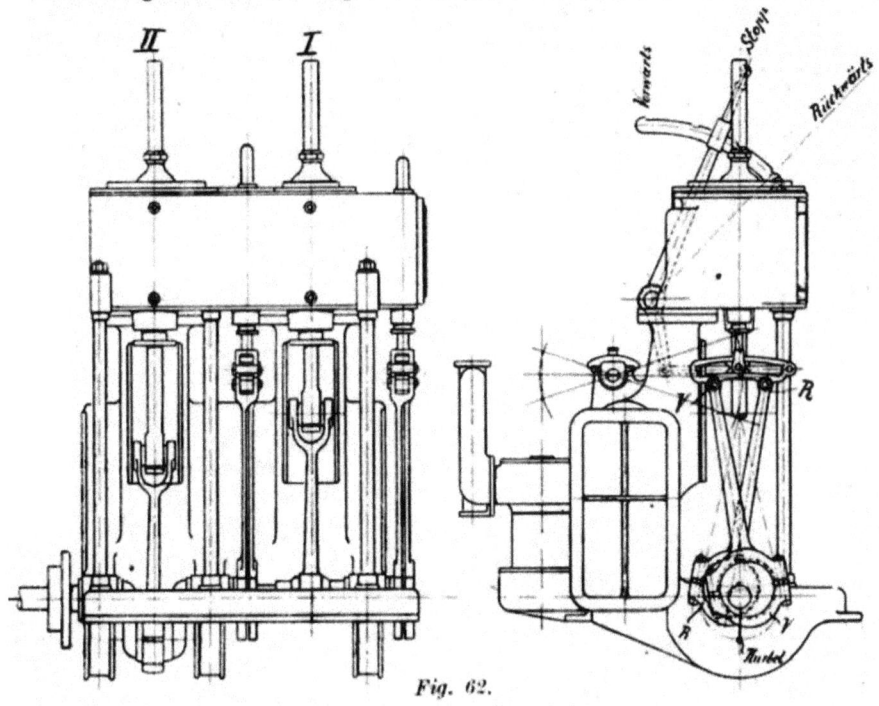

Fig. 62.

Um bei 2-Schraubenschiffen, bei denen eine bestimmte Drehrichtung der Schrauben erforderlich ist, dem Maschinisten die Übersicht über die Maschinen freizuhalten, legt man die Rückwärtsexzenterstange stets nach der dem Maschinisten entgegegensetzten Seite.

Die Klugsche Steuerung.

Eine für Schiffsmaschinen vielfach ausgeführte und bewährte Steuerung ist die Klugsche, eine Abart der Hackworth-Steuerung mit innenliegender Umsteuerwelle. Der Unterschied zwischen diesen beiden Steuerungen besteht in der Anwendung eines Schwinghebels *S* statt der Kulisse. (Fig. 63.)

Da die Länge des Schwinghebels eine begrenzte ist, läßt sich nicht immer eine regelmäßige Dampfverteilung erzielen. Dieser Umstand macht sich besonders bei innerer Einströmung unangenehm bemerkbar, da in diesem Falle der Aufhängepunkt des Schwinghebels nicht an der der Kurbelwelle zugewandten Seite angebracht werden kann.

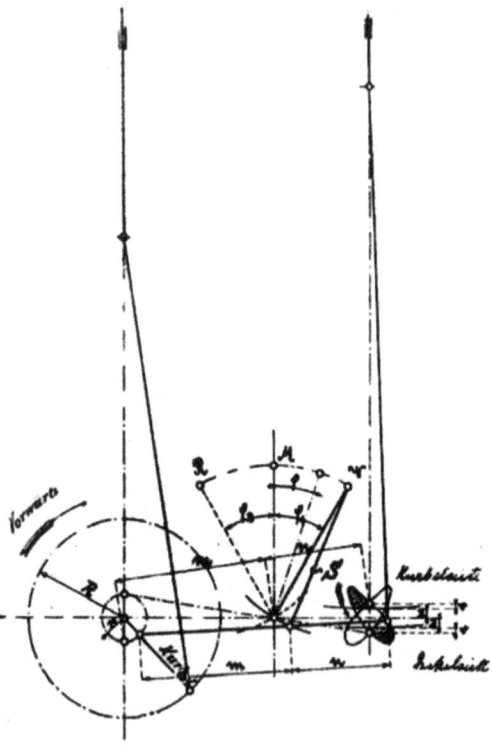

Fig. 63.

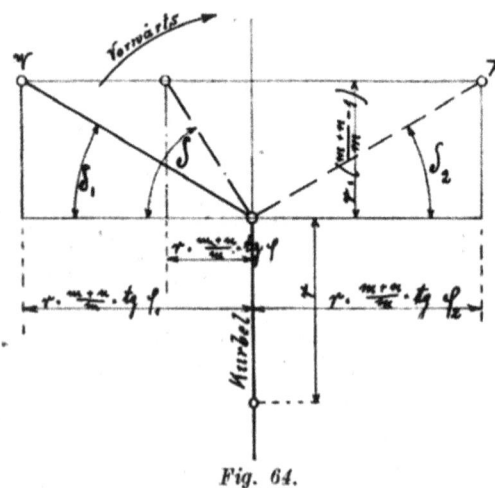

Fig. 64.

Das Exzenter steht bei äußerer Einströmung mit der Kurbel Fig. 63, bei innerer Einströmung dieser gegenüber. Diese Steuerung erfordert nur ein Exzenter, das man gewöhnlich zwischen die Zylinder legt, wodurch man eine gedrängte Anordnung der Zylinder erzielt.

Mit Rücksicht auf die Umsteuerwelle wird die Lage des Drehpunktes für die Umsteuerrahmen bei allen Zylindern gleich gewählt.

Unter normalen Verhältnissen wird die Exzenterstange so gelegt, daß sie in der Mittelstellung horizontal, d. h. senkrecht zur Zylinderebene steht.

In Fig. 64 ist die Zentrallinie einer Klug - Steuerung für äußere Einströmung dargestellt.

Die Auslenkungen des Schiebers aus der Mittellage betragen für einen Kurbelwinkel ω

$$\xi = r \cdot \frac{n}{m} \cdot \cos \omega +$$

$$+ r \frac{m+n}{m} \operatorname{tg} \varphi \cdot \sin \omega.$$

Es ist aus dieser Figur ohne weiteres zu erkennen, daß in jeder beliebigen Exzenterstellung das lineare Voreilen unveränderlich bleibt. Man ist dadurch in der Lage, eine mit Klug-Steuerung ausgerüstete Ma-

schine mit kleinster Füllung vorwärts und rückwärts arbeiten lassen
zu können.

Der Ausschlag des Umsteuerhebels beträgt ca. 15° bis 22° aus der
Mittellage.

Fig. 65 zeigt die Anordnung dieser Steuerung bei einer kleinen
Schiffsmaschine.

Die Dampfverteilung läßt sich leicht aus dem Steuerschema
feststellen; die Genauigkeit der Ablesung hängt von der weit genug
getriebenen Einteilung der Kurbel- bzw. Kolbenweglinie ab.

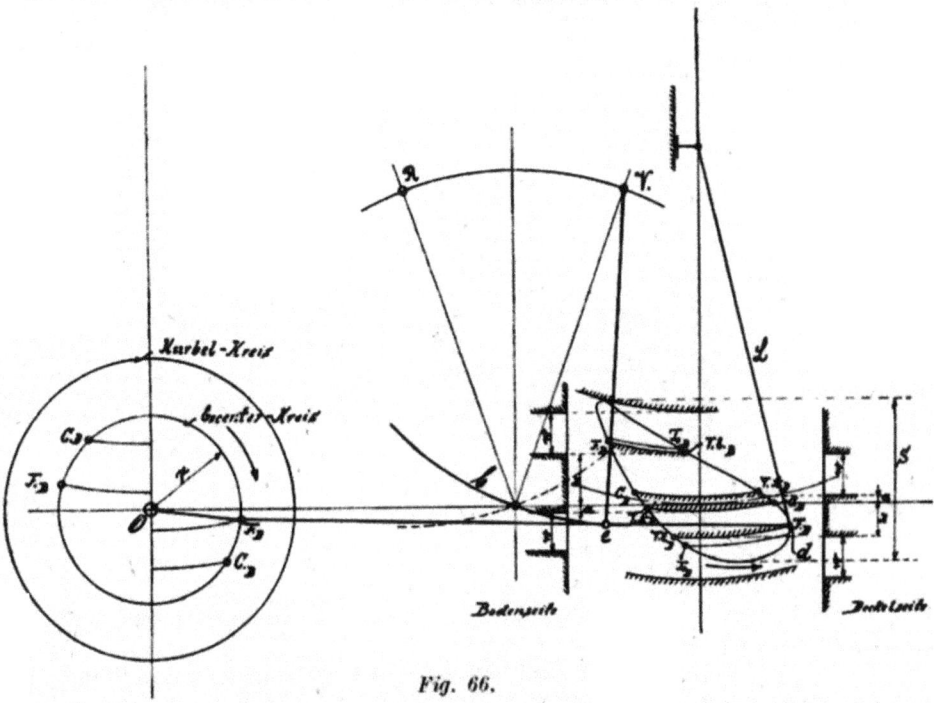

Fig. 66.

Beispiel für den Entwurf einer Klug-Steuerung.

In Fig. 66 ist die von dem Endpunkt „d“ der Exzenterstange be-
schriebene Kurve für Vorwärtsgang und voll ausgelegte Steuerung aufgetragen.

Es ist mit der Schieberschubstangenlänge L ein Kreisbogen ge-
schlagen, der die durch das Wellenmittel O gezogene Horizontale
(Mittellage des Schiebers) tangiert. Trägt man nun auf dem Kurbel-
bzw. Exzenterkreis die Füllungen usw. unter Berücksichtigung der
Pleuelstangenlänge auf und zieht von diesen Punkten Gerade, deren
Punkt c sich auf dem Schwinghebelbogen b bewegt, so findet man die Zu-
und Abdampfdeckungen in der in der Figur angedeuteten Weise.

4*

Bei der Konstruktion der Steuerung ist besonders darauf zu achten, daß die Kurve des Punktes „d" in der oberen und unteren Wendung sanfte Bogen beschreibt, da sonst in diesen Lagen leicht ein Springen das Kulissensteins eintritt.

Die Joy-Steuerung.

Kennzeichnend für diese Steuerung ist die Ableitung der Schieberbewegung von einem Punkte der Pleuelstange, so daß hier die Exzenter ganz in Fortfall kommen. Dies bietet den großen Vorteil,

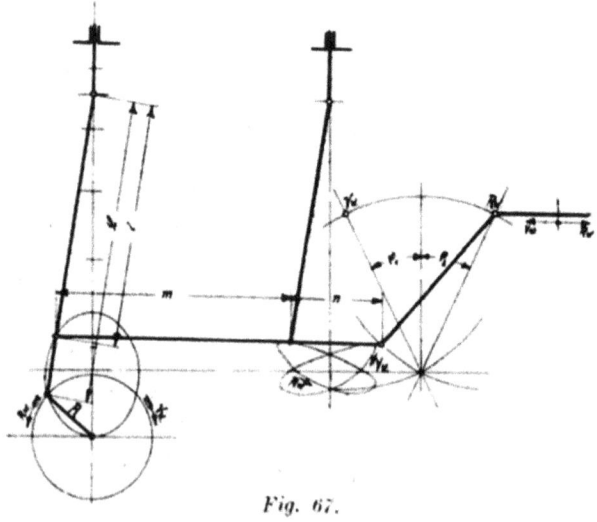

Fig. 67.

die Zylinder so dicht, als es die sonstigen Verhältnisse gestatten, zusammenzurücken.

Die Führung der Exzenterstangen erfolgt entweder durch eine Bogenkulisse oder, wie bei der Klug-Steuerung, durch einen Schwinghebel. Abgesehen von der Art, wie die Steuerbewegung zunächst erzeugt wird, liegt hier grundsätzliche Übereinstimmung mit der Klug-Steuerung vor. Auch hier bleibt das lineare Voreilen konstant.

Fig. 67 zeigt die schematische Anordnung dieser Steuerung für innere Einströmung.

Die Umsteuerwelle liegt für innere Einströmung außen und für äußere Einströmung innen. Hierdurch wird bei mehrzylindrigen Maschinen, deren Schieber teils mit innerer teils mit äußerer Einströmung arbeiten sollen, die Umsteuerung sehr erschwert, da die Umsteuerhebel nach verschiedenen Seiten ausgelegt werden müssen. Um bei kleinen Maschinen, bei denen die Schwinge direkt an der Pleuelstange angreift, die horizontalen Ausschläge im Verhältnis zu den vertikalen Ausschlägen möglichst groß zu bekommen, legt man den Angriffspunkt P möglichst nahe an die Kurbel. Die Dampfverteilung ist wenig regelmäßig.

Bei großen Maschinen fügt man zum Ausgleich einen besonderen Hebel „b" (Fig. 68) ein, der an einer möglichst langen Schwinge aufgehängt wird, und an dem sich der Angriffspunkt für die Lenkerstange befindet. Hierdurch erzielt man eine ungefähre

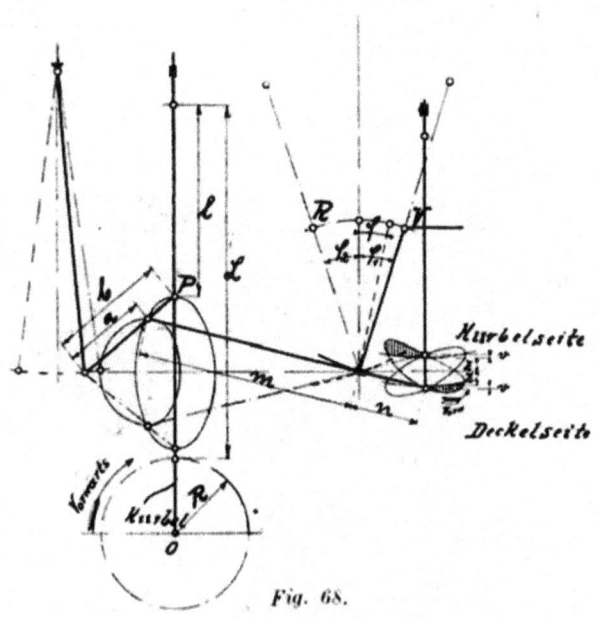

Fig. 68.

Geradführung, die auf die Dampfverteilung einen günstigen Einfluß ausübt.

Die Auslenkungen des Schiebers aus der Mittellage betragen nach Fig. 68:

$$\xi = R \cdot \frac{a}{b} \cdot \frac{n}{m} \cos \omega + R \frac{l}{L} \cdot \frac{m \pm n}{m} \cdot \operatorname{tg} \varphi \cdot \sin \omega.$$

Hierin ist

n für äußere Einströmung positiv $\left(\begin{matrix} \text{innenliegende} \\ \text{außenliegende} \end{matrix} \right\}$ Umsteuer-$\left. \vphantom{\begin{matrix}a\\b\end{matrix}} \right)$

n „ innere „ negativ $\quad$ welle

Fig. 69 zeigt die Anordnung dieser Steuerung bei einer Schiffsmaschine.

Eine Abart der Joy-Steuerung ist die

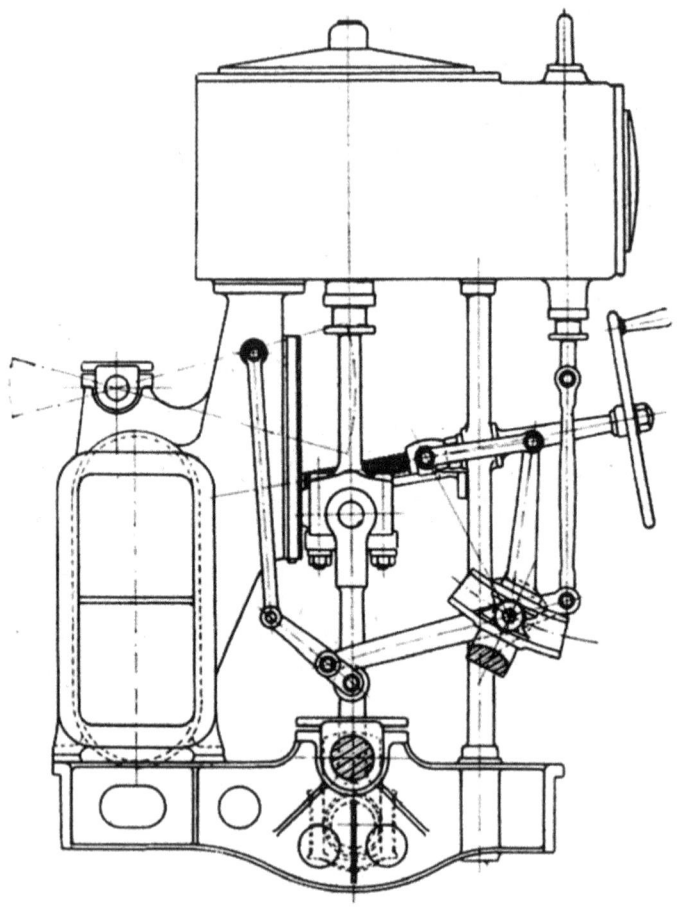

Fig. 69.

Brown-Steuerung.

Die Schieberbewegung wird hier nicht durch die Pleuelstange, sondern durch eine besondere, an einer Schwinge aufgehängten Exzenterstange eingeleitet (Fig. 70). Mit dieser Steuerung läßt sich eine vollkommen regelmäßige Dampfverteilung erzielen unter der Voraussetzung, daß die Schwinge *a* so groß gewählt wird, daß die gemeinschaftliche Tangente der Kreisbogen dieser Schwinge und der Stange *C D* mit dem Mittelpunkt in *C* durch den Mittelpunkt *O* der Welle geht.

Der Schieberweg berechnet sich zu (Fig. 70):

$$\xi = r \cdot \frac{n}{m} \cos \omega + r \frac{l}{L} \cdot \frac{m \pm n}{m} \operatorname{tg} \varphi \cdot \sin \omega$$

n ist hierin bei: innenliegender Kulissenwelle positiv,
außenliegender　　　 „　　　 negativ.

Bei innerer Einströmung steht das Exzenter der Kurbel gegenüber,
bei äußerer Einströmung mit der Kurbel. Das lineare Voreilen bleibt

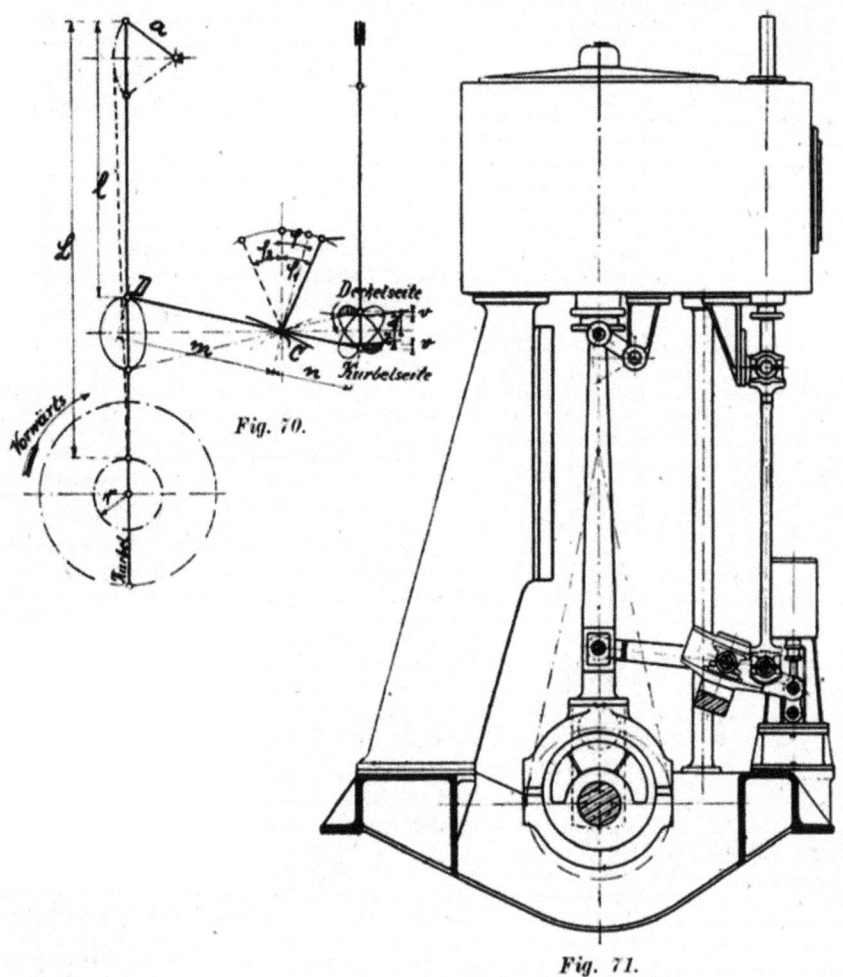

Fig. 70.

Fig. 71.

bei dieser Steuerung ebenfalls konstant. Fig. 71 zeigt die Anordnung
dieser Steuerung bei einer Schiffsmaschine.

Eine bei Schiffsmaschinen weniger gebräuchliche Steuerung ist
die von

Heusinger von Waldegg.

Die Schieberbewegung wird hier abgeleitet von der unveränderlichen geradlinigen Bewegung des Kreuzkopfes und der veränderlichen Bewegung der Exzenter bzw. Gegenkurbel mit dem Voreilwinkel ± 90°. Beide Bewegungen stehen senkrecht aufeinander und reduzieren sich im Verhältnis der Hebellängen, an denen sie angreifen, zu dem Relativexzenter r.

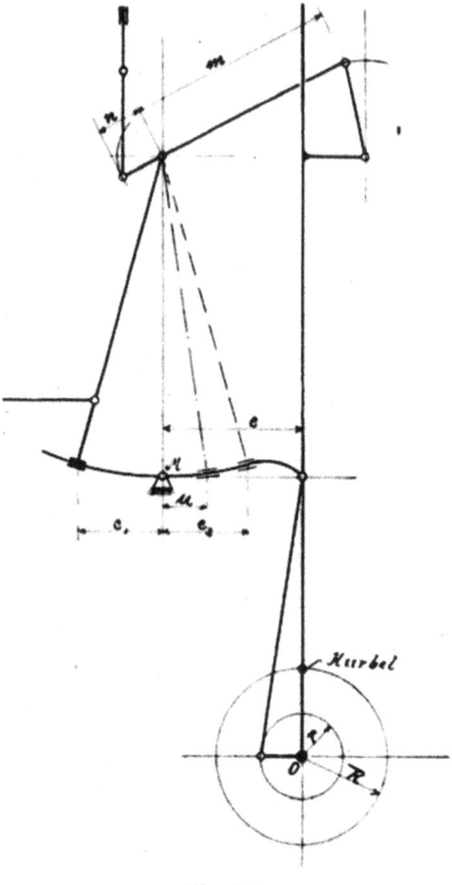

Die unveränderliche Bewegung durch den Kreuzkopf des Kurbeltriebes beträgt:

$$R \cdot \frac{n}{m} \quad \text{(Fig. 72)}.$$

Die veränderliche Bewegung durch das Exzenter bei einer Verschiebung des Kulissensteines um den Betrag u beträgt:

$$r \cdot \frac{u}{z} \cdot \frac{m \pm n}{m};$$

hierin ist:

n bei äußerer Einströmung positiv.

n „ innerer „ negativ.

Durch Zusammensetzung dieser beiden Bewegungen der Richtung und Größe nach im Parallelogramm läßt sich der geometrische Ort des Relativexzenters ermitteln.

Krümmt man die Kulisse mit einem Radius gleich der Exzenterstangenlänge, so erhält man konstantes lineares Voreilen. Die Auslenkungen des Schiebers aus seiner Mittellage errechnen sich für einen Kurbelwinkel ω zu:

$$z = R_r \cdot \sin (\delta_r + \omega);$$

$$z = R_r \cdot \sin \delta_r \cdot \cos \omega + r_r \cdot \cos \delta_r \cdot \sin \omega;$$

$$z = R \frac{n}{m} \cdot \cos \omega + r \frac{u}{c} \cdot \frac{m \pm n}{m} \cdot \sin \omega.$$

Fig. 72.

Diese Steuerung gestattet eine gedrängte Bauart der Zylinder mit den Schieberkästen. Die Füllungen der beiden Zylinderseiten fallen für die mittlere Kolbenlage ganz gleich aus und verändern sich in den andern Stellungen nur wenig.

Fig. 73 zeigt das Schema einer

Hackworth-Steuerung

mit innenliegender Kulissenwelle.

Diese Steuerung ist eigentlich die Stammform der unzähligen Steuerungen, die für jeden Zylinder nur ein Exzenter verwenden, das entweder mit der Kurbel oder dieser gegenüber steht.

Die Länge der Exzenterstange bestimmt sich wie folgt:

Wenn die Kurbel in einem Totpunkt steht und Mitte Kulissenstein und Mitte Kulissenwelle zusammenfallen, dann müssen Schieberstange und Schieberschubstange eine gerade Linie bilden. Das lineare Voreilen bei dieser Steuerung bleibt konstant. Die günstigste Anordnung in bezug auf Raumausnützung ist die mit innenliegender Umsteuerwelle. Dagegen weist die Anordnung mit außenliegender Umsteuerwelle geringere Auflagerdrücke in der Kulisse und geringere Beanspruchungen der Exzenterstangen auf. Charakteristisch für diese Steuerung ist die gerade Kulisse, es ist dabei ganz gleichgültig, ob die Schieberschubstange vor oder hinter der Kulisse an der Exzenterstange angreift.

Ist m die Entfernung von Mitte Exzenter bis Mitte Kulissenstein und n die Entfernung von Mitte Kulissenstein bis Angriffspunkt der Schieberschubstange, dann wird die einem Voreilwinkel von $\pm\,90°$ entsprechende Bewegung: $r \cdot \dfrac{n}{m}$; die andere durch den Neigungswinkel φ der Kulissenbahn und den Voreilwinkel $0°$ erzeugte Bewegung hat die Größe:

$$r \cdot \frac{m \pm n}{m} \cdot \mathrm{tg}\,\varphi.$$

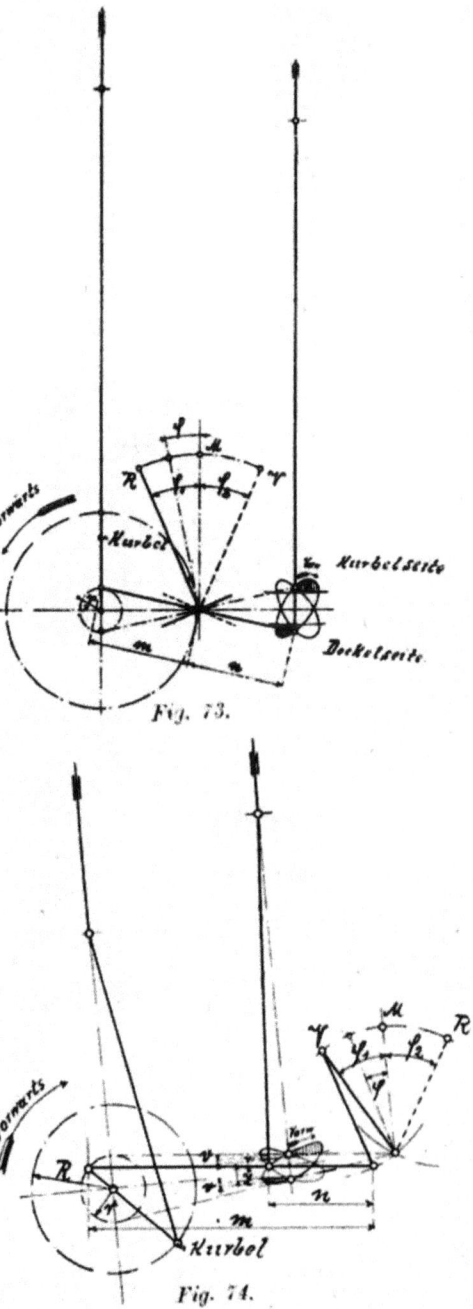

Fig. 73.

Fig. 74.

n ist positiv bei innenliegender und negativ bei außenliegender Kulissenwelle. Die Auslenkungen des Schiebers aus der Mittellage berechnen sich
für einen Kurbelwinkel ω zu:

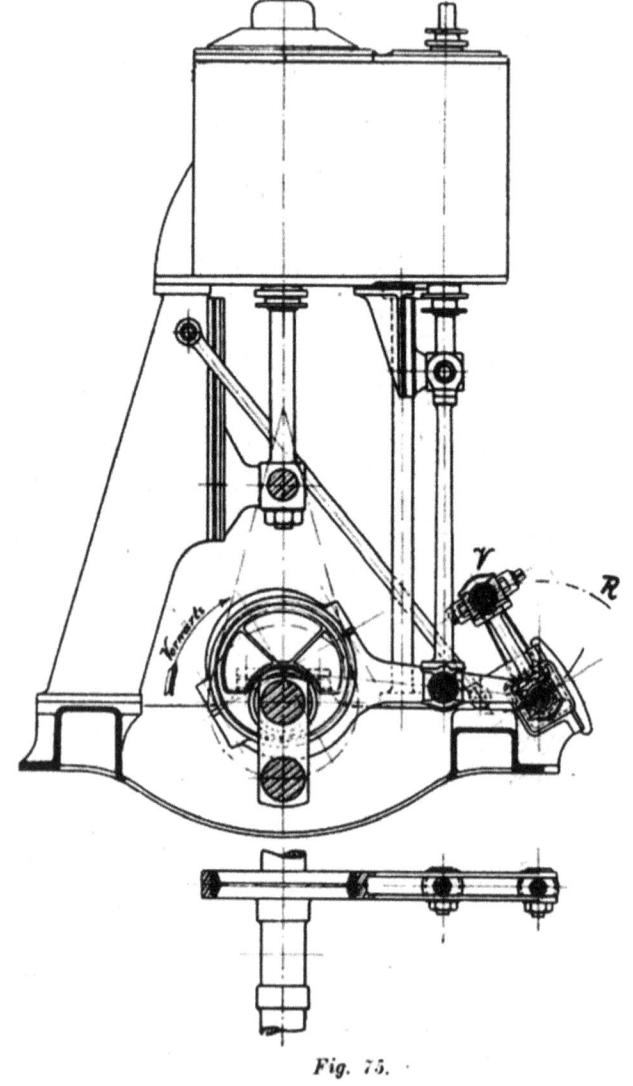

Fig. 75.

$$\xi = r \cdot \frac{n}{m} \cdot \cos \omega + r \cdot \frac{m \pm n}{m} \cdot \operatorname{tg} \varphi \cdot \sin \omega.$$

In Fig. 74 und 75 ist eine für Schiffsmaschinen ausgeführte

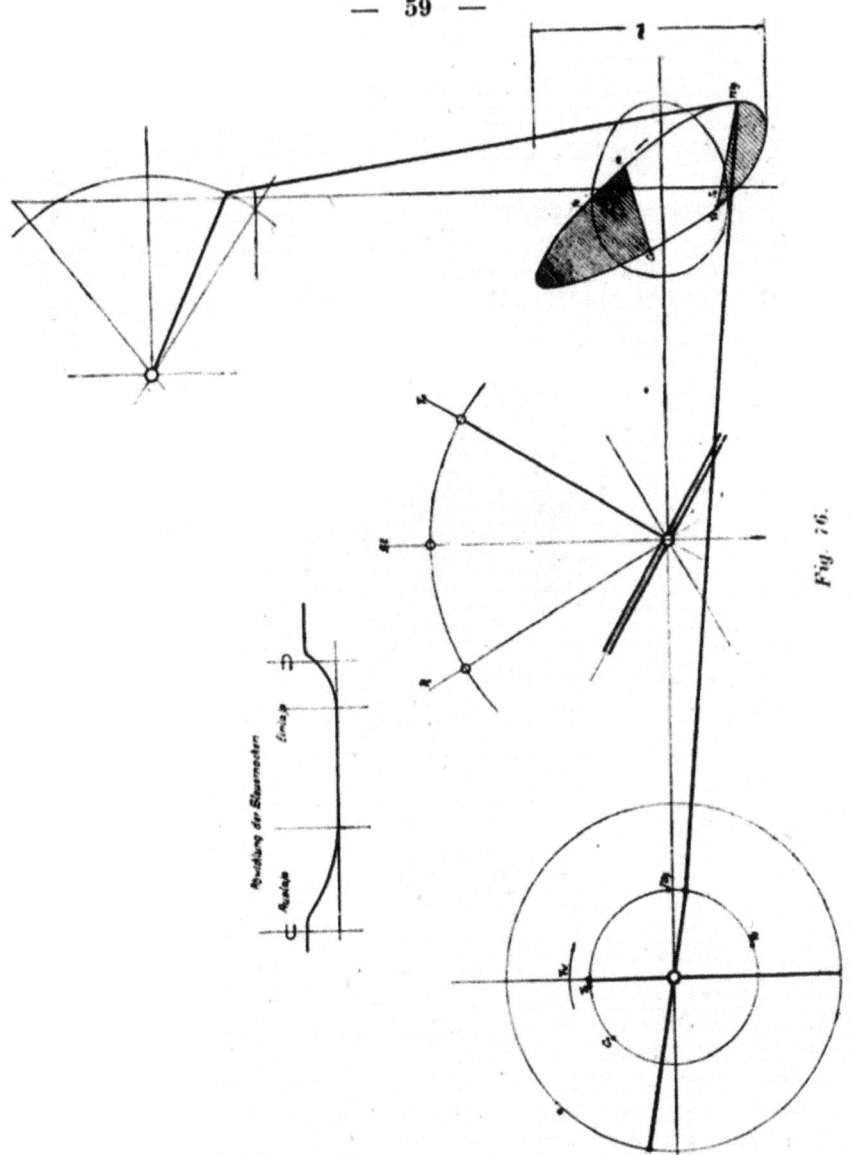

Fig. 76.

Marshall-Steuerung

dargestellt. Die Steuerung ersetzt, wie bei der Klug-Steuerung, die Kulisse durch einen Schwinghebel. Im übrigen trifft alles für die Hackworth-Steuerung Gesagte auch hier zu. Die Auslenkungen des Schiebers aus seiner Mittellage betragen:

$$\xi = r \cdot \frac{n}{m} \cdot \cos \omega + r \frac{m \pm n}{m} \cdot \operatorname{tg} q \cdot \sin \omega.$$

Das Vorzeichen für n hat hier dieselbe Bedeutung wie für die Hackworth-Steuerung.

Die vorstehend aufgeführten Umsteuerungen und deren Abarten (Fink, Allan, Gooch usw.) finden sich bei Schiffsmaschinen mehr oder weniger zahlreich vertreten.

Die Lenzsche Einheits-Ventilmaschine wird aus-

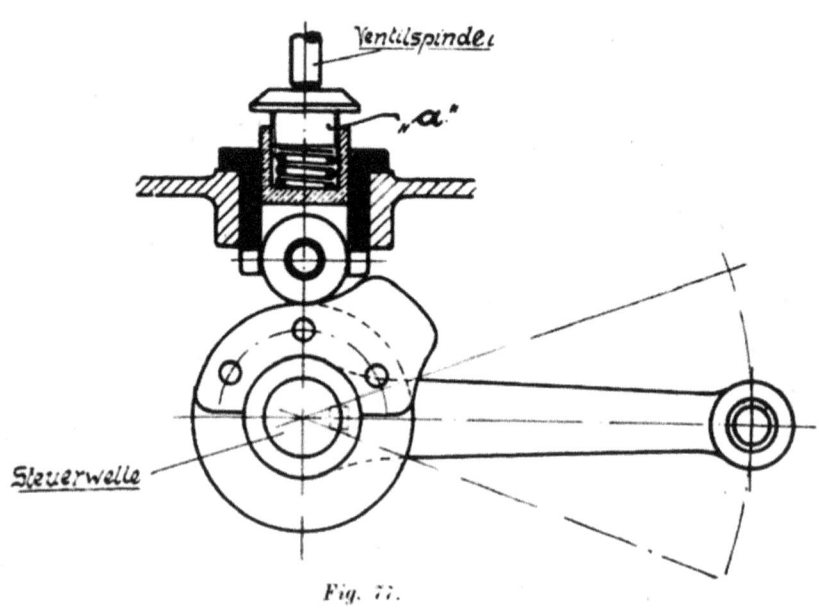

Fig. 77.

nahmslos mit der in Fig. 73 dargestellten und dort näher beschriebenen Hackworth-Steuerung ausgerüstet.

Der Antrieb sämtlicher Ventile erfolgt durch eine Steuerwelle, zu deren Betätigung nur e i n Exzenter benötigt wird, während bei den Schiebermaschinen j e d e r Schieber ein Exzenter erfordert. Die Übertragung der Exzenterbewegung nach der Steuerwelle erfolgt durch Schubstange und Schwinghebel (siehe Fig. 76). Auf der Steuerwelle sind die stählernen gehärteten Steuernocken aufgesetzt, die durch das Zwischenglied „a" (Fig. 77) die Bewegung mittels Laufrollen nach den Ventilen übertragen.

Das Zwischenglied „a" dient als Führung und zur Aufnahme des von den Steuernocken herrührenden Seitendruckes. Es wird zweiteilig ausgeführt, um eine genaue Hubeinstellung der Ventile, auch bei der betriebswarmen Maschine, vornehmen zu können.

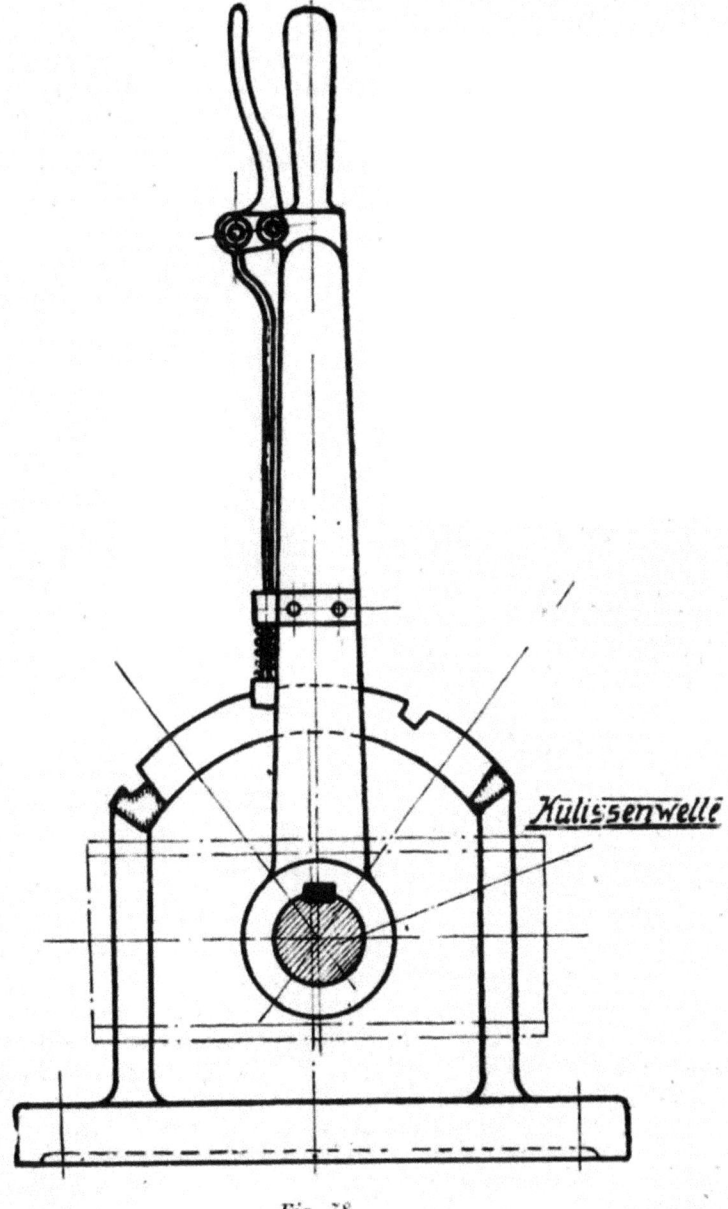

Fig. 78.

Die Steuerwelle läuft auf Kugellagern, die in besonderen leicht zugänglichen Kästen ruhen.

D a s   U m s t e u e r n

der Schiffsmaschinen (Schiebermaschinen) bis zu etwa 500 PS$_i$ erfolgt fast ausnahmslos von Hand vermittels eines einfachen Umsteuer-

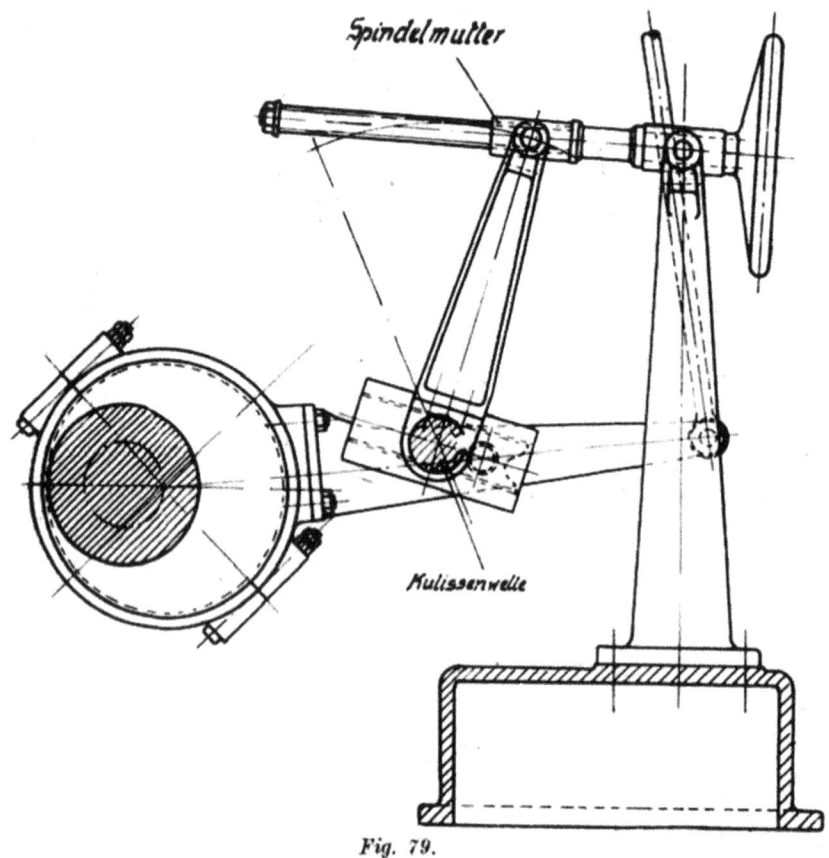

Fig. 79.

hebels nach Fig. 78 oder durch Schraubenspindel und Handrad nach Fig. 79. Bei der Ausführung nach Fig. 78 erhält das Segment für die jeweiligen Mittel- und Endlagen Rasten zur Arretierung. Die Endstellungen der Spindelmutter (Fig. 79) werden durch Bunde begrenzt.

Bei Maschinen größerer Leistungen wird fast immer eine dampfbetriebene Umsteuermaschine (Rundlauf- oder Brownsche Maschine) vorgesehen.

Die Lenzsche Ventilmaschine erhält dagegen bis zu etwa 5000 PS₁ nur eine Handumsteuerung nach Fig. 79, da bei dieser Maschinengattung der zur Umsteuerung erforderliche Kraftaufwand nur ein ganz geringer ist und leicht von Hand überwunden werden kann.

Kapitel V.

Der Massenausgleich.

Durch die Leistungszunahme der Schiffsmaschinen und der damit wachsenden Abmessungen der Zylinder ging man bei den Dreifach-Expansionsmaschinen aus praktischen Gründen dazu über, den Niederdruckzylinder zu teilen und gelangte so zu der Dreifach-Expansionsmaschine mit vier Zylindern bzw. vier unter 90° versetzten Kurbeln. Diese Anordnung bietet hinsichtlich der Raumausnützung in bezug auf die zur Verfügung stehende Breite des Maschinenraumes große Vorteile. Die Maschinen bauen sich aber länger und bringen infolge der Wirkungen der Massenkräfte und der unter 90° zueinander stehenden Kurbelstellung unangenehme Erschütterungen hervor, die sowohl für die Verbände des Maschinenfundamentes, als auch des Schiffskörpers gefahrvoll werden können. Auch die durch den Einbau großer toter Gewichtsmassen verstärkten Fundamente können diese Wirkungen nur teilweise aufheben.

Durch die Schlicksche Massenausgleichmethode werden diese Mißstände nahezu beseitigt, d. h. man kann die Fundamente dann so leicht als es die Festigkeitsverhältnisse erfordern, ausführen. In Nachstehendem sei auf das Wesen des Massenausgleichs näher eingegangen.

Die bewegten Massen einer Dampfmaschine zerfallen in zwei Teile:

1. in die oszillierenden (hin- und hergehend),
2. in die rotierenden (drehend).

Mit Ausnahme der Pleuelstange ist es verhältnismäßig einfach, die Gewichte der oszillierenden bzw. rotierenden Teile zu bestimmen. Bei der Pleuelstange, deren Bewegung sich aus der rotierenden und oszillierenden zusammensetzt, teilt man die Gewichte derart, daß man den Kopf und das untere Schaftende zu den rotierenden, die Gabel und das obere Schaftende zu den oszillierenden Massen rechnet. Man kann auch, wenn man das Gewicht und den Schwerpunkt der Pleuelstange kennt, die Gewichte wie folgt verteilen:

oszillierender Teil: $G \cdot \dfrac{a}{l}$

rotierender Teil: $G \cdot \dfrac{b}{l}$

Fig. 80.

Zu den o s z i l l i e r e n d e n Massen rechnet man:
Kolben, Kolbenstange mit Kreuzkopf, oberer Pleuelstangenteil b
und Luftpumpengestänge.

Zu den r o t i e r e n d e n Massen:
Unterer Pleuelstangenteil a, Kurbelzapfen und Kurbelwangen.

Die Gewichte der oszillierenden Teile seien in folgendem mit G_o,
die rotierenden mit G_r bezeichnet. Der einfacheren Rechnungsweise
wegen werden sämtliche Gewichte auf den Kurbelkreis reduziert. Die
Reduktion geschieht in der Weise, daß man die Gewichte der oszillierenden Teile mit dem Quotienten: — Entfernung ihrer Schwerpunkte
von Mitte Kurbelwelle durch Kurbelradius — multipliziert. Mit den
Gewichten der rotierenden Teile verfährt man ähnlich. Die Reduktion
geschieht hier durch Multiplikation der Gewichte mit dem Quotienten:
Schwerpunkts-Rotationsradius durch Kurbelradius.

Bei allen folgenden Betrachtungen über den Massenausgleich der
Maschinen werden die vereinfachenden Voraussetzungen gemacht:

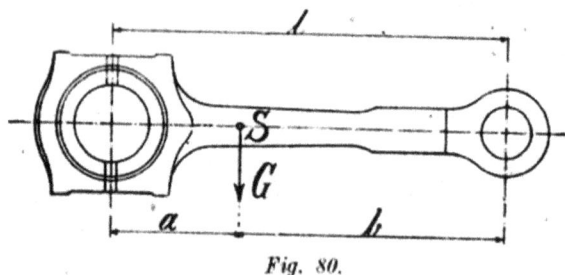

1. Die Pleuelstange
ist unendlich lang.

2. Die Rotation des
Kurbelzapfens ist eine
gleichförmige, hierfür
wird die Zentrifugal-
kraft

$$C = \frac{G}{g} \cdot \frac{v^2}{r}.$$

Fig. 80.

Es bedeutet:

G = Gewicht in kg,

g = Beschleunigung der Schwere = 9,81 m/sek.^{2},

v = Umfangsgeschwindigkeit in m/sek. = $\dfrac{2\,r\,\pi\,n}{60}$,

r = Kurbelradius in m.

Die Beschleunigung des Kurbelzapfens und der mitrotierenden
Masse zerlegt sich in eine Vertikalkomponente von der Größe
$\dfrac{G}{g} \cdot \dfrac{v^2}{r} \cdot \cos \omega$ und in eine Horizontalkomponente von der Größe
$\dfrac{G}{g} \cdot \dfrac{v^2}{r} \cdot \sin \omega$.

Unter Zugrundelegung des Vorangegangenen seien die einzelnen
Maschinentypen näher betrachtet.

1. Die Zweikurbelmaschine.

Mit Rücksicht auf leichtes Anspringen der Maschine in jeder
Kurbelstellung werden die Kurbeln allgemein unter 90° versetzt (Fig. 81).

Für einen Kurbelwinkel ω von der obersten Totlage gemessen (Fig. 81) wird der **v e r t i k a l e M a s s e n d r u c k** für **Kurbel I**:

$$P_I = \frac{G_{0I} + G_{rI}}{g} \cdot \frac{v^2}{r} \cdot \cos \omega;$$

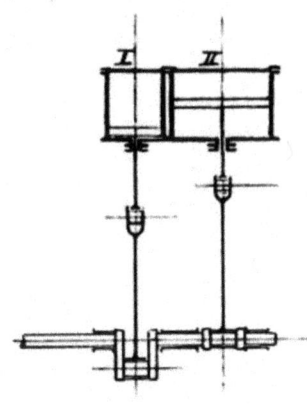

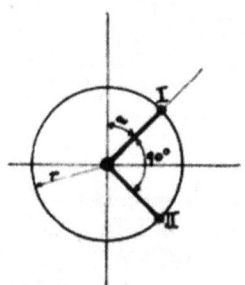

Fig. 81.

für **Kurbel II**:

$$P_{II} = \frac{G_{0II} + G_{rII}}{g} \cdot \frac{v^2}{r} \cdot \cos (\omega \pm 90°)$$

$\left(\begin{array}{l}\text{positiv für abwärts bewegten Kolben,}\\ \text{negativ für aufwärts bewegten Kolben}\end{array}\right)$.

Der horizontale Massendruck berechnet sich:

für **Kurbel I**:

$$p_I = \frac{G_{rI}}{g} \cdot \frac{v^2}{r} \cdot \sin \omega$$

für **Kurbel II**:

$$p_{II} = \frac{G_{rII}}{g} \cdot \frac{v^2}{r} \cdot \sin (\omega \pm 90°).$$

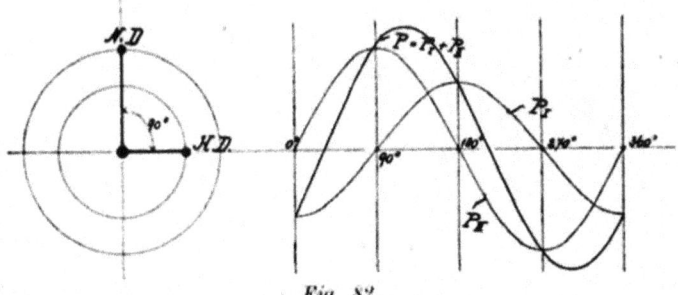

Fig. 82.

A n m e r k u n g: Bei Berücksichtigung der endlich langen Pleuelstangen ist für $\cos \omega$ zu setzen:

$$(\cos \omega + \lambda \cdot \cos 2\,\omega).$$

Die horizontalen Massendrücke lassen sich durch Gegengewichte an der Kurbel von der Größe G_{rI} bzw. G_{rII}, bezogen auf den Kurbelradius, vollkommen beseitigen.

Bei einem Versuch, auch die vertikalen Massendrücke durch Anbringung von Gegengewichten von der Größe $(G_{rI} + G_{oI})$ bzw. $(G_{rII} + G_{oII})$ aufzuheben, findet man, daß die vertikalen Massendrücke zwar verschwunden sind, aber horizontale Massendrücke von der Größe

$$p_I' = \frac{G_{oI}}{g} \cdot \frac{v^2}{r} \cdot \sin \omega + 180^\circ \text{ bzw.}$$

$$p_{II}' = \frac{G_{oII}}{g} \cdot \frac{v^2}{r} \cdot \sin (\omega + 90^\circ + 180^\circ)$$

nun wieder in Erscheinung treten. Es zeigt sich also, daß ein vollkommener Massenausgleich bei dieser Maschinen nicht möglich ist.

Die vertikalen Massendrücke versuchen die Grundplatte mit der resultierenden Größe P (Fig. 82) von ihrem Fundament abzuheben, während die horizontalen Massendrücke, wenn diese nicht ausgeglichen sind, die Grundplatte auf ihrem Fundament verschieben resp. kippen.

2. Die Dreikurbelmaschine.

Die geeignetste und gebräuchlichste Kurbelanordnung ist die unter 120° (Fig. 83). Die Zylinder sollen so dicht als möglich zu-

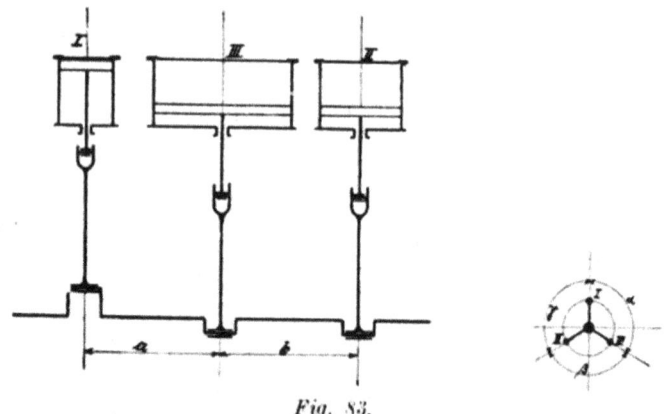

Fig. 83.

sammengerückt und der Niederdruckzylinder in der Mitte angeordnet werden. Bezeichnungen der oszillierenden und rotierenden Gewichte wie vorher. Der f r e i e v e r t i k a l e M a s s e n d r u c k beträgt:

$$P = P_I + P_{II} + P_{III}.$$

oder

$$P = \left(\frac{G_{\ddot{o}I} + G_{rI}}{g} \cdot \frac{v^2}{r} \cdot \cos \omega \right) + \left(\frac{G_{\ddot{o}II} + G_{rII}}{g} \cdot \frac{v^2}{r} \cdot \cos (\omega + \gamma) \right) +$$

$$+ \left(\frac{G_{\ddot{o}III} + G_{rIII}}{g} \cdot \frac{v^2}{r} \cdot \cos (\omega + \gamma + \beta) \right).$$

Der freie horizontale Massendruck beträgt:

$$p = p_I + p_{II} + p_{III}$$

oder:

$$p = \left(\frac{G_{rI}}{g} \cdot \frac{v^2}{r} \cdot \sin \omega \right) + \left(\frac{G_{rII}}{g} \cdot \frac{v^2}{r} \cdot \sin (\omega + \gamma) \right) +$$

$$+ \left(\frac{G_{rIII}}{g} \cdot \frac{v^2}{r} \cdot \sin (\omega + \gamma + \beta) \right);$$

das Moment der freien vertikalen Massendrücke bezogen auf Ebene I wird:

$$M_I = (P_{III} \cdot a) + \left(P_{II} \cdot (a + b) \right);$$

bezogen auf Ebene II:

$$M_{II} = (P_{III} \cdot b) + \left(P_I \cdot (a + b) \right).$$

Falls die freien horizontalen Massendrücke nicht ausgeglichen sind. wird das Moment dieser, bezogen auf Ebene I:

$$M_I = (p_{III} \cdot a) + \left(p_{II} \cdot (a + b) \right);$$

bezogen auf Ebene II:

$$M_{II} = (p_{III} \cdot b) + \left(p_I \cdot (a + b) \right).$$

Bei kleinen Maschinen lassen sich die rotierenden Massen ohne Schwierigkeiten ausgleichen, während man bei großen Maschinen dies kaum versucht. Die resultierenden Massendrücke sind bei diesen Maschinen nicht unbedeutend und bei der Bestimmung der Maschinenfundamente für deren Festigkeitsberechnung ausschließlich maßgebend.

3. Die Vierkurbelmaschine.

Massenausgleich nach Schlick (Fig. 84). Bei diesen Maschinen läßt sich unter Annahme unendlich langer Pleuelstangen und zusätzlicher Gewichte ein vollkommener Ausgleich der Massenkräfte erzielen.

Es bedeutet:

$P =$ Summe der vertikalen Massendrücke $= P_I + P_{II} + P_{III} + P_{IV}$.

$p =$ Summe der horizontalen Massendrücke $= p_I + p_{II} + p_{III} + p_{IV}$.

Die Maschine bleibt im Gleichgewicht, wenn:

1. die Summe aller vertikalen Kräfte $= 0$ ist;

2. die Summe der kippenden Momente, hervorgerufen durch die vertikalen bzw. horizontalen Massendrücke, bezogen auf Ebene I bzw. II $= 0$ ist.

Bei einer Kurbelstellung ω, vom oberen Totpunkte der Kurbel gerechnet, werden:

a) die vertikalen Massendrücke:

$$P_I = \frac{G_{oI} + G_{rI}}{g} \cdot \frac{v^2}{r} \cdot \cos \omega \,;$$

$$P_{II} = \frac{G_{oII} + G_{rII}}{g} \cdot \frac{v^2}{r} \cdot \cos (\omega + a)\,;$$

$$P_{III} = \frac{G_{oIII} + G_{rIII}}{g} \cdot \frac{v^2}{r} \cdot \cos (\omega + a + \delta)\,;$$

$$P_{IV} = \frac{G_{oIV} + G_{rIV}}{g} \cdot \frac{v^2}{r} \cdot \cos (\omega + a + \delta + \gamma)\,;$$

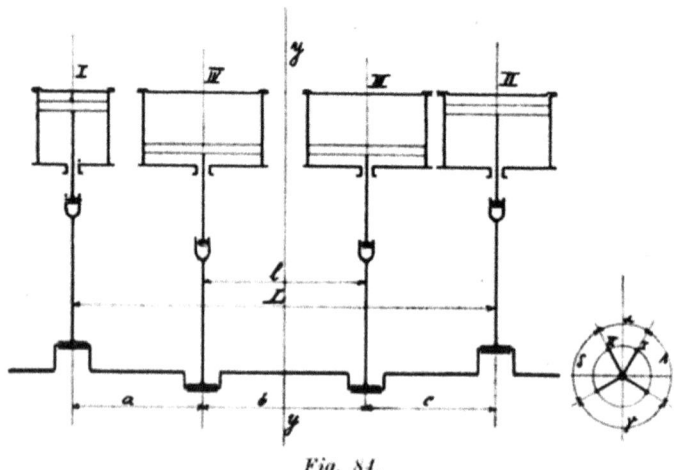

Fig. 84.

b) die horizontalen Massendrücke:

$$p_I = \frac{G_{rI}}{g} \cdot \frac{v^2}{r} \cdot \sin \omega\,;$$

$$p_{II} = \frac{G_{rII}}{g} \cdot \frac{v^2}{r} \cdot \sin (\omega + a)\,;$$

$$p_{III} = \frac{G_{rIII}}{g} \cdot \frac{v^2}{r} \cdot \sin (\omega + a + \delta)\,;$$

$$p_{IV} = \frac{G_{rIV}}{g} \cdot \frac{v^2}{r} \cdot \sin (\omega + a + \delta + \gamma).$$

Die Momentengleichung der vertikalen Massenkräfte lautet dann, bezogen auf Ebene I:

$$(P_{IV} \cdot a) + \Big(P_{III} \cdot (a + b) \Big) + \Big(P_{II} \cdot (a + b + c) \Big) = 0.$$

bezogen auf Ebene II:

$$(P_{III} \cdot c) + \Big(P_{IV} \cdot (b + c) \Big) + \Big(P_I \cdot (a + b + c) \Big) = 0.$$

Die Momentengleichung der horizontalen Massenkräfte lautet, bezogen auf Ebene I:

$$(p_{IV} \cdot a) + \Big(p_{III} \cdot (a + b) \Big) + \Big(p_{IV} \cdot (a + b + c) \Big) = 0,$$

bezogen auf Ebene II:

$$(p_{III} \cdot c) + \Big(p_{IV} \cdot (b + c) \Big) + \Big(p_I \cdot (a + b + c) \Big) = 0.$$

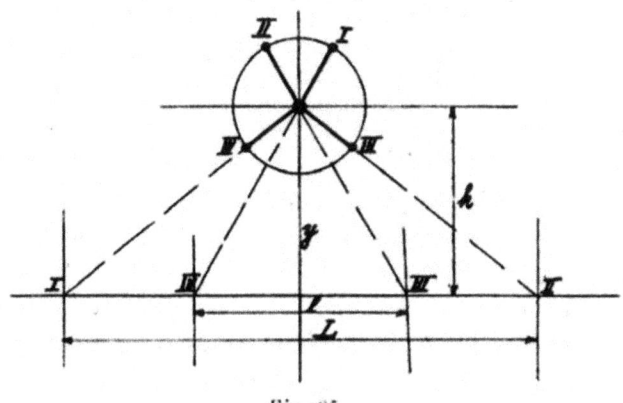

Fig. 85.

In derselben Art verfährt man mit dem Schiebergestänge, dessen oszillierenden und rotierenden Massen auf den Exzenterkreis reduziert werden.

Die günstigste Anordnung für den Schlickschen Massenausgleich ist:
Zylinder I und II außenliegend,
Zylinder III und IV in der Mitte.
Es muß $a = c$ sein.

Eine einfache Konstruktion zur Auffindung der Kurbelwinkel bei symmetrischer Anordnung der Zylinder zeigt Fig. 85.

Es ist:

$$h = \tfrac{1}{4} \left(\frac{L}{l} + \frac{l}{L} \right).$$

Die Kurbelwinkel a und γ bestimmen sich aus den Gleichungen

$$\cos \frac{a + \gamma}{2} = \frac{1}{2} + h - \sqrt{h^2 + \frac{3}{4}}$$

und

$$\cos \frac{a - \gamma}{2} = \frac{1}{2} - h + \sqrt{h^2 + \frac{3}{4}}$$

Die Größe der Gestängegewichte muß aus nachstehender Gleichung bestimmt werden.

Bezeichnet man das Gestängegewicht der nur **vertikal** bewegten Massen von Zylinder I mit G_{oI}, so berechnet sich das für den Ausgleich des inneren Zylinders III erforderliche Gestängegewicht aus der Beziehung:

$$\frac{G_{oI}}{G_{oIII}} = \frac{\cos \dfrac{\gamma}{2}}{\cos \dfrac{a}{2}} .$$

Bei symmetrischer Anordnung der Gewichte und Kurbelwinkel. also: $G_{oI} = G_{oII}$ und $G_{oIV} = G_{oIII}$, werden auf diese Weise die vertikalen Massenkräfte ausgeglichen. Ständen die rotierenden Gewichte gleichfalls in dem Verhältnis: $\dfrac{G_{oI}}{G_{oIII}}$, dann wären diese ebenfalls ausgeglichen.

Da dies jedoch niemals der Fall ist, läßt sich dies nur durch Anbringung von Gegengewichten an den Kurbelwangen erzielen.

4. Massenausgleich der Vierkurbelmaschinen nach Schlick-Tweedy.

Bei dieser Methode läßt sich ohne zusätzliche tote Gewichte ein fast vollkommener Massenausgleich in vertikaler Richtung erzielen. Die Anordnung der Zylinder zeigt Fig. 86.

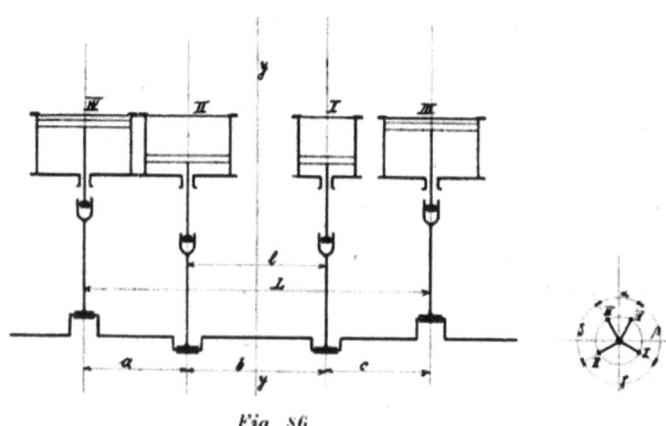

Fig. 86.

Die beiden Niederdruckzylinder sind außen angeordnet, sämtliche Schieber liegen in der Zylinderebene, was naturgemäß einen günstigen Einfluß auf die Massenwirkungen der Schiebergestänge hat.

Die Leistungen der Zylinder sind so verteilt, daß die beiden Niederdruckzylinder zusammen ca. 40%, der Hochdruckzylinder ca. 30% und der Mitteldruckzylinder ca. 30% der Gesamtleistung erzeugen.

Durch die verringerte Arbeitsleistung der Niederdruckzylinder werden die Gestänge leichter; es muß auch hier die Bedingung erfüllt werden, daß bei „symmetrischer Anordnung sich die oszillierenden Gewichte der Gestänge wie

$$\frac{G_I}{G_{III}} \quad \text{bzw.} \quad \frac{G_{II}}{G_{IV}}$$

verhalten."

Die Kurbelstellungen werden nach derselben Methode ermittelt, wie für Schlickschen Massenausgleich.

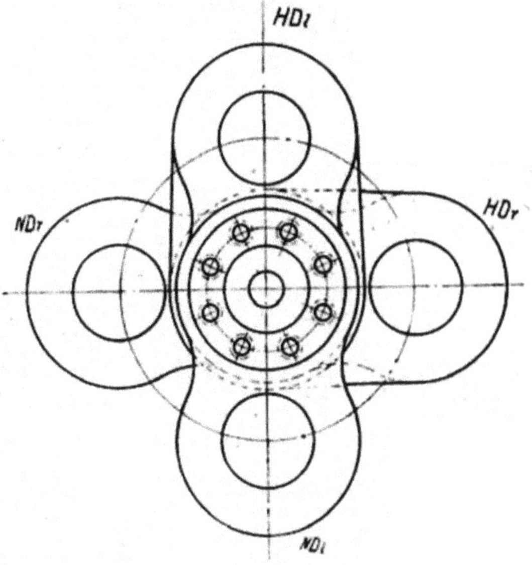

Die Lenzsche Heißdampfmaschine wird bis zu einer bestimmten Größe als einfache Verbundmaschine, da über hieraus aus zwei gleichen zusammen gekuppelten Verbundmaschinen, deren Kurbeln I normal um 90° gegeneinander versetzt sind, ausgeführt (Fig. 87). Bezüglich des Massenausgleiches gilt hierfür sinngemäß das unter I zur Zweikurbelmaschine gesagte, da auch hier die Kurbeln I und II unter sich um 90° versetzt sind.

Fig. 87.

Kapitel VI.

Einzelteile der Hauptmaschine.

1. Dampfzylinder.

Die Zylinder der Kompoundmaschinen werden stets aus einem Stück, die der mehrzylindrigen Maschinen unter Berücksichtigung der Herstellungsschwierigkeiten in der Gießerei und der Bearbeitung aus mehreren Stücken hergestellt.

Die Verbindung der geteilten Zylinder unter sich erfolgt durch kräftige von oben bis unten reichende Flanschen.

Die Verbindung der Dampfräume (Überleitung von einem Schieberkasten zum anderen) wird häufig durch schiebbare Stahl- oder Stahlgußrohre mit Stopfbuchse hergestellt (Fig. 88), wodurch der Wärmeausdehnung Rechnung getragen wird.

Die Zylinder werden fast ausschließlich aus bestem feinkörnigen Gußeißen hergestellt. Nur bei Maschinen der Dampfpinassen und Beiboote findet man der Leichtigkeit wegen wohl auch Zylinder aus Bronze.

Für die Konstruktion der Zylinder der Heißdampfmaschinen gilt im allgemeinen das in der Folge für die Sattdampfmaschinen gesagte.

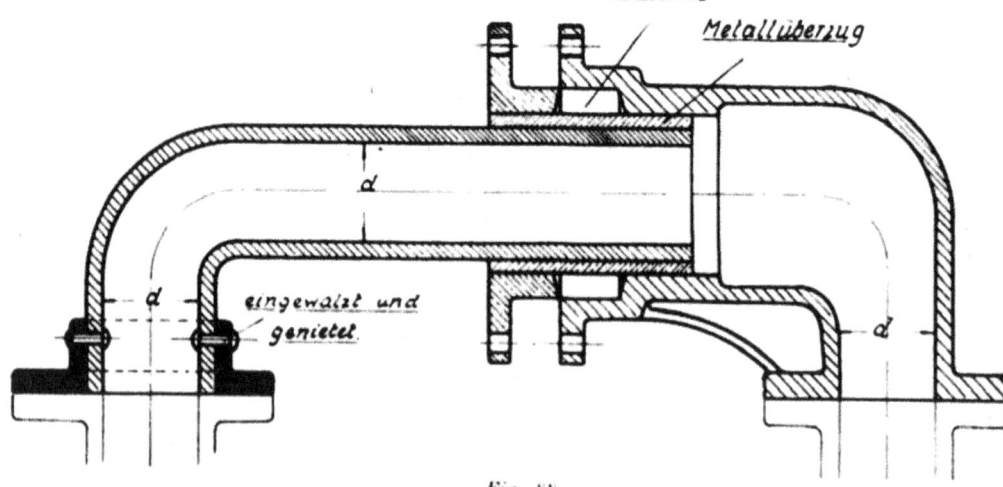

Fig. 88.

Mit Rücksicht auf die hohen Temperaturen und der dadurch an das Material gestellten großen Anforderungen darf für die Zylinder dieser Maschinen nur allerbestes Material Verwendung finden. Die Materialmassenverteilung ist mit besonderer Sorgfalt zu behandeln, um eine allseitig gleichmäßige Ausdehnung zu gewährleisten, damit Betriebsstörungen die einseitig auftretende Ausdehnungen und Spannungen zur Ursache haben, vermieden werden.

Wenn für diese Maschinen Mantelheizung vorgesehen wird, soll diese nur zum schnelleren Anwärmen dienen und während des Betriebes abgestellt werden, da sie andernfalls nur unwirtschaftlich wirkt.

Besondere Beachtung ist auch der Dampfschmierung zuzuwenden. Während es bei Sattdampfmaschinen genügt dem Zylinder von Zeit zu Zeit Schmieröl zuzuführen, muß bei Heißdampfmaschinen Dauerschmierung vorgesehen werden. Die Ölzufuhr erfolgt zweckmäßig am besten in das Zudampfrohr vor dem Absperrventil. Das Öl wird durch eine von der Maschine betriebenen Schmierpresse in die Dampfleitung gedrückt.

Der Ölverbrauch beträgt (bei Verwendung besten Heißdampfzylinderöls) für 100 Betriebsstunden etwa

6 g pro PS$_i$ für Maschinen unter 500 PS
5 g pro PS$_i$ für Maschinen über 500 PS.

Für Ventilmaschinen stellt sich der Ölverbrauch erheblich günstiger.

Die Wandstärke der gußeisernen Zylinder ohne Einsatz berechnet sich aus der Gleichung (für leichte Maschinen):

$$\delta = \frac{D \cdot p}{2 \cdot k};$$

hierin ist:

δ = Wandstärke in cm,
p = Dampfspannung in kg/qcm,
D = lichter Zylinderdurchmesser in cm (Hochdruckzylinder).
k = Zugbeanspruchung in kg/qcm.

Diese Beanspruchung schwankt je nach dem Maschinentyp zwischen 150 und 250 kg/qcm.

Eine andere für Handelsschiffsmaschinen übliche Formel lautet:

$$\delta = \left(\frac{D \cdot p}{360 + 10 \cdot p} + 1 \, cm \right) \cdot 1,15$$

für Zylinder ohne Einsatz.

Die Wandstärke der Mittel- und Niederdruckzylinder macht man gewöhnlich gleich der des Hochdruckzylinders.

Kriegsschiffs- und kleine Handelsschiffsmaschinen werden aus Gewichtsrücksichten fast ausnahmslos ohne Einsatzzylinder ausgeführt. Große Handelsschiffsmaschinen dagegen werden fast immer mit Einsatzzylinder ausgerüstet. Abgesehen von der Gewichtsvergrößerung und der teueren Herstellung bieten die Einsatzzylinder jedoch zwei wesentliche Vorteile:

1. Sie gestatten Dampfheizung der Zylinder, die die Ökonomie bei Dauerbetrieb wesentlich verbessert (Naßdampfmaschine).

2. Sie ermöglichen eine rasche Auswechslung des eigentlichen Arbeitszylinders.

Der Zwischenraum zwischen Zylinderwandung und Einsatzzylinder soll bei Dampfheizung nicht weniger als 20 mm betragen. Bei großen Maschinen findet man diesen Zwischenraum bis 40 mm. für genügende Entwässerung des Zwischenraumes ist Sorge zu tragen.

Die Wandstärke des Zylindereinsatzes bestimmt sich aus der Gleichung:

$$\delta_1 = \frac{D \cdot p}{360 + 10\,p} + 1 \text{ cm};$$

hierin ist D der Durchmesser des Hochdruckzylinders. Die Einsätze für Mittel- und Niederdruckzylinder werden gewöhnlich mit derselben Stärke ausgeführt. Sollen die Einsatzzylinder, wenn sie ausgelaufen sind, vor dem Auswechseln durch Nachbohren noch einmal gebrauchsfähig gemacht werden, dann ist ihre Wandstärke um 3 bis 5 mm zu vergrößern.

Bei kleineren Zylindern preßt man die Einsatzzylinder ein und dichtet sie oben und unten mit Asbestschnur oder Kupferringen (Fig. 89).

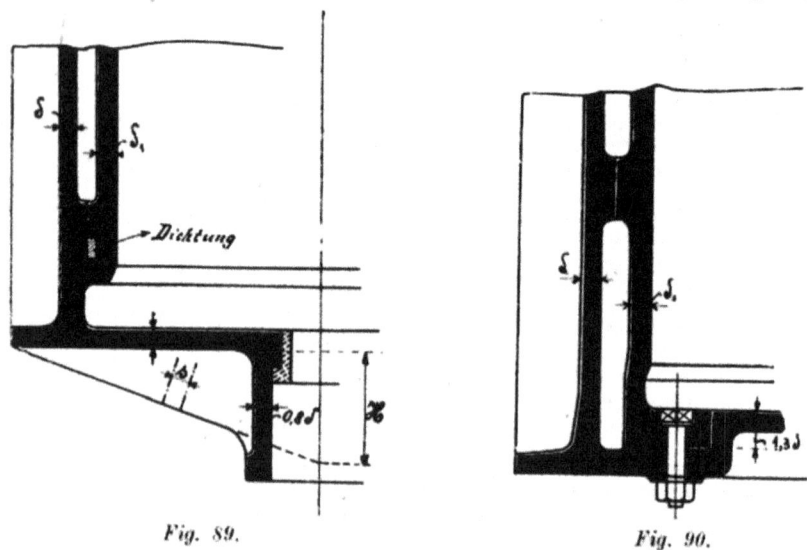

Fig. 89.   Fig. 90.

Bei größeren Zylindern dagegen befestigt man die Einsätze in der in Fig. 90 angedeuteten Weise. Die Stärke der Schrauben schwankt zwischen $d = 0.8\,\delta$ und δ. Teilung etwa

$$3.5\text{—}4.5\,d \text{ für Hochdruck},$$
$$4.5\text{—}5.5\,d \ \ \text{,, Mitteldruck},$$
$$5.5\text{—}7\ \ d \ \ \text{,, Niederdruck}.$$

Bei langhubigen Maschinen (über 1000 mm Hub) ist es vorteilhaft, in der Mitte des Einsatzzylinders einen Stützring anzubringen, um schädlichen Durchbiegungen der Zylinderwandungen vorzubeugen. Bei Dampfheizung muß der Stützring durch reichlich große Quernuten durchbrochen werden.

Zylinderflansch und Deckelschrauben

(Fig. 91). Die Stärke des Zylinderflansches beträgt etwa $s = 1{,}2$ bis $1{,}4\,\delta$. Die Zugbeanspruchung der Schrauben wählt man etwa 350 bis 450 kg/qcm für den maximalen Dampfdruck im Hochdruckzylinder. Die Anzahl der Schrauben bestimmt sich aus deren Stärke, die man mit $d = \delta$ bis $1{,}25\,\delta$ wählt.

Der Zylinderboden wird gewöhnlich bei Verwendung von gußeisernen Kolben eben hergestellt; die Wandstärke des Bodens beträgt dann etwa δ bis $1{,}1\,\delta$. Für gute Versteifung des Zylinderbodens durch Rippen, deren Stärke etwa $0{,}8\,\delta$ und deren Höhe in der Mitte des Bodens ca. $5\,\delta$ bis $6\,\delta$ beträgt, ist Sorge zu tragen. Bei Verwendung von dachförmigen Kolben kann die Stärke des Zylinderbodens auf $0{,}95$ bis $0{,}9$ der vorigen Werte reduziert werden. Die Zylinderdeckel werden bei Handelsschiffsmaschinen fast ausschließlich aus Gußeisen, die der Kriegsschiffsmaschinen dagegen aus Gewichtsrücksichten aus Stahlguß hergestellt.

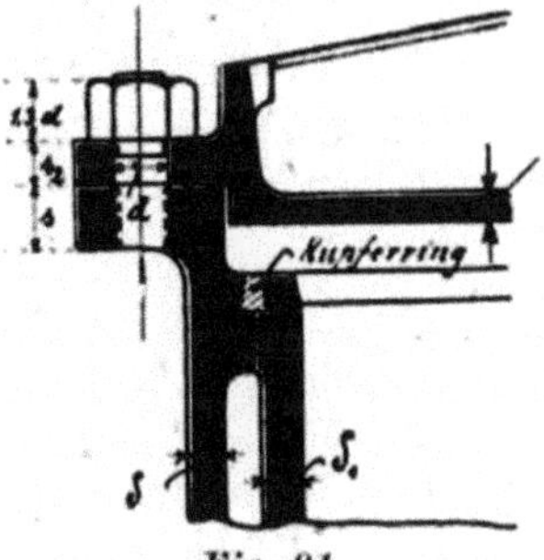

Die Wandstärke für gußeiserne Zylinderdeckel beträgt:

$s_1 = 0{,}9\,\delta$ bis $0{,}95\,\delta$ bei flachen einwandigen Deckeln;

$s_1 = 0{,}8\,\delta$ bis $0{,}85\,\delta$ bei dachförmigen einwandigen Deckeln;

$s_1 = 0{,}75\,\delta$ bis $0{,}8\,\delta$ bei doppelwandigen flachen Deckeln.

Fig. 91.

Zylinderdeckel aus Stahlguß oder Bronze erhalten eine Wandstärke von

$s_1 = 0{,}55\,\delta$ bis $0{,}6\,\delta$ bei flachen einwandigen Deckeln;

$s_1 = 0{,}5\,\delta$ bis $0{,}55\,\delta$ bei dachförmigen einwandigen Deckeln.

Die Stärke s_2 des Flansches führt man bei gußeisernen Deckeln mit $1{,}15\,d$ bis $1{,}25\,d$, bei Stahlgußdeckeln mit $1{,}1\,d$ bis $1{,}15\,d$ aus.

Doppelwandige Zylinderdeckel werden nur ausgeführt, wenn außer dem Zylindermantel auch der Deckel geheizt werden soll. Die Heizung der Zylinderdeckel kommt nur bei großen Handelsschiffsmaschinen zur Anwendung, weil bei diesen das Gewicht nicht die bedeutende Rolle spielt, wie bei den kleineren Handelsschiffs- und Kriegsschiffsmaschinen. Zylinderdeckel, deren Durchmesser über 1400 mm betragen, erhalten häufig Mannlöcher, die die Untersuchung des Zylinderinnern erleichtern. Lichte Weite der Mannlöcher 380 mm bis 400 mm. Abdrückschrauben und Augbolzen zum bequemen Aufnehmen der Zylinderdeckel sind vorzusehen. Alle Zylinderdeckel werden mit einer Wärmeschutzmasse ausgefüllt und mit Blech abgedeckt.

Die Innenseite der Zylinderdeckel und Böden muß sich zur Vermeidung großer schädlicher Räume möglichst der Kolbenform anschmiegen. Zwischenraum zwischen Kolben und Deckel siehe Tabelle Nr. 10.

Tabelle Nr. 10.

Spielraum des Kolbens.

Zylinder-Durchmesser	Spielraum am Boden	Spielraum am Deckel
400—600	6—10	4—7
600—1000	8—12	7—10
1000—1500	12—15	10—12
1500—2000	15—18	12—14
2000—2500	18—20	14—16
über 2500	20—22	16—18

Zylinderkanäle, Schieberkasten und Schieberkastendeckel.

Die Stärke der flachen Wände und Rippenteilung geht aus der empirischen Gleichung

$$\delta_2 = \frac{b}{30} \cdot \sqrt{p} \quad cm$$

hervor, worin b = kleinste Entfernung zwischen zwei Rippen in cm. p = Dampfüberdruck in kg/qcm bedeutet. Die Stärke der Rippen und Wände macht man gewöhnlich $0{,}8\,\delta$ bis $0{,}85\,\delta$.

Nach B a c h ist das Biegungsmoment einer rechteckigen flachen Wand am Umfang aufliegend und durch den Druck p gleichmäßig belastet:

$$M_b = \varphi \cdot \frac{p \cdot a^2 \cdot b^2}{12 \sqrt{a^2 + b^2}}.$$

worin a und b die Seitenlängen der flachen Wand in cm, φ ein Koeffizient, der zwischen 0,75 und 1,125 schwankt. Aus dem Querschnitt des Deckels bzw. der Wand ist unter Berücksichtigung aller Rippen und sonstigen Verstärkungen das Widerstandsmoment zu bestimmen. Dann wird die Beanspruchung

$$k_b = \frac{M_b}{W};$$

k_b setzt man bei Gußeisen ca. 250 bis 300 kg/qcm, bei Stahlguß ca. 750 bis 900 kg/qcm. Die Rippen sind wenn irgend möglich so anzuordnen, daß sie die Dampfströmung nicht stören, falls man es nicht vorzieht, wie bei Schieberkastendeckeln von Flachschiebern üblich, die Rippen außerhalb des Dampfraumes unterzubringen. Es ist besonders darauf zu achten, daß scharfe Richtungsänderungen der Dampfwege möglichst vermieden werden.

Schieberspiegel und Rundschiebereinsatz.

Bei allen größeren Maschinen läßt man die Schieber nicht direkt auf dem angegossenen Schieberspiegel bzw. in der Schieberbohrung des Zylinders laufen, sondern sieht besondere auswechselbare Schieberplatten bzw. Rundschiebereinsätze vor (Fig. 92 und 93). Die Schieberspiegel der Flachschieber erhalten eine Stärke von etwa $1,3\,\delta_2$ bis $1,5\,\delta_2$, die Rundschiebereinsätze eine solche von $1,1\,\delta_2$ bis $1,4\,\delta_2$. Die Öffnungen in den Schieberplatten bzw. den Rundschiebereinsätzen müssen mindestens gleich dem Kanalareal sein. Die Öffnungen in den letzteren führt man entweder rund, trapezförmig oder dreieckig aus. Es ist vorteilhaft, die Öffnungen so auszubilden, daß eine Riefenbildung an den Rundschiebern vermieden wird. Die Abwicklung eines Rundschiebereinsatzes mit trapezförmigen Öffnungen zeigt Fig. 94; es ist

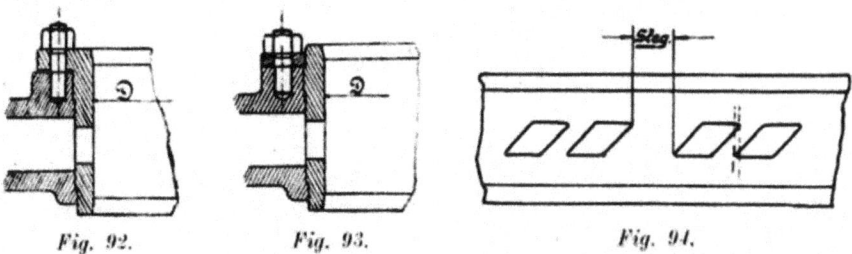

Fig. 92.   Fig. 93.   Fig. 94.

dabei zu beachten, daß sich die Spitzen der Kanalöffnungen überschneiden. Die Rundschiebereinsätze werden stramm eingepreßt und durch Verbohren gesichert. Für Schieberringe mit Schloß muß ein Gleitsteg vorgesehen werden. Material der Platten und Einsätze bestes Zylindergußeisen.

Stopfbüchsen und Packungen.

Die Tiefe des Packungsraumes und die Stärke der Packung ist abhängig von dem Druck, gegen den die Packung abdichten soll. Als Packungsmaterial kommt für Dampf am häufigsten Asbest, Tuckschnur mit oder ohne Metalldrahteinlage zur Verwendung. Gut bewährt haben sich die Bartels- und Garlock-Packung. Für Stangendurchmesser bis 50 mm führt man die Stopfbuchsenbrillen ganz aus Bronze aus, während größere aus Gußeisen, Stahlguß oder Flußeisen mit Bronzebuchsen hergestellt werden.

Die Länge der Grundbuchse l_2 macht man etwa $0,5\,d$ bis d. Hierbei gelten die großen Werte für kleine Maschinen.

Bei großen Maschinen mit Kolbenstangen über 100 mm Durchmesser führt man, um ein gleichmäßiges Anziehen der Packung zu er-

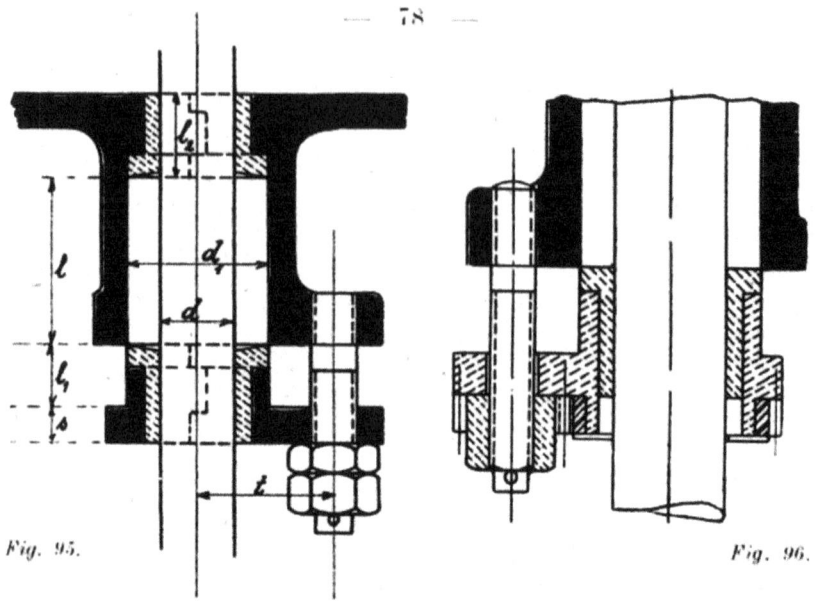

Fig. 95.   *Fig. 96.*

Tabelle Nr. 11.

Tabelle für Stopfbuchsen mit gewöhnlicher Packung.   Fig. 95.

d Stangen-durchmesser mm	d_1 Durchmesser des Stopf-buchsraumes mm	l Tiefe des Packungs-raumes mm	l_1 Länge der Stopfbuchse mm	n = Anzahl der Schrauben	Stärke der Schrau-ben
15	30	40	15	2	$3/8''$
20	40	50	18	2	$3/8''$
25	48	60	22	2	$1/2''$
30	54	70	25	2	$1/2''$
35	60	80	30	2	$5/8''$
40	68	85	35	2	$5/8''$
50	82	95	40	2	$3/4''$
60	92	105	45	2	$3/4''$
70	105	120	50	2	$7/8''$
80	115	135	60	2	$7/8''$
90	130	150	70	2	$7/8''$
100	140	160	70	3	$1''$
110	155	170	80	3	$1''$
120	165	180	80	3	$1''$
130	180	190	90	3	$1\,1/8''$
140	190	200	90	4	$1\,1/8''$
150	205	210	100	4	$1\,1/8''$
160	220	220	100	4	$1\,1/8''$
170	235	230	100	4	$1\,1/8''$
180	245	245	110	4	$1\,1/4''$
190	260	260	110	4	$1\,1/4''$
200	270	275	110	4	$1\,1/4''$

zielen, die Muttern als Zahnräder aus, die in einem Zahnkranz eingreifen. Muttern aus Bronze, Zahnkranz aus Schweißeisen (Fig. 96). Außer den bekannten Asbest- und Tucks-Packungen werden in neuerer Zeit auch Marineblock-Metallpackungen verwendet, die sich insbesondere für Heißdampf eignen und von denen nachstehend nur die bekanntesten Arten erwähnt seien. Fig. 97 zeigt die vielfach angewendete

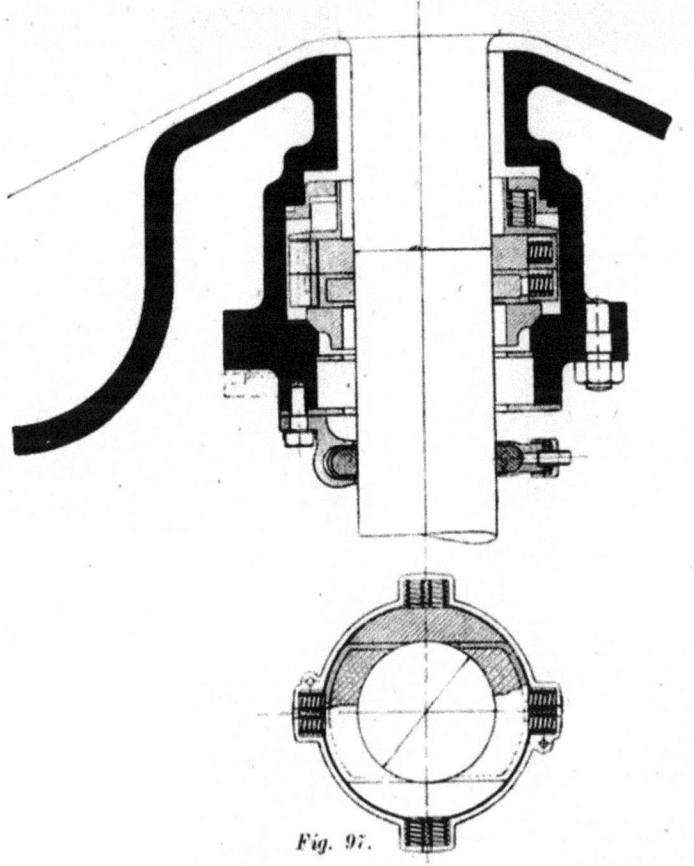

Fig. 97.

P h i l a d e l p h i a - P a c k u n g. Die beiden vierteiligen Bronzeringe werden durch seitliche Federn angedrückt. $^2/_4$ der Ringe sind massiv. $^2/_4$ mit Weißmetall ausgegossen. Der mittlere Ring ist so eingelegt, daß je zwei der mit Weißmetall ausgegossenen Teile sich gegenüberstehen, der obere Ring ist, gegenüber dem unteren Ring, um 90° verdreht. Die Ringe ruhen unten auf einem massiven, in dem Deckel kugelig gelagerten Metallring. Von oben werden die Ringe ebenfalls durch Federn zusammengedrückt. Eine gleichfalls oft angewendete Metallpackung ist die **Katzenstein-Packung** (Fig. 98). Diese besteht aus einer Anzahl zwei- oder dreiteiliger konischer Ringe, von denen die die Kolbenstange umschließenden aus Weißmetall, die übrigen aus Bronze oder Gußeisen bestehen. Um ein gleichmäßiges Andrücken

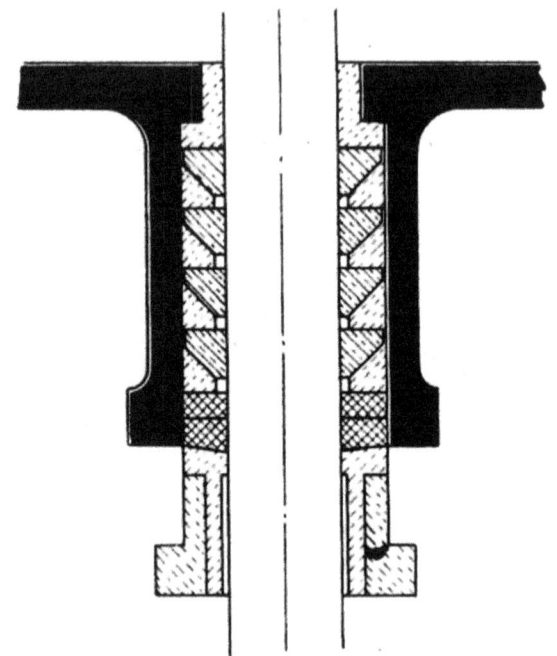

Fig. 98.

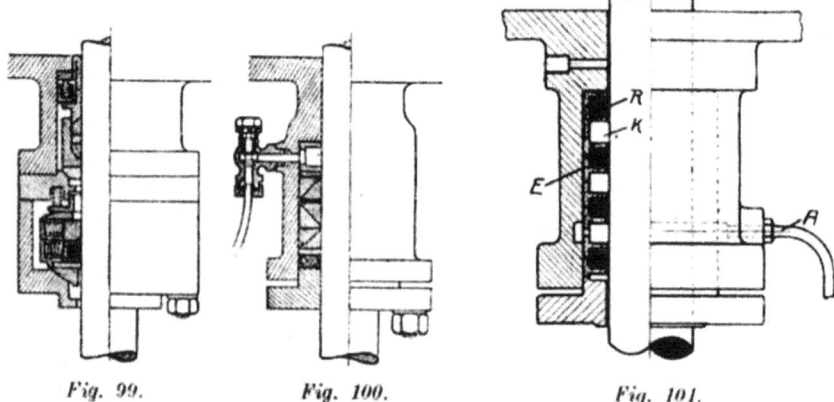

Fig. 99.   Fig. 100.   Fig. 101.

zu erzielen, legt man zwischen die Metallpackung und Stopfbuchsbrille einen oder zwei Ringe Weichpackung. Außer diesen angeführten Metall-packungen haben sich die in Fig. 99 u. 100 dar-gestellten Packungen, die im Prinzip ähnlich der vorbeschriebenen sind, außerordentlich gut bewährt.

In Fig. 101 ist eine neuere Hochdruck-Heißdampfpackung, System „Lenz", darge-stellt. Diese Packung besteht aus einer An-zahl die Stange fest-umschließende Ringe „R", die in den Metall-ansätzen E ruhen. Zwischen je zwei Rin-gen befindet sich eine Kammer „K", deren unterste mit einem Ab-flußrohr „A" in Ver-bindung steht. Der an den Ringen R durch-tretende Dampf sam-melt sich in den Kam-mern K, woselbst er kondensiert und schließlich durch „A" abfließt. Das Abflußrohr steht mit dem Kondensator in Verbindung.

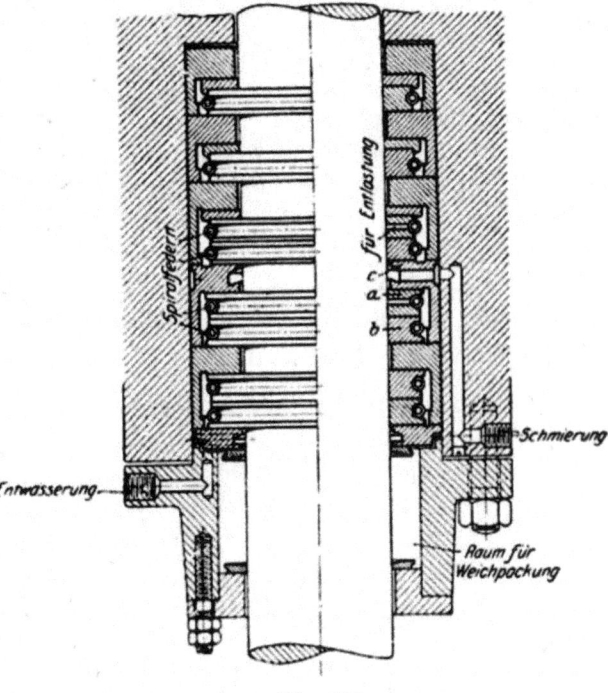

Fig. 102.

Eine ähnlich wirkende Hochdruckpackung stellt Fig. 102 dar. Die mehrteiligen Dich-tungsringe werden durch umliegende Spiral-federn an die Stange gedrückt. Der mittlere Einsatzring ist mit einer Ölringnute versehen. Eine Entwässerung ist gleichfalls vorhanden.

Eine Niederdruckpackung zeigt Fig. 103. An Stelle der Ringe „R" wird hier nur ein mit einer inneren und äußeren Ringnute versehener Metallring zwischen weiche Packungsringe ein-gelegt. Die Ringnute steht auch hier mit dem Kondensator in Verbindung.

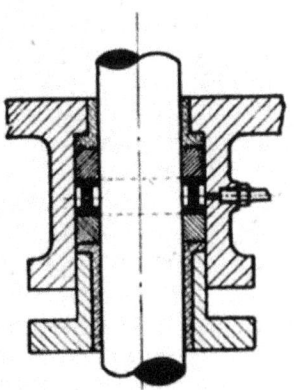

Fig. 103.

6

Anordnung der Zylinder.

Die Anordnung der Zylinder in ihrer Reihenfolge wird verschieden ausgeführt und ist abhängig von den maßgebenden Gesichtspunkten (Wärmewirtschaft, Massenausgleich, Steuerung). Bei 3-Zylindermaschinen ist die gebräuchlichste Zylinderfolge: Hd — Md — Nd.

Mit Rücksicht auf die Wärmewirtschaft findet man auch die Reihenfolge: Hd — Nd — Md.

Bei vier und mehr Zylindermaschinen mit Massenausgleich wird die Zylinderfolge durch diesen bestimmt.

Wasserdruckproben:

Nach den Vorschriften des Germanischen Lloyd müssen die Dampfzylinder einer Kaltwasserdruckprobe unterzogen werden. Diese beträgt für Schiebermaschinen:

2fach Exp.-Maschinen	3fach Exp.-Maschinen	4fach Exp.-Maschinen
$Hd = p + 5 \text{ kg/cm}^2$	$Hd = p + 5 \text{ kg/cm}^2$	$Hd = p + 5 \text{ kg/cm}^2$
$Nd = 3 \text{ kg/cm}^2$	$Md = 0,66 \cdot p$	$Md_I = 0,75 \cdot p$
	$Nd = 2 \text{ kg/cm}^2$	$Md_{II} = 0,4 \cdot p$
		$Nd = 2 \text{ kg/cm}^2$

für Ventilmaschinen:

2fach Exp.-Maschinen	3fach Exp.-Maschinen	
$Hd = p + 5 \text{ kg/cm}^2$	$Hd = p + 5 \text{ kg/cm}$	$p =$ Kesselüberdruck
$Nd = 4 \text{ kg/cm}^2$	$Md = 0,8 \cdot p$	in kg/cm^2
	$Nd = 3 \text{ kg/cm}^2$	

Nachstehend sind einige Zylinderkomplexe ausgeführter Maschinenanlagen dargestellt und beschrieben.

Fig. 104 zeigt die Zylinderanordnung einer neueren dreizylindrigen Handelsschiffsmaschine für eine Leistung von ca. 1100 PS_i bei etwa 75 Umdrehungen pro Minute. Kesselspannung 12 kg/qcm Überdruck. Die Abmessungen der Maschine sind:

Hochdruckzylinder	$\phi = 540$ mm.
Mitteldruckzylinder	$\phi = 870$ „ .
Niederdruckzylinder	$\phi = 1400$ „ .
gemeinsamer Hub	$= 1000$ „ .

Die Zylinderdeckel und Schieberkastendeckel sind aus Gußeisen. Der Hochdruckzylinder hat einen Kolbenschieber mit eingesetzten Schieberringen und Schiebereinsatz, alles aus Gußeisen. Dieser Schieber hat innere Einströmung.

Der Mitteldruckzylinder hat einen Flachschieber mit Trick-Kanal, der Niederdruckzylinder hat einen Penn-Schieber. Beide Schieber

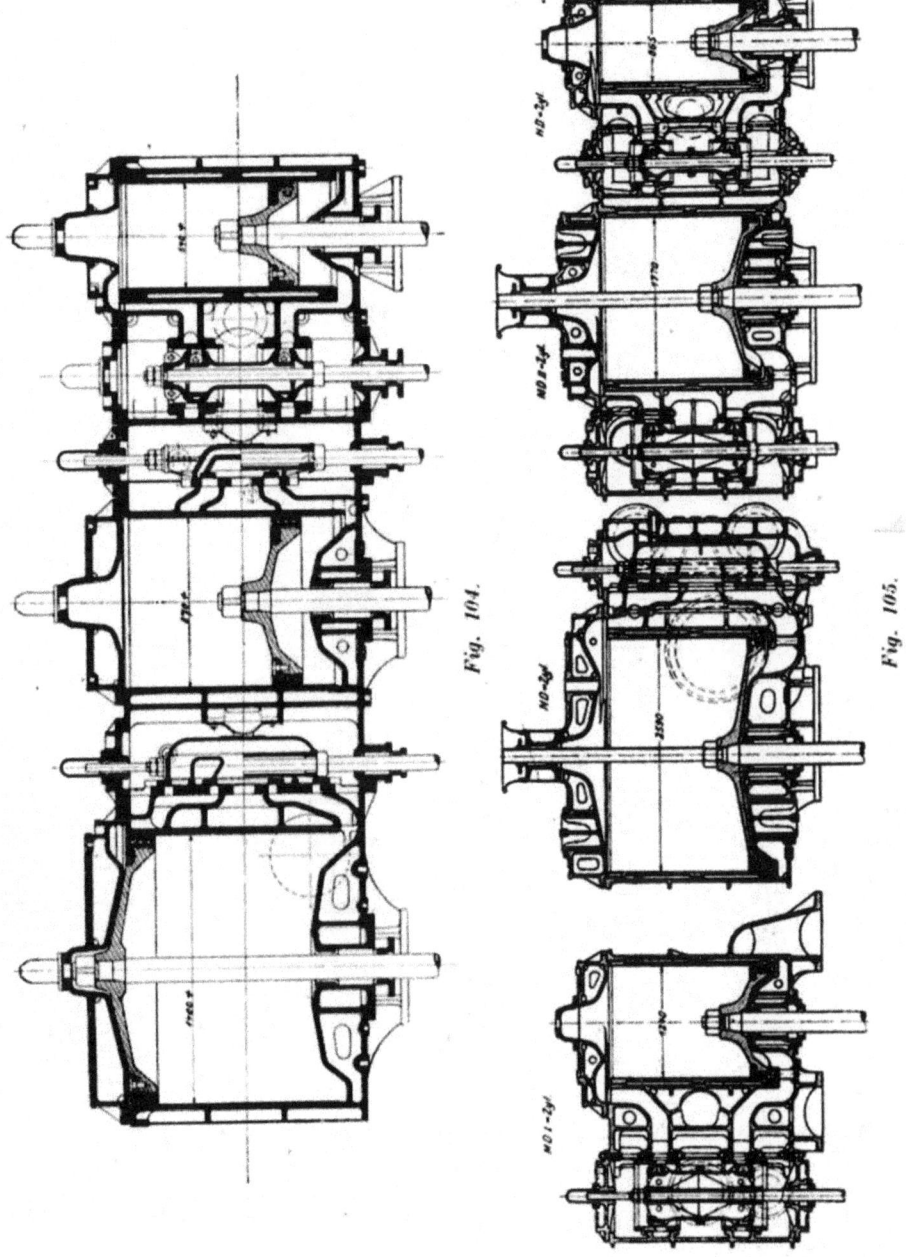

Fig. 104.

Fig. 105.

haben keine besondere Entlastung. Die Schieberspiegel sind ohne besondere Schleifplatten ausgeführt. Es empfiehlt sich aber solche vor-

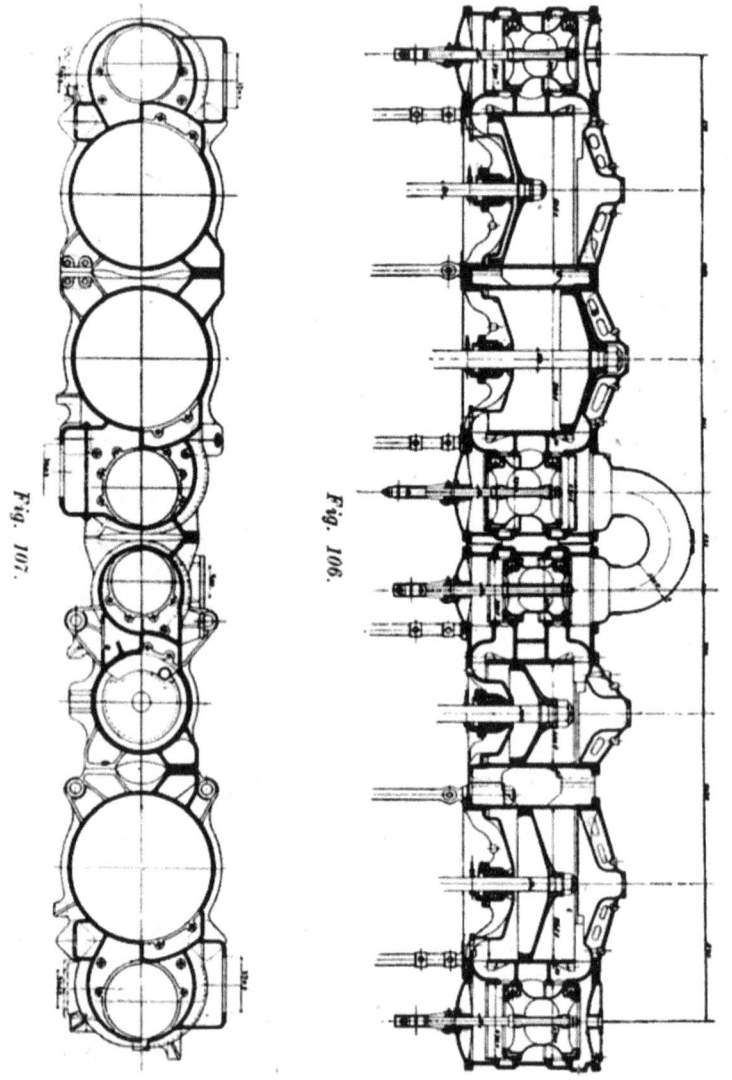

Fig. 107.

Fig. 106.

zusehen, um bei etwa eingetretenem Verschleiß die Maschine ohne größere Demontage schnell wieder betriebsfähig zu machen.

Die Zylinder sind einzeln gegossen und zusammengeschraubt und ruhen auf je zwei gußeisernen gegenüberstehenden Ständern.

In Fig. 105 sind die Zylinder einer 8000 pferdigen Dreifach-Expansionsmaschine mit geteiltem Mitteldruckzylinder dargestellt. Sämtliche Zylinder haben Einsätze. — Die Umdrehzahl der Maschine beträgt etwa 75 pro Minute, der gemeinsame Kolbenhub 1600 mm.

Fig. 106 und 107 zeigen den Zylinderkomplex einer Torpedojägermaschine. Leistung dieser Maschine 4250 PS$_i$ bei 280 Umdrehungen pro Minute und einem Kesseldruck von 18,5 kg/qcm Überdruck. Die Maschine ist eine Dreifach-Expansionsmaschine mit geteiltem Niederdruckzylinder. Die Abmessungen sind:

Hochdruckzylinder

$$\phi = 640 \text{ mm},$$

Mitteldruckzylinder

$$\phi = 920 \text{ mm},$$

Niederdruckzylinder (jeder)

$$\phi = 965 \text{ mm},$$

gemeinsamer Hub

$$= 500 \text{ mm}.$$

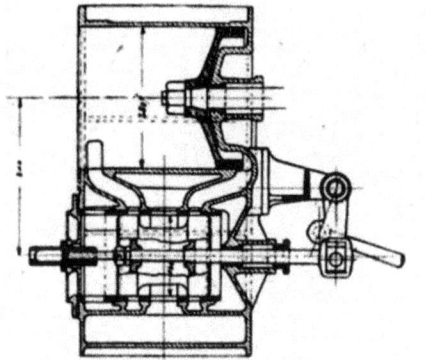

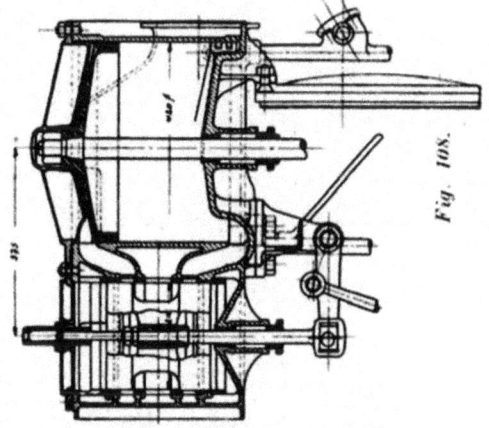

Fig. 108.

Die Zylinderanordnung und Größe der Zylinder entspricht der Ausbalancierung nach Schlick-Tweedy.

Die Schieber sind alle als einfache Röhrenschieber mit besonders eingesetzten Schieberringen ausgeführt. Die Schieber für Mitteldruck- und Niederdruckzylinder sind mit Rücksicht auf günstigen Massenausgleich aus Stahl, der Schieber für den Hochdruckzylinder aus Gußeisen hergestellt.

Die Zylinderdeckel und Zylinderböden sind aus Stahlguß, mit Ausnahme des Bodens für den Hochdruckzylinder, der nicht besonders eingesetzt ist.

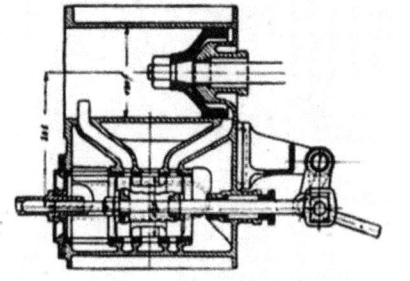

Die Schieber für Hochdruck- und Niederdruckzylinder haben innere, der für den Mitteldruckzylinder äußere Einströmung. Der

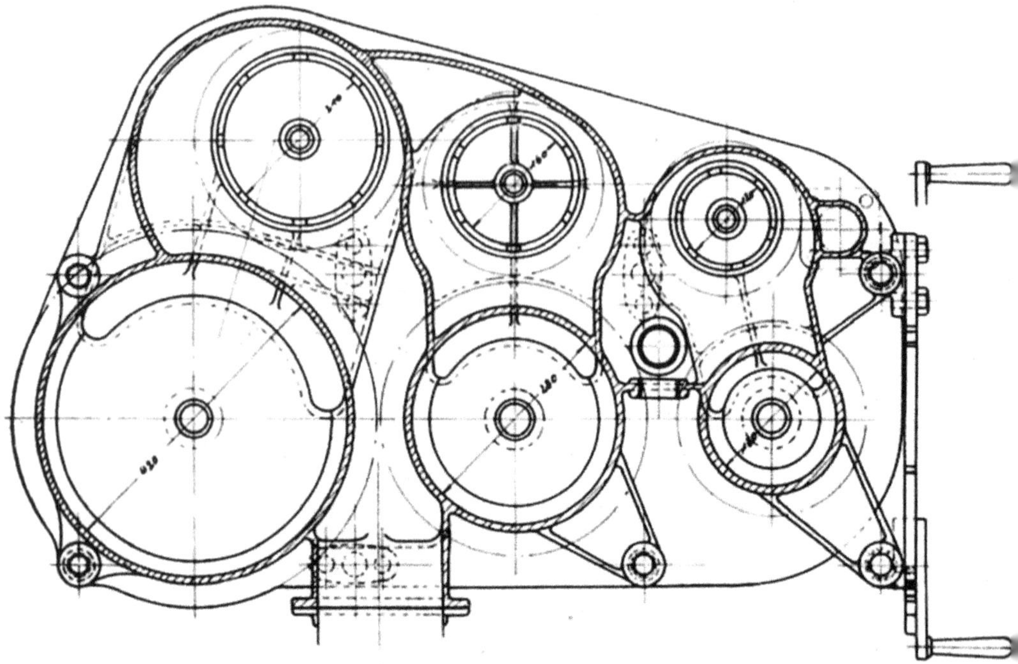

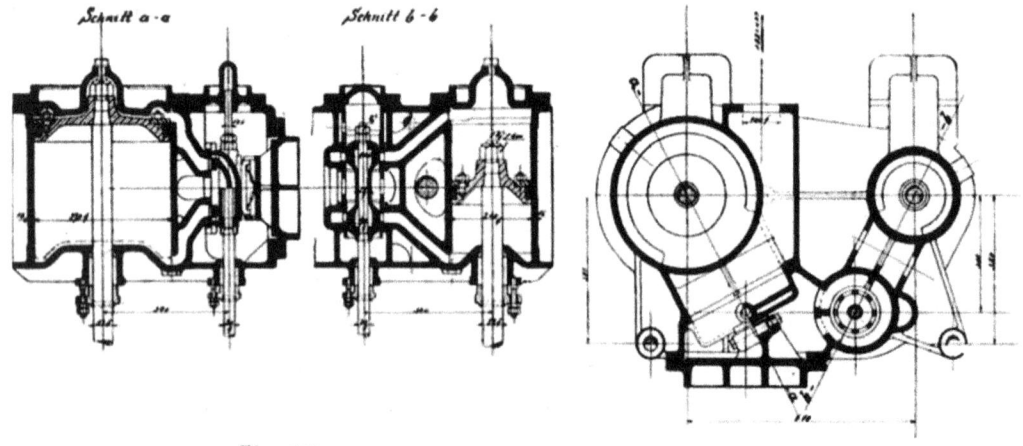

Fig. 109.

Fig. 110.

Fig. 111.

Dampf wird durch Überströmrohre nach den einzelnen Zylindern geleitet. Der Abdampf geht von den beiden N.-D.-Zylindern getrennt
nach dem Kondensator. Die Stopfbüchsen der Zylinder sind für Phila-
delphia-Packung, die der Schieberkästen für Katzenstein-Packung eingerichtet. Die Zylinder ruhen zusammen auf 12 Stück stählernen Säulen;

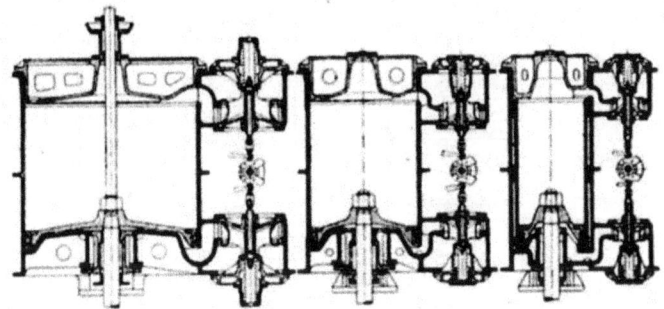

Fig. 112.

jeder Zylinder ist mit dem zugehörigen Schieberkasten aus einem Stück
gegossen und das Ganze dann zusammengeschraubt.

Die Zylinderschnitte einer dreikurbligen Dreifach-Expansionsmaschine für eine große Barkasse zeigen Fig. 108 und 109. Alle drei
Zylinder sind mit Rundschiebern versehen. Die Maschine leistet bei
etwa 250 Umdrehungen pro Minute ca. 165 PS$_i$. Zylinderdimensionen:

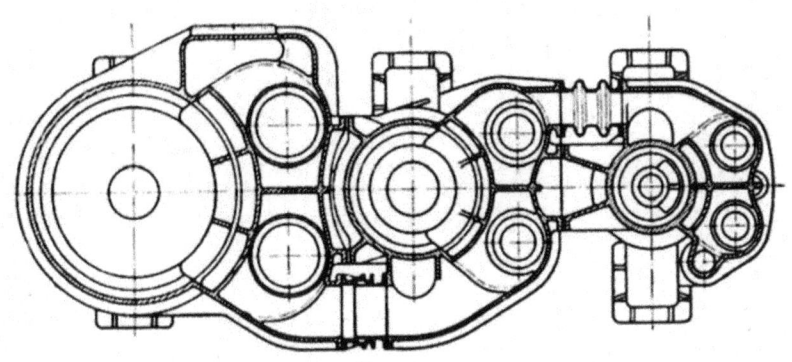

Fig. 113.

$$Hd = 180 \text{ mm } \varnothing. \qquad Nd = 420 \text{ mm } \varnothing,$$
$$Md = 280 \quad \text{,,} \quad \varnothing, \qquad \text{Kolbenhub} = 240 \text{ mm}.$$

Fig. 110 und 111 zeigen die Zylinderanordnung einer kleinen Zwei-
fach-Expansionsmaschine für einen Schlepper. Leistung dieser Maschine

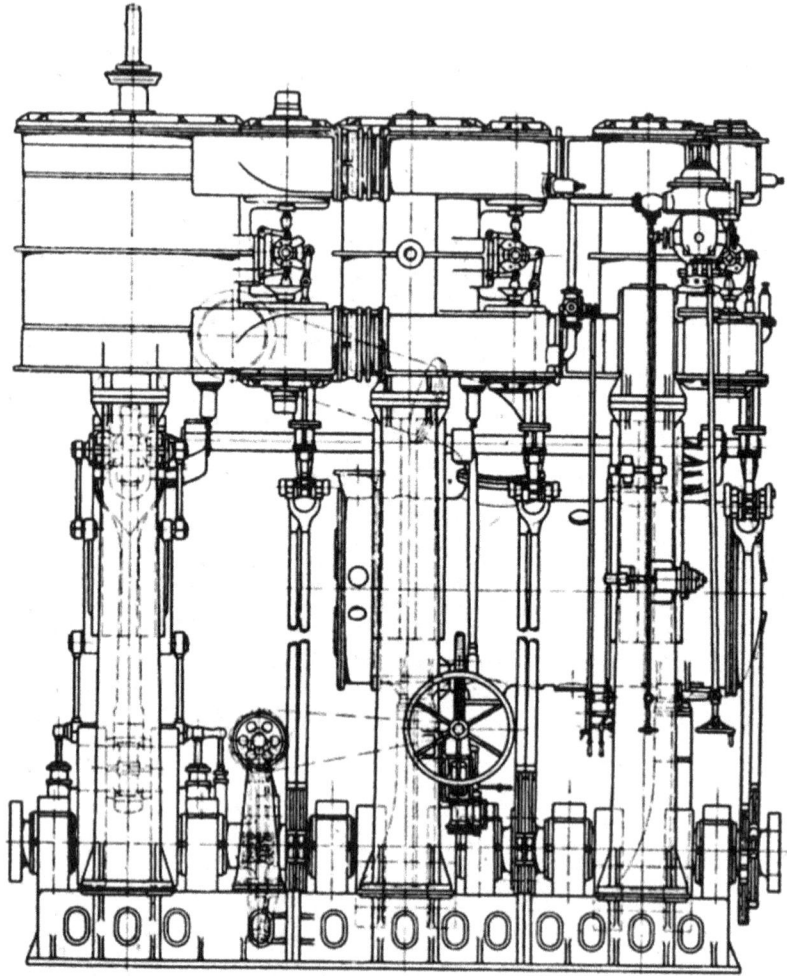

Fig. 114.

ca. 90 PS$_i$ bei 180 Umdrehungen pro Minute. Dampfspannung 12 kg/qcm Überdruck. Die Dimensionen dieser Maschine sind:

Hochdruckzylinder 210 mm ⌀,
Niederdruckzylinder 370 „ ⌀,
Hub . . . . 300 „ .

In Fig. 112 und 113 ist der Zylinderkomplex, in Fig. 114 die Vorderansicht einer Heißdampf-Ventilmaschine älterer Bauart dargestellt. Jeder Zylinder ist mit zwei Einlaß- und zwei Auslaßventilen ausgerüstet. Nur Zylinder I ist mit Mantelheizung versehen.

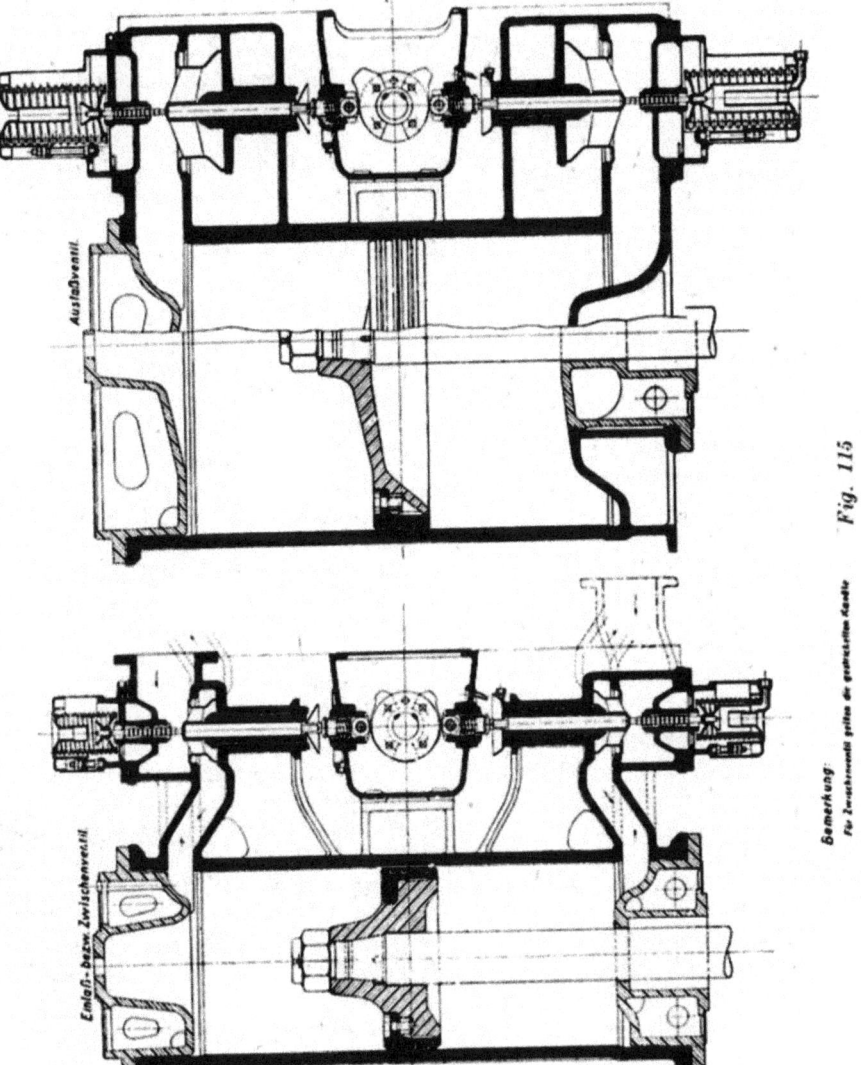

Auslaßventil.

Einlaß- bezw. Zwischenventil.

Bemerkung:

Für Zwischenventil gelten die gestrichten Konten

Fig. 115

Die Abmessungen der Zylinder sind:

$$Hd = 500 \text{ mm},$$
$$Md = 840 \quad ,, \; ,$$
$$Nd = 1425 \quad ,, \; .$$
$$\text{Kolbenhub} = 1000 \quad ,, \; .$$

Die Maschine entwickelt bei 80 Umdrehungen pro Minute ca. 1500 PS$_i$.

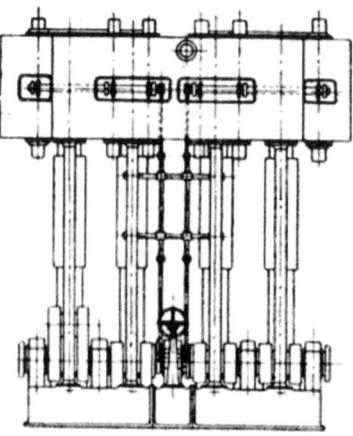

Die Ausführung der Zylinder einer modernen Lenzschen Einheits-Schiffs-maschine zeigt Fig. 115. Aus dieser Figur geht auch die Anordnung der Steuernocken und des Kastens hervor.

Der Gesamtaufbau der normalen Schiebermaschinen für Kriegs- und Handelsschiffe geht aus den im Text eingefügten Photographien und Zeichnungen hervor. Es sei hier an dieser Stelle nur noch die Ventilmaschine erwähnt. Der Aufbau der älteren Ausführungen entsprach in jeder Weise der der Schiebermaschine. Auch in bezug auf die Zylinderabmessungen und deren Anzahl lehnte man sich eng an diese.

Die moderne Lenz-Einheits-Heiß-dampfmaschine weicht dagegen von dem alten Prinzip vollständig ab. Bei dieser Maschine wird grundsätzlich nur das Zweizylindersystem (Compound) angewandt, und falls die Leistungen über ein bestimmtes Maß hinausgehen, zwei Maschinen mit je zwei gleichen Hoch- und Niederdruckzylindern zusammengekuppelt und auf einer gemeinsamen

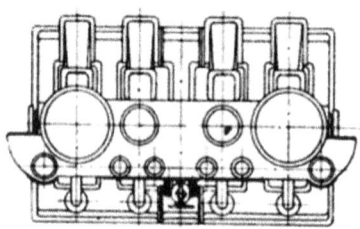

Fig. 116.

Grundplatte aufgebaut (Fig. 116) und zwar derart, daß die Kurbeln gegeneinander um 90° versetzt werden (Woolf-Maschine).

Die Zuführung des Dampfes nach den beiden Zylinderseiten des Hd.-Zylinders erfolgt durch einen federnden Stahlgußstutzen, welcher in Verbindung mit dem Hauptabsperrventil steht. Der Abdampf von Deckel- und Bodenseite jedes Niederdruckzylinders wird in einem Stutzen vereinigt und entweder für beide Komplexe gemeinsam oder getrennt nach dem Kondensator geleitet.

Die Lenz-Einheitsmaschine wird zurzeit in drei Größen ausgeführt und gehen die Leistungen und Abmessungen dieser aus den beiden nachfolgenden Tabellen Nr. 12 und Nr. 13 hervor.

Tabelle 12.
Leistungstafel der Lentz-Einheits-Schiffsmaschinen.

Leistung Nr.	Füllung des Hochdruck-Zylinders in Hundertsteln des Kolbenhubes bei einer Umdrehungszahl in der Minute von:														
	70	75	80	85	90	95	100	105	110	115	120	125	130	135	140
1000	34,1	30,6													
1100	39	35,2	32												
1200		39,9	36,3	33,4	30,6										
1300			40,7	37,6	34,5	31,9					Maschinengröße I				
1400				41,7	38,3	35,6	33	30,8							
1500					39,3	36,5	34,1	31,6							
1600					40	37,3	34,8	32,6	30,6						
1700	32,4						40,6	38	35,6	33,5	31,7				
1800	35,2	31,9						41,1	38,7	36,4	34,4	32,3	30,7		
1900	38,1	34,6	31,4						41,8	39,3	37,2	35	33,2	31,4	
2000	41	37,3	33,9	31								40	37,8	35,9	33,9
2100		39,9	36,3	33,3	30,5	Maschinengröße II							40,5	38,3	36,3
2200		39	35,7	32,8	30,3									40,9	39
2300		41,4	38	35	32,3										41,4
2400			40,3	37,2	34,4	31,9									
2500				39,4	36,5	33,9	31,5								
2600	30			41,6	38,6	35,9	33,4	31,1							
2700	31,7				40,6	37,9	35,3	33	30,8						
2800	33,4	30,3				39,8	37,2	34,8	32,5	30,5					
2900	35,1	31,9				41,8	39,1	36,6	34,3	32,5	30,4				
3000	36,8	33,4	30,4				40,9	38,4	36	33,9	31,9				
3100	38,5	35	32					40,	37,7	35,6	33,5				
3200	40,2	36,6	33,5	30,6				42 2	39,5	37,2	35,1				
3300	42	38,1	34,9	32	Maschinengröße III						41,2	38,8	36,7		
3400		39,7	36,4	33,4	30,8							40,5	38,2		
3500		41,3	37,9	34,8	32,1								39,8		
3600			39,4	36,2	33,4	30,9							41,4		
3700			40,8	37,6	34,7	32,2									
3800				39	36,1	33,4	31								
3900				40,4	37,4	34,6	32,2	30,1							
4000				41,8	38,7	35,8	33,4	31,2							
4100					40	37,1	34,5	32,3	30,2						
4200					41,3	38,4	35,7	33,4	31,2						
4300						39,6	36,9	34,5	32,3						
4400						40,9	38,1	35,7	33,4						
4500							39,3	36,8	34,4						
4600							40,4	37,9	35,5						
4700							41,6	39,1	36,6						
4800								40,2	37,7						
4900								41,3	38,7						
5000									39,8						
5100									40,9						
5200									42						

Tabelle 13.

Hauptabmessungen der Lentz-Einheits-Schiffsmaschinen.

Maschinengröße	I				II				III			
Dampfergröße Tragfähigkeit t_s	3000		5000		7000		9000		12000		16000	
Schiffsgeschwindigkeit SeemeilenStd.	11	12	11	12	11	12	11	12	11	12	11	12
Maschinenleistung bei 13,5 Eintrittsdruck	1400	1800	1800	2300	2300	3000	2800	3600	3400	4200	4200	5200
Umdrehungen in der Minute	100	120	120	140	95	110	110	125	90	100	100	110
Füllung des Hochdr. Zylinders	33	36,4	36,4	41,4	32,3	38,4	34,8	41,4	30,8	35,7	35,7	42
Hochdr. Zylinder ⌀	475 mm				575 mm				675 mm			
Niederdr. Zylinder ⌀	1000 „				1200 „				1400 „			
Kolbenhub	1000 „				1200 „				1400 „			
Maximaler Kolbendruck bei 14,5 kg Kesseldr.	25700 kg				37700 kg				5200 kg			
Äußere Abmessungen der Maschine Länge zwisch. Außenkante Lager . . . mm	4350				5400				6230			
Höhe bis Oberk. Zylinderdeckel . mm	5750				6770				7890			
Breite der Grundplatte . . mm	2900				3450				3970			
Kesselgröße bei künstl. Zug Anzahl- und Einzel-Heizfläche . . . qm	2×200	2×220	2×220	3×200	3×200	3×260	2×260 1×200	4×220	4×220	4×260	4×260	5×260
Gesamt-Heizfläche qm	400	440	440	600	600	780	720	880	880	1040	1040	1300
Dampftemperatur an der Maschine	325° C											

Die Zylinder müssen mit einer ausreichenden

Zylinderarmatur

versehen werden, die aus folgenden Teilen besteht:

1. Dem Absperr- und Manövrierventil;
2. den Zylindersicherheitsventilen;
3. den Zylinder- und Schieberkasten-Entwässerungshähnen;
4. der Indiziervorrichtung;

5. den Anschlüssen für eventuelle Mantelheizung;
6. den Hilfsschiebern und
7. dem Regulator.

Letzterer kommt jedoch nur noch selten und nur bei ganz großen Maschinen zur Anwendung. (Aspinall-Regulator.)

Absperr- und Manövrierventil.

Bei kleineren Maschinen werden die Absperr- und Manövrierventile als gewöhnliche Durchgangs- oder Eckventile aus Metall oder Gußeisen mit Metallarmatur ausgeführt. Für die Heißdampfmaschinen kommen für die Zudampfleitungen fast ausnahmslos Stahlgußventile mit eingepreßten Dichtungsringen aus einer hochwertigen Nickellegierung (Nickelstahl, Nickelbronze) zur Verwendung (Fig. 117). Diese Ringe aus einer Bronzelegierung herzustellen, empfiehlt sich nicht, da diese bekanntlich den hohen Temperaturen auf die Dauer nicht Stand hält (Ausscheidungen).

Bei großen Maschinen müssen diese Ventile mit Rücksicht auf leichtes bequemes Bedienen mit besonderen Entlastungsvorrichtungen versehen werden.

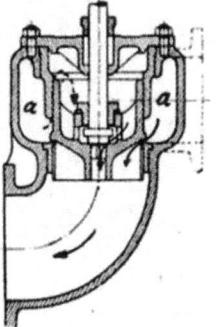

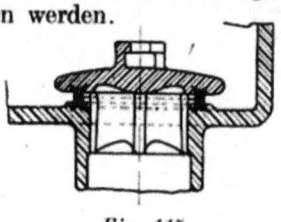

Fig. 117.   *Fig. 118.*

Eine vielfach angewendete Entlastungsvorrichtung zeigt Fig. 118. Infolge der an der Kegelführung auftretenden Undichtigkeit tritt der im Raum a stehende Frischdampf in den Innenraum des Ventilkegels und preßt diesen auf seinen Sitz. Beim Öffnen des Ventiles hebt sich nun zunächst das im Innern des großen Ventiles eingebaute Entlastungsventil. Der Dampf des Innenraumes entweicht unter den Hauptkegel und man kann das nunmehr fast ganz entlastete Hauptventil leicht öffnen. Diese Anordnung hat auch noch den besonderen Vorteil, daß ein zwangsweises langsames Anwärmen erzielt wird, was bei hohen Spannungen und Temperaturen sehr erwünscht ist. Den Hub des Entlastungsventiles macht man etwa 3 bis 5 mm. Es ist nicht ratsam, den Ventilkegel des Entlastungsventils mit der Ventilspindel aus einem Stück herzustellen, sondern man verbindet diesen in der gewöhnlichen Weise mit der Ventilspindel.

Eine andere Ausführung eines entlasteten Hauptabsperrventils zeigt Fig. 119. Auf dem Deckel des Hauptventils befindet sich ein kleines Absperrventil, das eine Verbindung zwischen dem Innenraum

und der Unterseite des Ventilkegels herstellt. Das kleine Absperrventil wird durch ein besonderes Gestänge vom Maschinenstand aus
bewegt. Öffnet man dieses Ventil, dann tritt wie bei dem vorerwähnten
Hauptabsperrventil eine fast vollkommene Entlastung ein. An dem
Hauptabsperrventil befindet sich hier noch ein kleines Ventil für
sogenannte Marschfahrt. Das Hauptventil bleibt dann geschlossen.

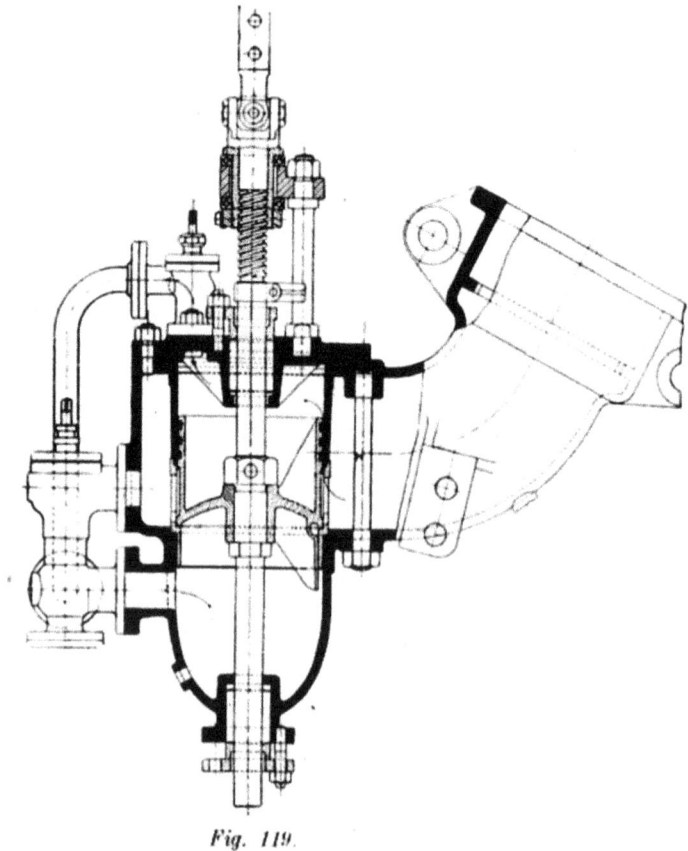

Fig. 119.

Das Dampfzuleitungsrohr wird bei größeren Anlagen mit dem
Hauptabsperrventil durch eine Ausdehnungsstopfbuchse verbunden.

Statt des Entlastungsventils findet man bei großen Maschinen
häufig das Hauptventil als Doppelsitzventil ausgeführt. Der Dampf
steht hier so auf dem Kegel, daß dieser fast vollkommen entlastet ist.
aber doch noch soviel Überdruck erhält, um das Ventil geschlossen
zu halten. Die Bewegung dieser Ventile erfolgt entweder von Hand
oder mittels besonderer Lüftmaschinen.

An Stelle von Ventilen werden als Absperrorgan auch entlastete Rund- oder Flachschieber verwendet, doch sind diese trotz des Vorteils ungehinderten Dampfdurchtrittes nicht empfehlenswert, da sie nach kürzerer oder längerer Betriebszeit undicht werden.

Neuerdings wird an Stelle dieser Hubschieber von der Firma M. Spuhr, Duisburg, ein „Heißdampf-Drehschieber" D. R. P. hergestellt, der sich infolge seiner Bauart besonders für hohe Drücke und Temperaturen eignet.

Die bemerkenswertesten Vorzüge dieses Drehschiebers sind:

1. Gerader Durchgang (keine Richtungsänderung des Dampfweges);
2. sicheres Arbeiten (leichtes allmähliches Öffnen und Schließen);
3. dauerndes Dichthalten (kein Nachschleifen der Dichtflächen erforderlich).

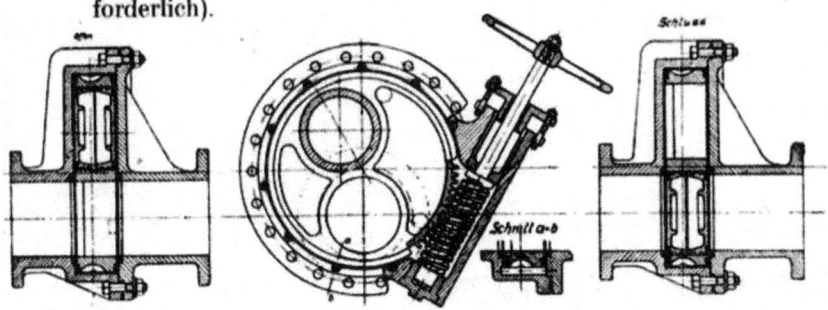

Fig. 120.

In Fig. 120 ist ein Drehschieber dieser Bauart in geöffnetem und geschlossenem Zustand dargestellt

Durch Drehen des Handrades wird durch Schnecke und Schneckenrad der Schieber auf „offen" oder „geschlossen" gebracht. In letzterer Stellung kommt der zweiteilige federgespannte Kolben zur Deckung der Durchflußöffnung. Der hinter dem Kolben ruhende Dampfdruck drückt mittelbar die Dichtflächen gegeneinander.

Der Schieber kann für beide Dampfrichtungen gebraucht werden. Das Gehäuse besteht aus Gußeisen oder Stahlguß, der zweiteilige Kolben mit Ringen aus Metall, die Dichtungsringe aus einer Nickellegierung.

Zylinder - Sicherheitsventil (Fig. 121).

Die Größe dieser Ventile macht man etwa:

$$d = \frac{1}{12} - \frac{1}{14} \text{ des H.-D.-Zylinderdurchmessers,}$$

$$d = \frac{1}{16} - \frac{1}{18} \text{ des M.-D.-Zylinderdurchmessers,}$$

$$d = \frac{1}{18} - \frac{1}{24} \text{ des N.-D.-Zylinderdurchmessers.}$$

Sicherheitsventile sind am Zylinderdeckel und Boden anzubringen, Die Spannung der Feder ist so groß zu machen, daß sich das Ventil öffnet, wenn der Druck das 1,2 bis 1,25 fache des unter normalen Um-

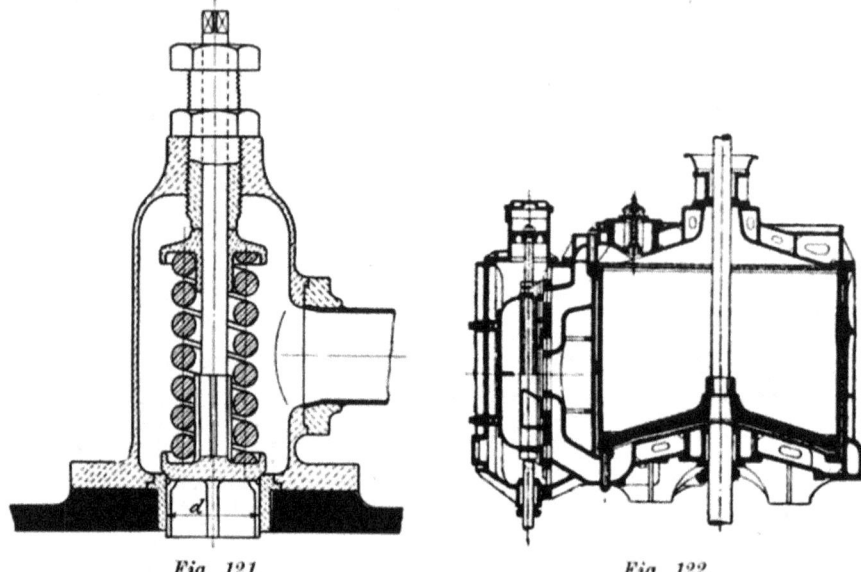

Fig. 121.   Fig. 122.

ständen höchst auftretenden Druckes erreicht. Der Abfluß der Sicherheitsventile ist zweckmäßig mittels Rohr nach der Bilge zu leiten. Material der Sicherheitsventile meist Bronze.

Die Anordnung eines Sicherheitsventiles auf dem Zylinderdeckel einer größeren Maschine zeigt Fig. 122.

Entwässerung der Zylinder und Schieberkasten.

Zylinder und Schieberkasten erhalten auf der Bodenseite an der tiefsten Stelle Entwässerungsventile oder Hähne. Die lichte Weite dieser macht man etwa 0,04 bis 0,02 der des zugehörigen Zylinders. Hierbei gelten die großen Werte für kleine Zylinder, die kleinen Werte für große Zylinder. Wird die lichte Weite der Ventile bzw. Hähne nach vorstehendem größer als 50 mm, dann wendet man zweckmäßig zwei Stück an und verbindet diese durch ein Gestänge, so daß beide gleichzeitig geöffnet und geschlossen werden können. Der Hochdruckzylinder muß auch an dem Deckel mit einem Entwässerungsventil bzw. Hahn versehen werden. Für die Schieberkasten kommen die gleichen Ventile bzw. Hähne zur Verwendung wie für die zugehörigen Zylinder.

Die Entwässerungsrohre werden in die allgemeine Entwässerungsleitung geführt. Diese mündet entweder in den Kondensator oder in den Luftpumpenauswurfkasten. Im ersten Falle ist dann in die Leitung ein Rückschlagventil einzuschalten.

Die Entwässerungsventile bzw. Hähne müssen durch ein Gestänge verbunden werden, das ermöglicht, jeden einzelnen Zylinder vom Maschinistenstand aus bequem entwässern zu können.

Bei kleineren Maschinen führt man oft den Indikatorhahn und Entwässerungshahn aus einem Stück aus.

Material der Entwässerungsarmatur: Bronze, der Rohrleitungen: Kupfer oder Schmiedeeisen.

Indikatoranschlüsse.

Die Weite der Indikatoranschlüsse bestimmt man aus der Gleichung:

$$f = 0,015 L + 2 \text{ qcm};$$

hierin ist L die Länge des Rohres von der Anschlußstelle bis zum Dreiwegehahn. Die lichte Weite des Indikatorhahnes macht man mindestens 16 mm (2 qcm).

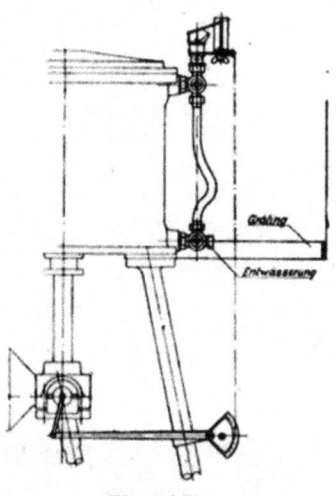

Indikatorhahn und Rohr werden bei kleinen Maschinen aus einem Stück aus Bronze hergestellt. Bei großen Maschinen dagegen führt man die Hähne aus Bronze, die Rohre aus Kupfer aus.

Die Befestigung des Indikatorhahnes erfolgt mit Rücksicht auf die Bedienung während des Betriebes zweckmäßig am oberen Zylinderende. Das Kupferrohr muß etwa in der Mitte einen Kompensationsbogen erhalten. Die Bedienung der Indikatoren erfolgt bei kleinen Maschinen stets von oben aus; bei großen Maschinen, die mit einer Zylindergräting

Fig. 123.

versehen sind, von dieser aus. Beim Indikatorgestänge muß die Hebelübersetzung bzw. die Reduktionsrolle so gewählt werden, daß die Diagrammlänge etwa 100 mm wird. Es ist darauf zu achten, daß die Schnurabführung senkrecht zur Ableitrolle erfolgt, da die Diagramme sonst verzeichnet und unbrauchbar werden. Eine gebräuchliche Anordnung zeigt Fig. 123.

Bei Maschinen mit

Mantelheizung

erhält das Dampfzugangsrohr einen lichten Durchmesser von 15 bis 20 mm; das Dampfabgangsrohr einen solchen von 10 bis 15 mm. Die Zudampfleitung ist mit einem Reduzierventil zu versehen, damit man in der Lage ist, die Spannung des Heizdampfes zu regulieren (auf etwa 2 Atm.). Den Zylindermantel versieht man außerdem mit einem kleinen Sicherheitsventil.

Hilfsschieber und Hilfsventil.

Um ein leichtes Anspringen der Maschine zu erzielen, versieht man, besonders bei großen Maschinen, den Mitteldruck- und Niederdruckzylinder mit einem Hilfsschieber bzw. Ventil, wodurch man in die Lage versetzt ist, den Zylindern auf der Deckel- bzw. Bodenseite Frischdampf zuzuführen. Die Weite des Dampfzuleitungsrohres macht man etwa 0,12 bis 0,15 der des Hauptdampfrohres. Die Hilfsschieber werden als gewöhnliche Flach- oder Rundschieber, die Hilfsventile (nur bei kleinen Maschinen) als nur durch den Dampfdruck geschlossene Ventile ausgeführt. Die Hilfsschieber und -ventile müssen vom Maschinistenstand aus durch Gestänge leicht beweglich sein.

Das Kolbengestänge.

a) Dampfkolben.

Die Dampfkolben der Handelsschiffsmaschinen werden bei kleinen Maschinen ausnahmslos aus Gußeisen, bei großen Ausführungen aus Stahlguß hergestellt. Bei allen schweren Kriegsschiffsmaschinen werden die Kolben ausschließlich aus Stahlguß, bei Torpedobootsmaschinen aus geschmiedetem Stahl ausgeführt.

Fig. 124 zeigt einen gußeisernen Kolben normaler Konstruktion,

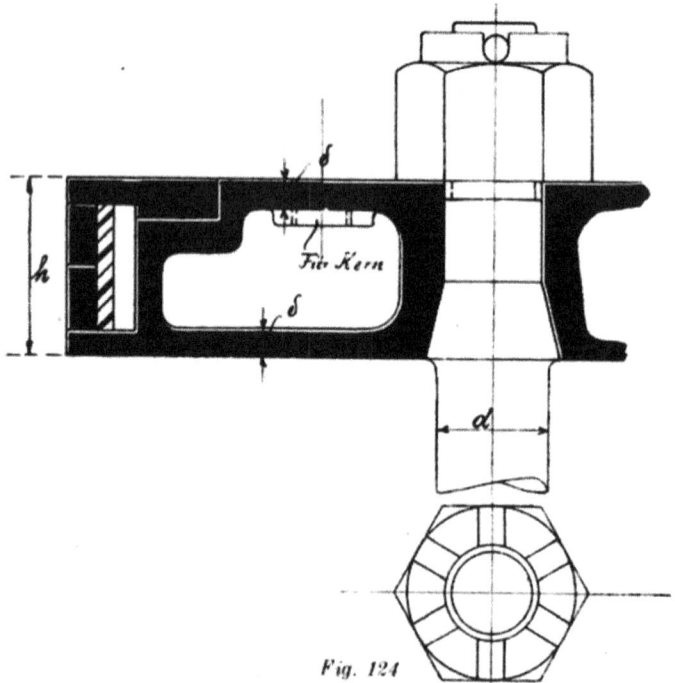

Fig. 124.

wie er bei kleinen Handelsschiffsmaschinen zur Verwendung kommt.
Die Stärke der oberen und unteren Wand sowie der Rippen wählt
man etwa:

$$\delta = \frac{D}{60} + 10 \text{ mm bis } \frac{D}{40} + 10 \text{ mm}.$$

Die Nabenstärke macht man 1,5 bis 1,7 × Kolbenstangendurchmesser,
die Kolbenhöhe h 1,4 bis 1,5 × Kolbenstangendurchmesser. Die gußeisernen Kolben müssen innen mit Rippen versteift werden, deren
Anzahl etwa:

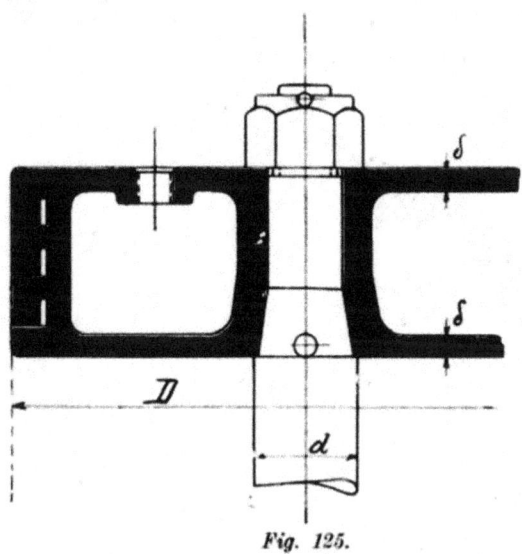

Fig. 125.

$z = 4$ für Kolben von 300— 600 mm Durchmesser,
$z = 6$,, ,, ,, 600—1000 ,, ,,
$z = 8$,, ,, ,, 1000—1500 ,, ,,
$z = 10\text{-}12$,, ,, ,, 1500—2000 ,, ,,

Die Zahl der Rippen bestimmt sich auch aus der Gleichung:

$$a = 30 \text{ bis } 35 \sqrt{\frac{\delta^2}{p}};$$

hierin ist:

$a =$ Teilung der Rippen in cm (gemessen auf $^2/_3$ D);
$\delta =$ Wandstärke der Rippen in cm;
$p =$ Dampfdruck auf den Kolben in kg/qcm.

Der Kolben erhält zwei Kolbenringe mit hinterlegtem Federring.
Die Teilfugen der Kolbenringe sind um 180° gegeneinander zu ver-
setzen. Der Überlauf der Kolbenringe über die Zylinderlauffläche

7*

soll 2 bis 3 mm nicht überschreiten; um ein Zusammendrücken der Ringe durch den Dampfdruck zu vermeiden.

Vielfach wird auch nur ein Kolbenring vorgesehen, mit einem Kolbenringschloß.

Fig. 125 zeigt einen gußeisernen ungeteilten Kolben mit Ramsbottomringen.

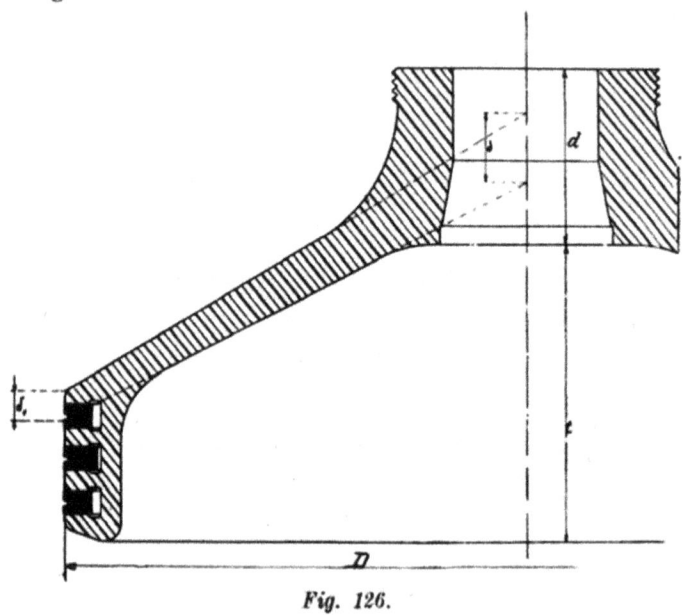

Fig. 126.

S t a h l g u ß k o l b e n. Die Wandstärke δ dieser Kolben (Fig. 126) berechnet sich zu:

$$\delta = 0,016 \, D \sqrt{p} + C.$$

Hierin ist:

$D =$ Durchmesser des Zylinders in cm,
$p =$ Druck auf den Kolben in kg/qcm,
(p für Hochdruckzylinder $=$ Kesseldruck),
(p „ Mitteldruckzylinder $= 0,5 \times$ Kesseldruck),
(p „ Niederdruckzylinder $= 0,2 \times$ Kesseldruck).

Die Konstante C setzt man:

$C = 0,5$ cm für Hochdruckkolben
$C = 1$ „ „ Mitteldruckkolben
$C = 1,2$ „ „ Niederdruckkolben.

Die Stärke δ_1 wählt man etwa $0,5 \, \delta$ für die großen (Mittel- und Niederdruck-) Kolben, $0,7 \, \delta$ für die Hochdruckkolben.

Für geschmiedete Kolben setzt man etwa 75% bis 85% der gefundenen Werte δ und δ_1 von Stahlgußkolben ein. Um Zylinder von

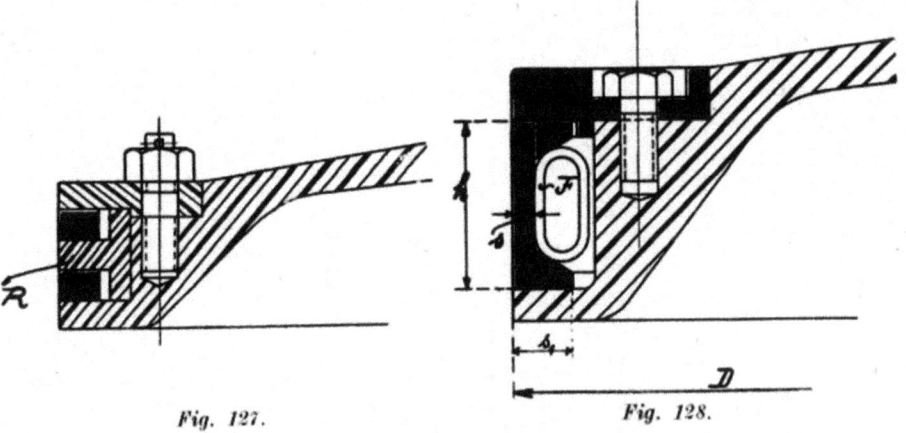

Fig. 127.   *Fig. 128.*

gleicher Höhe zu erhalten, werden die Maße c und d (Fig. 126) bei allen Kolben gleich ausgeführt.

Man wählt zweckmäßig den Neigungswinkel a für den größten Kolben etwa 8 bis 10°.

Kolbendichtung. Die gebräuchlichste Kolbendichtung ist die Ramsbottom-Kolbendichtung (Fig. 125), daneben gelangt für die Niederdruckzylinder die Buckley-Kolbendichtung (Fig. 128) häufig zur Anwendung.

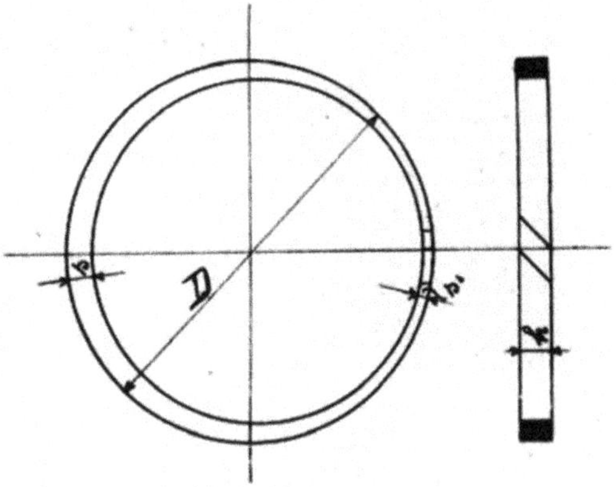

Die Ringe der Ramsbottom-Kolbendichtung werden aus Gußeisen hergestellt; sie müssen leicht federn und werden aus diesem Grunde innen exzentrisch gedreht, an ihrem schwächsten Ende aufgeschnitten und mit geringer Spannung in den Zylinder eingesetzt. Die Stärke s_1 der Ringe an der Schnittstelle wird 3 bis 6 mm schwächer gehalten als s in der Tabelle. Der Schnitt ist zur Verhütung von Riefenbildung in der Zylinderlauffläche schräg auszuführen (Fig. 129).

Fig. 129.

Brauchbare Werte für Ramsbottom-Kolbendichtungen gibt Tabelle Nr. 14.

Tabelle Nr. 14.

Ramsbottom - Kolbendichtung.

Zylinder-Bohrung D	Ring Durchmesser ungespannt D_1	Stärke des Ringes s	Höhe des Ringes h	Zahl der Ringe
300	310	12—14	17—20	2—3
400	415	14—16	18—20	2—3
500	520	16—18	20—25	2—3
600	625	18—20	20—25	3
700	730	20—23	20—25	3
800	830	21—25	20—25	3—4
900	935	22—28	20—25	3—4
1000	1040	23—30	20—25	3—4
1100	1145	24—32	25	3—4
1200	1250	24—34	25	3—4
1300	1350	24—36	25	3—4
1400	1455	24—37	25	3—4
1500	1560	24—38	25	3—4
1600	1665	26—40	25	3—4
1700	1770	26—40	25	3—4
1800	1875	26—41	26	3—4
1900	1980	26—41	26	3—4
2000	2080	26—42	26	3—4

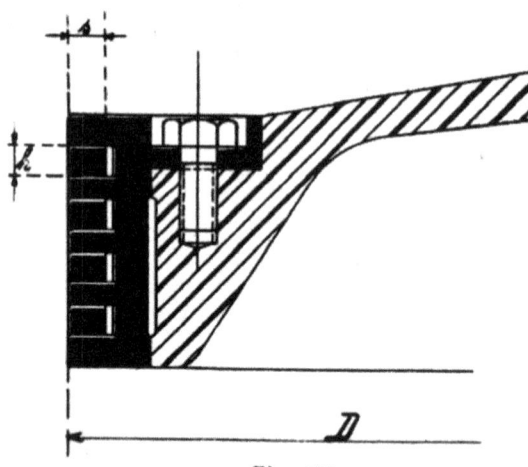

Fig. 130.

Bei großen Kolben werden die Ramsbottom-Ringe in einen aufgesetzten Kranz eingelegt (Fig. 130).

Es ist besonders bei diesen Ringen darauf zu achten, daß der unterste bzw. oberste Kolbenring keinen zu großen Überlauf (etwa $1/3 h$) erhält, um das Herausspringen des Ringes aus dem Kolbenkörper in den Kanal bzw. Zusammendrücken durch den frisch eintretenden hochgespannten Dampf zu verhindern.

Die Ringe der Buckley-Kolbendichtung werden ringsum mit gleicher Stärke ausgeführt. Durch die eingesetzte Spiralfeder F wird der aus zwei Teilen bestehende und schräg aufgeschnittene Kolbenring nicht nur nach außen an die Zylinderwandung, sondern auch infolge seiner keilförmigen Ausbildung an Kolbendeckel und Boden angepreßt.

Tabelle Nr. 15.

Buckley-Kolbendichtung.

Zylinder-Bohrung D	Ringhöhe h	Ringdicke s	Untere Ringdicke s_1
530— 570	48	16	24
570— 620	52	16	25,5
620— 700	55	18	27
700— 780	57	18	29
780— 850	60	18	30,5
850— 920	63	18	32
920—1000	67	18	33,5
1000—1100	70	20	35
1100—1200	73	20	37
1200—1300	76	20	38
1300—1400	79	20	40
1400—1500	83	20	41
1500—1700	86	20	43
1700—1900	89	22	45
1900—2100	92	22	46
2100—2300	95	22	48
2300—2500	98	22	50
2500 u. mehr	102	22	51

Bei kleineren Kolben (unter 150 mm Zylinderdurchmesser) lassen sich die Ramsbottom-Ringe nicht mehr ohne Gefahr für den Ring über den Kolben streifen, man wendet dann zweckmäßig die in Fig.127 gezeigte Konstruktion an. Der Ring R ist nicht aufgeschnitten, während die andern beiden Ringe wie vorher beschrieben ausgeführt werden. Der Durchmesser des Kolbenkörpers, des Deckels und der Zwischenringe wird 2 bis 3 mm kleiner ausgeführt als die Zylinderbohrung.

Die Deckel der Kolben in Fig. 127 und Fig.128 müssen gegen Durchbiegen genügend stark bemessen sein. Die Kolbendeckelschrauben müssen unter allen Umständen gegen selbsttätiges Lösen gesichert werden. Als Sicherungen kommen häufig federnde Unterlegscheiben zur Anwendung, oder durch die durchbohrten Muttern wird ein an den Enden umge-

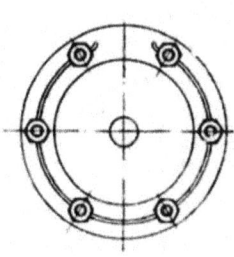

Fig. 130.

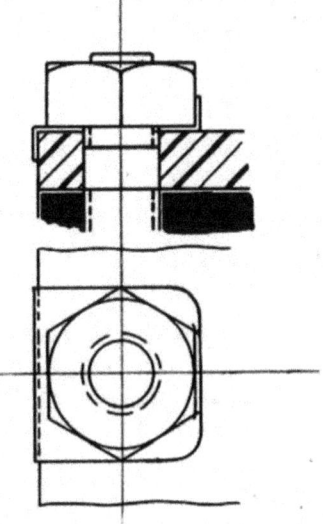

Fig. 131.

bogener Drahtring gezogen, dieser verhindert sowohl das Lösen der Stifte als auch der Muttern (Fig. 130). Eine gut bewährte Schraubensicherung ist in Fig. 131 gezeichnet. Diese Sicherung besteht aus einer unter den Schraubenkopf gelegten Kupferscheibe, die einerseits ihren Halt durch das nach unten gebogene Ende am Kolbenring findet, während das andere Ende so nach oben gebogen wird, daß es fest an die flache Seite des Kopfes zu liegen kommt und eine Drehung verhindert. Die Stärke der Kupferscheibe beträgt 1 bis $1\frac{1}{2}$ mm. .

In Fig. 133 ist eine ebenfalls vielfach angewandte Schraubensicherung dargestellt. Zwischen je zwei Schrauben wird ein 6 bis 8 mm starkes Sicherungsblech befestigt, das mit Einschnitten versehen ist, um die Muttern um $\frac{1}{12}$ drehen zu können.

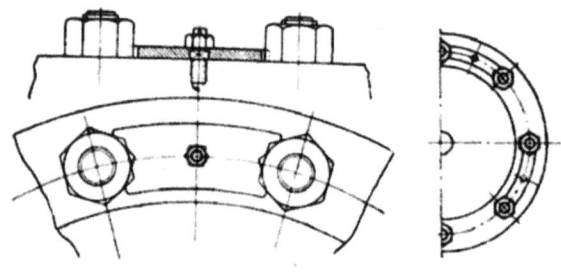

Fig. 133.

Die Stärke d der Kolbendeckelschrauben wählt man etwa:

$\frac{5}{8}''$—$\frac{7}{8}''$ für Durchmesser bis 400 mm,

$\frac{7}{8}''$—$1''$ „ „ von 400—600 mm,

$1''$—$1\frac{1}{8}''$ „ „ „ 600—1000 „ ,

$1\frac{1}{8}''$—$1\frac{1}{4}''$ „ „ „ 1000—1500 „ ,

$1\frac{1}{4}''$—$1\frac{3}{4}''$ „ „ „ 1500 mm und darüber.

Die Schraubenteilung betrage:

5—7 d für Hochdruckkolben,

6—8 d „ Mitteldruckkolben,

8—10 d „ Niederdruckkolben.

b) Kolbenstange.

Die Beanspruchung des Gewindekerns wählt man gewöhnlich:

$k_z = 300$—600 kg/qcm für Handelsschiffe,

$k_z = 500$—750 kg/qcm „ Linienschiffe und große Kreuzer,

$k_z = 750$—1000 kg/qcm „ kleine Kreuzer und Torpedobootsmaschinen.

Als Material für die Kolbenstangen kommt bei Handelsschiffen ausschließlich Siemens-Martin-Stahl von etwa 50 bis 60 kg Festigkeit zur Verwendung. Der Kolben, und bei schweren Maschinen auch der

Kreuzkopf, werden mittels Konus und Mutter mit der Kolbenstange verbunden. Diese Ausführung, Fig. 134, ist in der Herstellung einfacher und billiger, als die mit an der Stange angeschmiedetem Kreuzkopf. Um den Kolben bzw. Kreuzkopf leicht lösen zu können, macht man die Konusse etwa 1 : 3 bis 1 : 5 (auf den Durchmesser bezogen).

Die Stärke der Kolbenstange ist aus der Gleichung:

$$P_k = \pi^2 \cdot \frac{E \cdot J}{l^2 \cdot S}$$

zu ermitteln. Hierin ist:

P_k = maximale Kolbenkraft in kg,

E = Elastizitätsmodul,

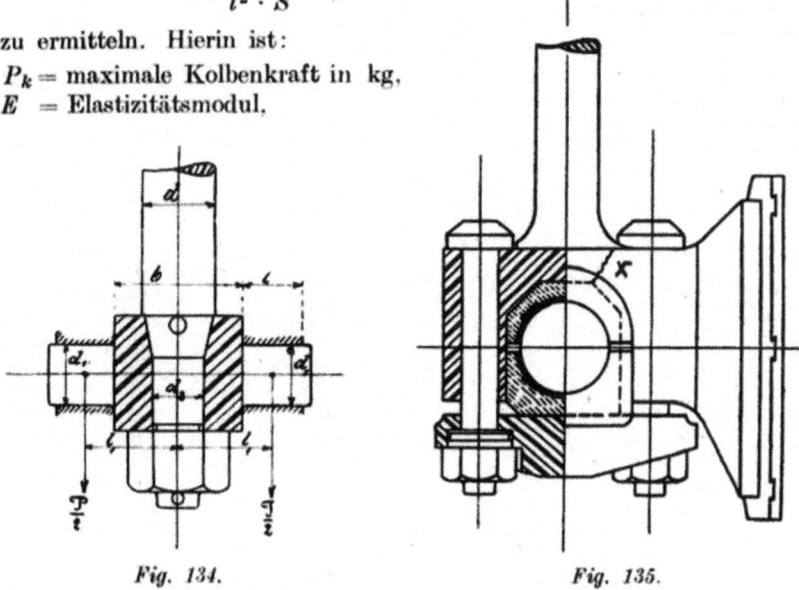

Fig. 134.　　　　　Fig. 135.

J = kleinstes äquatoriales Trägheitsmoment in cm⁴,

l = freie Knicklänge, gemessen von Unterkante Kolben bis Mitte Kreuzkopf, in cm,

S = Sicherheit,

　 = 30 bis 40 bei Handelsschiffsmaschinen,

　 = 25 bis 35 bei schweren Kriegsschiffsmaschinen,

　 = 15 bis 25 bei Kreuzer- und Torpedobootsmaschinen.

Gewöhnlich macht man den Schaftquerschnitt = 2 × Gewindekernquerschnitt. Eine Nachrechnung auf Knicken ist dann nicht erforderlich. Es ist darauf zu achten, daß man die etwa riefig gelaufenen Kolbenstangen nachdrehen kann (entsprechende Materialzugabe), ohne die Betriebssicherheit zu beeinträchtigen.

Bei Torpedobootsmaschinen und kleineren leichteren Maschinen (bis 250 PS₁) überhaupt, führt man mit Rücksicht auf Gewichtsersparnis die Kolbenstange mit dem Kreuzkopf aus einem Stück aus (Fig. 135).

c) Gleitbahn.

Aus Fig. 136 ergibt sich der Zug bzw. Druck in der Pleuelstange zu

$$P' = \frac{P}{\cos \alpha};$$

und der Druck auf die Gleitbahn

$$N = P \cdot \operatorname{tg} \alpha.$$

Unter der Voraussetzung, daß der Kolben-druck P (kg) während des ganzen Hubes

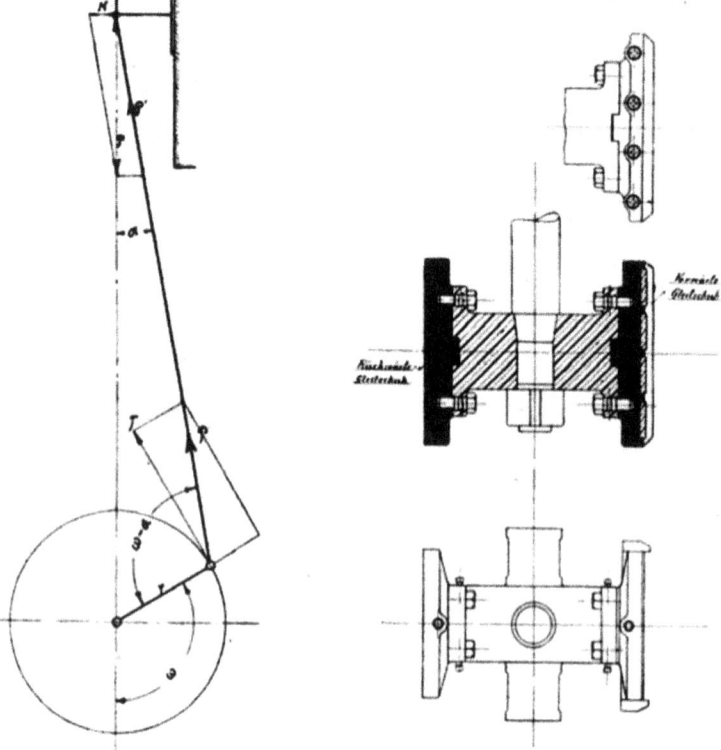

Fig. 136.   Fig. 137.

konstant bleibt, wird der Druck N auf die Gleitbahn ein Maximum, wenn der von Pleuelstange l und Kurbel r eingeschlossene Winkel $\omega - \alpha = 90°$ ist. Es ist:

$$\operatorname{tg} \alpha = \frac{r}{\sqrt{l^2 + r^2}},$$

setzt man nun $\dfrac{r}{l} = \lambda$, so erhält man

$$\operatorname{tg} \alpha = \frac{\lambda}{\sqrt{1 - \lambda^2}}.$$

Da der unter dem Bruchstrich stehende Wert $\sqrt{1-\lambda^2} \sim 1$ ist, so genügt es, wenn man für den Gleitbahndruck die Gleichung verein-facht und für tg $\alpha = \dfrac{r}{l}$ setzt. Es wird dann

$$N = \text{tg } \alpha \cdot P = \frac{r}{l} \cdot P.$$

Den spezifischen Flächendruck auf die Gleitbahn wählt man:

3,5—4,5 kg/qcm für Handelsschiffe,
4,5—5,8 kg/qcm für Schnelldampfer,
5—6 kg/qcm für Linienschiffs- und große Kreuzermaschinen,
6—8,5 kg/qcm für kleine Kreuzer- bzw. Torpedobootsmaschinen.

Die Länge des Gleitschuhes macht man etwa 1,25 bis 1,7 $\times$ der Breite. Die Gleitschuhe führt man aus Gußeisen, Bronze oder Stahlguß aus und versieht die Gleitflächen mit konisch eingepreßten Weißmetall-streifen (Fig. 137). Diese Ausführung hat gegenüber der alten Methode, die ganze Gleitfläche mit einer Weißmetallplatte auszugießen, den Vorteil denkbar leichtester Auswechslung ausgelaufener Gleitschuhe. Gegen Herausschieben dieser Streifen werden an den Seiten des Kreuz-kopfes Deckleisten angebracht.

Die Gleitschuhe müssen nachstellbar eingerichtet sein; dies wird am einfachsten durch Zwischenlagen aus dünnem Messingblech zwischen Kreuzkopfkörper und Gleitschuh bewirkt. Die Gleitschuhe sind zu diesem Zwecke leicht losnehmbar auszuführen; man richtet sie ge-wöhnlich so ein, daß man die aufgeschraubte Gleitfläche nach unten oder seitlich herausziehen kann. Große Handelsschiffsmaschinen er-halten stets zweiseitige Kreuzköpfe, während man bei kleineren leichten Maschinen die in Fig. 135 angedeutete Form bevorzugt.

d) Kreuzkopf.

Bei großen Maschinen setzt man den Kreuzkopf mittels Konus auf die Kolbenstange (Fig. 134). Die Beanspruchung im Gewindekern wählt man wie bei der Kolbenbefestigung. Die Stärke des aufge-setzten Kreuzkopfes im mittleren Querschnitt berechnet sich aus der auftretenden maximalen Biegungsspannung:

$$M_b = \frac{P}{2} \cdot l_1.$$

Das Widerstandsmoment im mittleren Querschnitt berechnet sich zu:

$$W = {}^1/_6 \cdot (b - d_2) \cdot h^2;$$

die Beanspruchung schwankt zwischen 500 und 750 kg/qcm.

Bei angeschmiedetem Kreuzkopf ist dieser an der Stelle x (Fig. 135) so kräftig zu machen, daß durch die auftretenden Kolbenkräfte keine Durchbiegung auftreten kann.

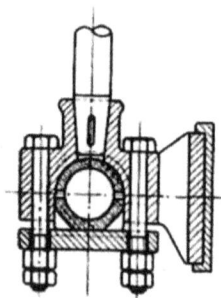

Vielfach findet man bei kleineren Maschinen (bis zu etwa 250 PS$_i$) die Ausführung des Kreuzkopfes gemäß Fig. 138. Die konisch eingesetzte Kolbenstange wird durch einen Querkeil mit Kreuzkopf verbunden. Der Hals des Kreuzkopfes muß besonders kräftig ausgeführt werden, um ein Sprengen oder Aufreißen zu verhindern. Scherbeanspruchung des Querkeiles etwa 800 bis 1000 kg/qcm. Anzugsneigung des Keiles etwa 1 : 60 bis 1 : 80.

Fig. 138.

e) Kreuzkopfzapfen.

Den spezifischen Flächendruck im Kreuzkopfzapfenlager macht man gewöhnlich:

$p = 50$—70 kg/qcm für Handelsschiffe,

$p = 70$—90 „ „ Schnelldampfer- und Linienschiffsmaschinen,

$p = 90$—120 „ „ kleine Kreuzermaschinen,

$p = 120$—150 „ „ Torpedobootsmaschinen.

Man macht gewöhnlich die Zapfenlänge l gleich dem Zapfendurchmesser d_1. Zur Kontrolle rechnet man den Zapfen noch auf Biegung nach. Maximales Biegungsmoment

$$M_b = \frac{P}{2} \cdot \frac{l}{2};$$

Widerstandsmoment für volle Zapfen:

$$W = \frac{\pi}{32} \cdot d_1^3 = cm^3;$$

für hohle Zapfen:

$$W = \frac{\pi}{32} \cdot \frac{(d_1^4 - d_2^4)}{d_1} = cm^3.$$

(d_2 = Bohrung). Beanspruchung etwa 500 bis 750 kg/qcm. Bei Kolbenstangen mit angeschmiedetem Kreuzkopf wird der Kreuzkopfzapfen als glatter in der Mitte verstärkter (etwa 5 mm im Durchmesser) Bolzen hergestellt. Bei kleineren Maschinen wird der Kreuzkopfzapfen häufig nur warm in die Pleuelstangengabel eingezogen.

Die Länge l macht man hier etwa 1,5 d_1. Das maximale Biegungsmoment beträgt hierbei:

$$M_b = \frac{P \cdot l}{8}.$$

Die Kreuzkopfzapfen erhalten an den Seiten Abflachungen, damit sich das eingeführte Schmiermaterial besser hält.

Die Lagerschalen für diese Kreuzkopfform macht man aus Bronze oder Stahlguß und füttert diese mit Weißmetall aus. Zuweilen findet man auch geschmiedete mit Weißmetall ausgegossene Lagerschalen. Die Stärke der Lagerschalen aus Bronze oder Stahlguß macht man etwa $^1/_5$ dis $^1/_7$ des Zapfendurchmessers d_1.

Stärke des Weißmetalls:

bis 80 mm Durchmesser 5—6 mm
80—150 ,, ,, 6—9 ,,
150—200 ,, ,, 9—14 ,,
200—250 ,, ,, 15—20 ,,

Die Lagerdeckel und Schrauben sind so zu bemessen, daß sie den vollen auftretenden Kolbendruck (Kesseldruck) aufnehmen können.

Das für den Deckel in Rechnung zu setzende Biegungsmoment beträgt (Fig. 139):

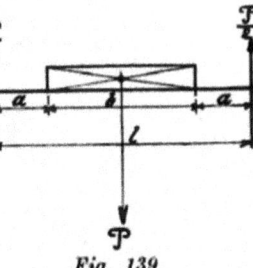

$$M_b = \frac{P}{2} \cdot \left(\frac{l}{2} \cdot \frac{b}{4} \right).$$

Widerstandsmoment $= ^1/_6 \, b \cdot h^2$.

Die Biegungsbeanspruchung wählt man etwa 400 bis 600 kg/qcm.

Beanspruchung der Schraubenbolzen im Gewindekern für die maximale Belastung:

Fig. 139.

$k_z = 350$—500 kg/qcm für Handelsschiffsmaschinen,
$k_z = 500$—600 ,, ,, schwere Kriegsschiffsmaschinen,
$k_z = 600$—800 ,, ,, Torpedobootsmaschinen.

Die Muttern erhalten entweder Pennsche Sicherung oder werden (bei kleinen Maschinen) als Doppelmuttern ausgeführt.

f) Pleuelstangen.

Um den Druck auf die Gleitbahn möglichst gering zu erhalten, macht man die Pleuelstange so lang, wie es die räumlichen Verhältnisse zulassen. Allgemein findet man die Länge l vier- bis fünfmal Kurbelradius r. Den Schaftdurchmesser macht man unterhalb der Gabel gleich dem Kolbenstangendurchmesser, am unteren Ende etwa 1,2 bis 1,4 mal so groß.

In Fig. 140 ist eine für Handels- und schwere Kriegsschiffsmaschinen, in Fig. 141 eine für Torpedobootsmaschinen gebräuchliche Pleuelstange dargestellt; bei letzteren wird die sogenannte amerikanische Gabelform bevorzugt.

Die Gabel (Fig. 142) wird auf Zug oder Druck und Biegung beansprucht. Die größte in irgendeinem Querschnitt x auftretende Beanspruchung beträgt:

$$k = \frac{P}{2} \cdot \frac{1}{h \cdot b} + \frac{\dfrac{P}{2} \cdot a}{\dfrac{h^2 \cdot b}{6}} = \frac{P}{2 \cdot h \cdot b} \cdot \left(1 + \frac{6 \cdot a}{h} \right).$$

In dieser Gleichung ist der erste Summand die durch die Belastung $\frac{P}{2}$

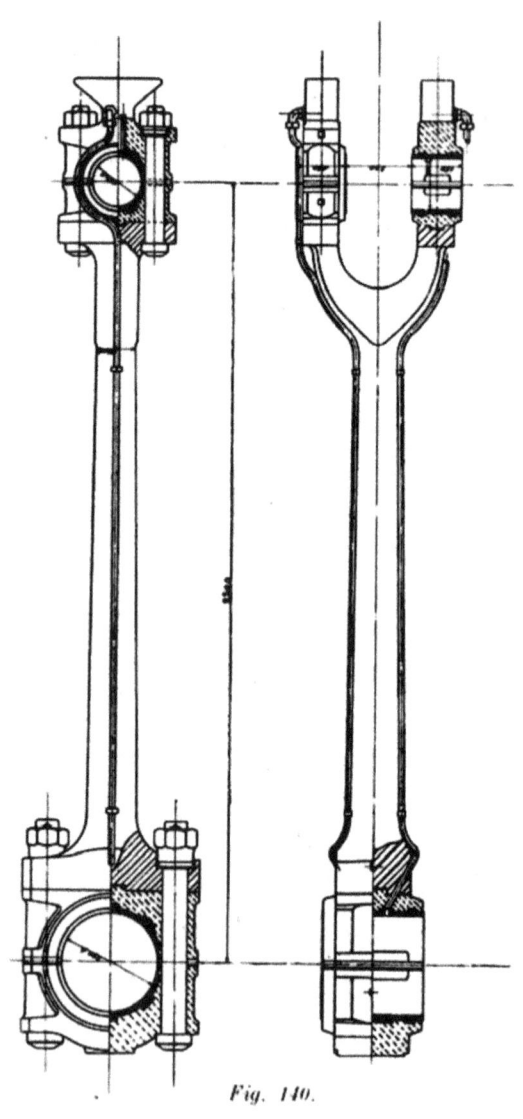

Fig. 140.

hervorgerufene Zug- bzw. Druckspannung, der zweite Summand die durch das biegende Moment $\frac{P}{2} \cdot a$ in der äußersten gespannten Faser hervorgerufene Zug- bzw. Druckspannung. Im Querschnitt y zerlegt sich die Kolbenkraft $\frac{P}{2}$ in zwei Komponenten, von denen die Komponente $\frac{P'}{2}$ den Querschnitt y auf Zug oder Druck und Biegung beansprucht. Es wird also die Beanspruchung demzufolge:

$$k_1 = \frac{P'}{2 \cdot h_1 \cdot b} \cdot \left(1 + \frac{6\,a_1}{h_1}\right).$$

Die Beanspruchung k bzw. k_1 schwankt zwischen 400 und 1000 kg/qcm, je nach der Maschinengattung.

Die Breite b macht man etwa $1,1 \cdot d$.

Bei der in Fig. 141 gezeichneten Pleuelstangengabel ist der Kreuzkopfzapfen warm eingezogen und an einem Ende mit einer kräftigen Schraube ($^3/_4''$) verbohrt. Um den Zapfen bequem einbringen zu können, macht man das eine in der Gabel steckende Ende 2 bis 3 mm im Durchmesser kleiner, das andere ebensoviel größer als den Zapfen an der Laufstelle. Als Material wird für die Pleuelstangen allgemein S.-M.-Stahl verwendet. Bei Torpedobootsmaschinen kommt aus Gewichtsrücksichten auch Nickelstahl zur Verwendung. Man geht in

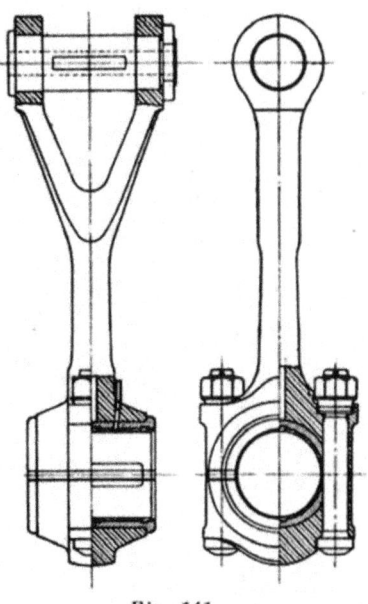

Fig. 141.

diesem Falle mit der kombinierten Beanspruchung bis auf etwa 1200 kg/qcm.

Bei dem Pleuelstangenkopf Fig. 140 muß der Verbindungsflansch die maximale Kolbenkraft aufnehmen. Das maximale Biegungsmoment beträgt:

$$M_b = \frac{P}{2} \cdot l;$$

das Widerstandsmoment ohne Berücksichtigung des Schaftes in der Mitte:

$$W = {}^1/_6\, b\, h^2;$$

die Beanspruchung der Schrauben im Kernquerschnitt nimmt man:

350—500 kg/qcm für Handelsschiffsmaschinen,
500—600 „ „ Linienschiffsmaschinen,
600—800 „ „ kleine Kreuzer- und Torpedobootsmaschinen.

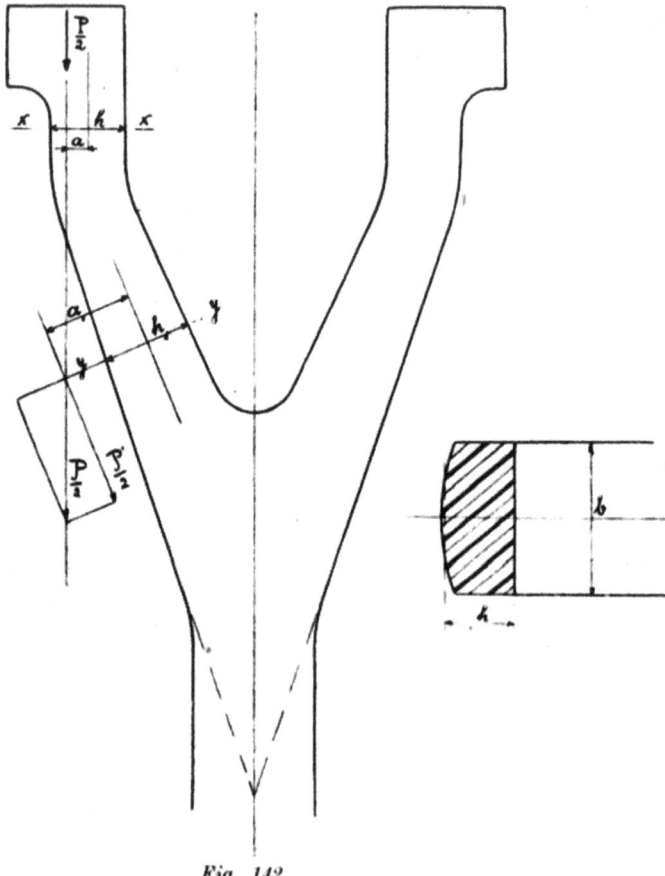

Fig. 142.

Die Muttern werden mit Pennscher Sicherung oder als Doppelmuttern ausgeführt. Material der Schrauben S.-M.-Stahl, der Muttern S.-M.-Flußeisen.

g) Das Kurbelzapfenlager.

Die für diese Lager zulässige Flächenpressung beträgt:

$p = 25$—40 kg/qcm für Handelsschiffsmaschinen,
$p = 40$—50 „ „ Schnelldampfermaschinen und Kriegsschiffsmaschinen,
$p = 50$—60 „ „ kleine Kreuzermaschinen,
$p = 60$—75 „ „ Torpedobootsmaschinen.

Die Kurbelzapfenlager (Pleuelstangenkopf) werden fast allgemein aus Bronze, seltener aus Bronze mit Weißmetalleinlage ausgeführt. Zwischen die beiden Schalen- bzw. Lagerhälften legt man zum bequemeren Nachpassen verschieden starke Messingstreifen (Liners). Bei Ausführung der Kurbelzapfenlager nach Fig. 141 ist eine Sicherung der Schalen gegen Drehen erforderlich (entweder angegossene runde Zapfen, die in den Stangenkörper eingreifen, oder durch die Bolzen, wie in Fig. 141 dargestellt).

h) Die Kurbelwelle.

Das von der Kurbelwelle zu übertragende Drehmoment berechnet sich aus der Gleichung:

$$M_d = \frac{N}{n} \cdot 71620 \ (cm/kg);$$

hierin ist:

N die indizierte Leistung der Maschine in PS_i,
n die minutliche Umdrehungszahl.

Aus der Gleichung:

$$M_d = \frac{\pi}{16} \cdot D^3 \cdot k_d ,$$

worin $\frac{\pi}{16} \cdot D^3$ das Widerstandsmoment gegen Verdrehen in cm^3, k_d die Beanspruchung in kg/qcm bedeutet, findet man den Durchmesser der Kurbelwelle

$$D = \sqrt[3]{\frac{16 \cdot M_d}{\pi \cdot k_d}} \ cm.$$

Für hohle Wellen wird

$$\frac{D^4 - d^4}{D} = \frac{16 \cdot M_d}{\pi \cdot k_d} ;$$

wenn d die Bohrung der Welle in cm. Die Beanspruchung auf Verdrehen setzt man:

$k_d = 250$—350 kg/qcm für Handelsschiffsmaschinen,
$k_d = 350$—400 „ „ Linienschiffsmaschinen,
$k_d = 400$—480 „ „ Kreuzermaschinen,
$k_d = 480$—600 „ „ Torpedobootsmaschinen.

Die Bohrung der hohlen Wellen wählt man so, daß das Verhältnis $\frac{d_1}{d} = 0,4$ — 0,6 wird.

Um ein Anrosten des Welleninnern der hohlen Wellen durch eintretendes Wasser zu vermeiden, werden die Bohrungen an den Enden dicht verschlossen.

Die Dimensionen der Kurbelwellen nach den Vorschriften des Germanischen Lloyd berechnen sich für nicht überhängende Kurbeln zu:

$$d = \sqrt[3]{\frac{P \cdot R \cdot n_1 \cdot D_1^2}{C_1}}$$

$$d = \sqrt[3]{\frac{P \cdot R \cdot n \cdot D^2}{C}}$$

der größere von beiden Werten ist maßgebend.

Hierin ist:

d der Durchmesser der Kurbelwelle in cm,

P der absolute Kesseldruck in Atm. ($=$ Kesseldruck $+$ 1 Atm.).

R der Kurbelradius in cm.

D_1 der Durchmesser des Hochdruckzylinders in cm,

D der Durchmesser des Niederdruckzylinders in cm,

n_1 bzw. n die Anzahl der Hochdruck- bzw. Niederdruckzylinder.

Die Konstanten C_1 und C sind für die einzelnen Maschinengattungen wie folgt zu nehmen:

Verbundmaschinen, 2 Zylinder, 2 Kurbeln unter 90°.

$$C_1 = 115, \text{ wenn } \frac{D^2}{D_1^2} < 3,478$$

$$C = 400, \text{ wenn } \frac{D^2}{D_1^2} > 3,478.$$

Dreifach-Expansionsmaschinen, 3 verschiedene Zylinder, 3 Kurbeln unter 120°. (Die beiden Niederdruckzylinder sind gleich.)

$$C_1 = 96, \text{ wenn } \frac{D^2}{D_1^2} < 6,604$$

$$C = 634, \text{ wenn } \frac{D^2}{D_1^2} > 6,604.$$

Dreifach-Expansionsmaschinen mit 5 Zylindern (2 gleiche Hochdruckzylinder auf 2 gleichen Niederdruckzylindern), 3 Kurbeln unter 120

$$C_1 = 93, \text{ wenn } \frac{D^2}{D_1^2} < 6,796$$

$$C = 632, \text{ wenn } \frac{D^2}{D_1^2} > 6,796.$$

Vierfach-Expansionsmaschinen, 4 verschiedene Zylinder, 4 Kurbeln unter 90°.

$$C_1 = 82, \text{ wenn } \frac{D^2}{D_1^2} < 9,171$$

$$C = 752, \text{ wenn } \frac{D^2}{D_1^2} > 9,171.$$

Die nach diesen Gleichungen ermittelten Wellendurchmesser können bei ausbalancierten Maschinen bis zu 4% reduziert werden. Als Material für die Kurbelwellen kommt bei Handelsschiffen fast ausschließlich S.-M.-Stahl von einer Festigkeit von 40 bis 47 kg/qmm und mindestens 20% Dehnung zur Verwendung. Bei Kriegsschiffen wird auch Tiegelstahl von 45 bis 55 kg/qmm Festigkeit und 20 bis 25% Dehnung, bei Torpedobootsmaschinen und Schnelldampfern Nickelstahl von 55 bis 65 kg/qmm Festigkeit und mindestens 20% Dehnung verwendet.

Die Kurbelwellen werden bei Maschinen für Handelsschiffe gewöhnlich aus mehreren Teilen zusammengebaut. Fig. 143 zeigt eine solche Kurbelwelle. Die Kurbelzapfen und Wellenstücke werden in die Kurbelwangen entweder hydraulisch oder warm eingepreßt und dann verdübelt. Das eingepreßte Wellenstück wird an den Enden stärker gemacht, etwa $d + \dfrac{d}{40}$.

Die Stärke der Kurbelwangen macht man bei gebauten Kurbelwellen etwa: $w = 0{,}6\,d$ bis $0{,}7\,d$; die Wangenhöhe wird gewählt: $H = 1{,}7\,d$ bis $2\,d$.

Gebaute Kurbelwellen werden ausnahmslos bei großen Maschinen ausgeführt (leichtere Herstellung). Bei Kriegsschiffsmaschinen dagegen führt man die Kurbelwellen derart aus, daß man je nach der Größe eine oder zwei Kurbeln (mit Zapfen, Wangen und Wellenstücken) aus einem Stück schmiedet und die einzelnen Kurbelwellenstücke dann zusammenflanscht.

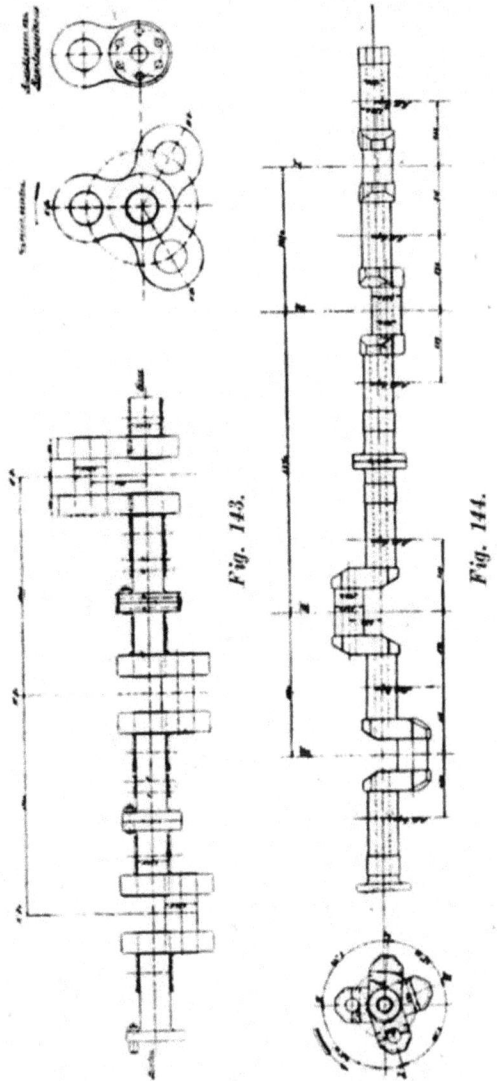

Fig. 143.

Fig. 144.

8*

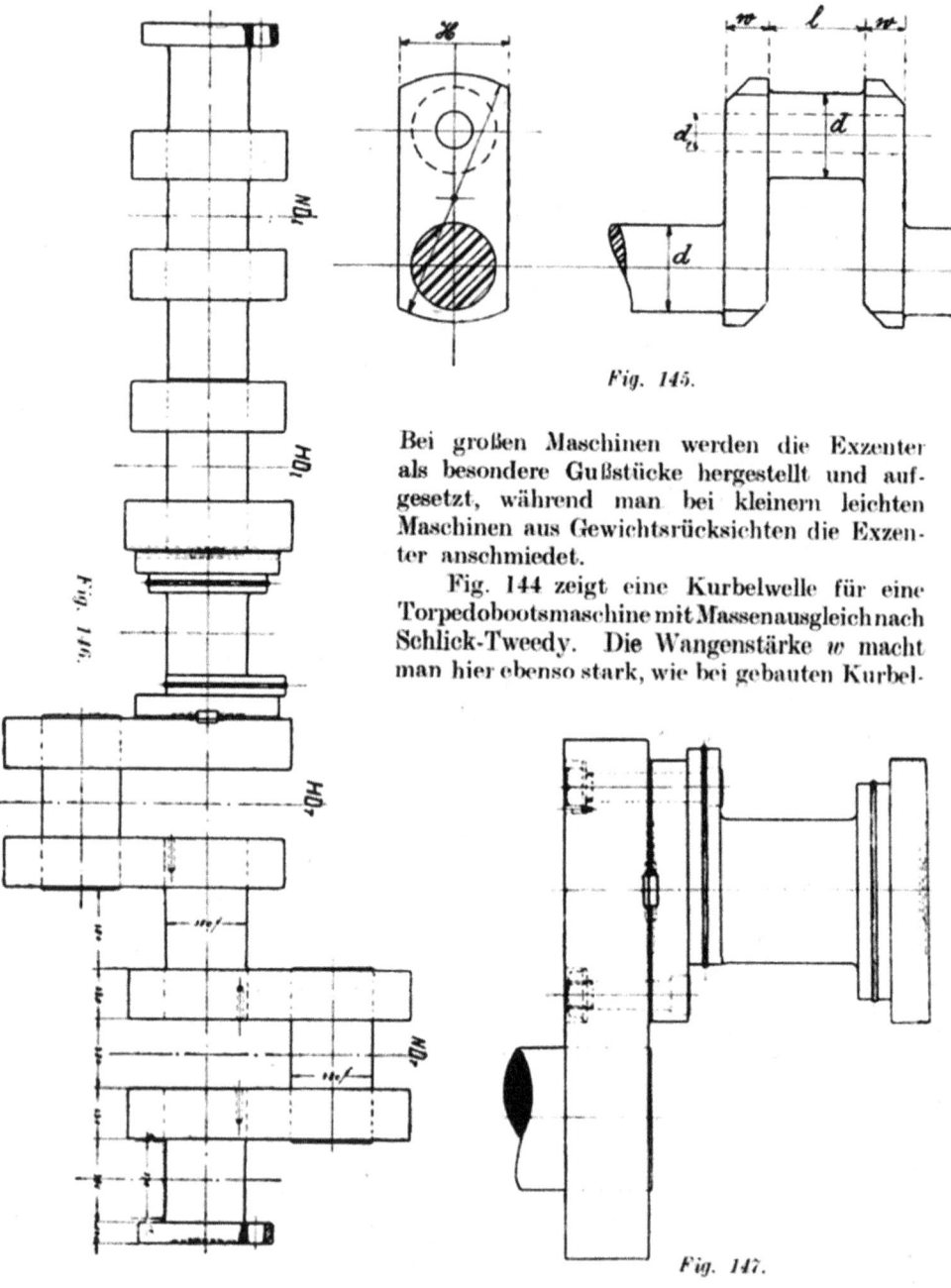

Fig. 145.

Fig. 146.

Fig. 147.

Bei großen Maschinen werden die Exzenter als besondere Gußstücke hergestellt und aufgesetzt, während man bei kleinern leichten Maschinen aus Gewichtsrücksichten die Exzenter anschmiedet.

Fig. 144 zeigt eine Kurbelwelle für eine Torpedobootsmaschine mit Massenausgleich nach Schlick-Tweedy. Die Wangenstärke w macht man hier ebenso stark, wie bei gebauten Kurbelwellen, die Wangenhöhe dagegen etwa $H = d + 2\left(5\ \text{mm} + \dfrac{d}{40}\right)$. Wellen und Zapfen dieser Kurbelwellen werden fast immer hohl ausgeführt. Die Form der Kurbelwangen führt man vielfach nach Fig. 145 aus. Die Kurbelwelle einer vierzylindrigen Heißdampfventilmaschine, Bauart Lenz, zeigt Fig. 146. Die beiden Exzenter sind an einem besonderen zwischengeb:uten Wellenstück angeschmiedet. Die Verbindung dieses mit den Kurbelwangen ist in Fig. 147 dargestellt. Neuartig ist hierbei die Verwendung von durchlaufenden Flanschenkeilen zur Entlastung der Verbindungsbolzen. Die Kurbeln der beiden Maschinenhälften sind hier genau um 90° gegeneinander versetzt, und zwar derart, daß die Nd.- und Hd.-Kurbeln einer Zylinderhälfte sich einander gegenüberstehen.

b) Kurbelzapfen.

Die Stärke der Kurbelzapfen macht man normal gleich dem Wellendurchmesser. Die Länge des Kurbelzapfens ist abhängig von dem zulässigen spezifischen Flächendruck (siehe unter Pleuelstangen). Um nicht zu lange Kurbelzapfen zu erhalten, macht man oft deren Durchmesser größer als den Wellendurchmesser. Es muß aber berücksichtigt werden, daß mit zunehmendem Zapfendurchmesser die Gleitgeschwindigkeit linear wächst. Die Gleitgeschwindigkeit $\left(\dfrac{d\,\pi\,n}{60} = v\right)$ soll erfahrungsgemäß etwa betragen:

$$v \lessgtr 2{,}6\ \text{m/sek. bei Handelsschiffen,}$$
$$v \lessgtr 3{,}2\quad,,\quad\ ,,\ \text{großen Kriegsschiffen,}$$
$$r \lessgtr 4\quad\ ,,\quad\ ,,\ \text{Torpedobootsmaschinen.}$$

Das Produkt:

spezifischer Flächendruck $\times$ Gleitgeschwindigkeit

soll für die einzelnen Maschinengattungen konstant bleiben, gegebenenfalls ist der Flächendruck durch Vergrößerung der Zapfenlänge zu verringern.

Die Verbindung der einzelnen Wellenstücke erfolgt durch Flanschen, deren Stärke man mit etwa 0,25 bis 0,3 des Wellendurchmessers ausführt. Die Verbindungsbolzen sind meist konisch. Die Stärke und Anzahl der Verbindungsbolzen bestimmt sich aus dem maximalen

Drehmoment: $M = 71\,620 \cdot \dfrac{N_i}{n}$ und, wenn man den Halbmesser bis Mitte Bolzen mit r bezeichnet, $P = \dfrac{M}{r}$.

Der auf Abscheren beanspruchte Querschnitt berechnet sich zu:

$F = \dfrac{M}{r} \cdot \dfrac{1}{k_s}$. Die Beanspruchung k_s setzt man etwa:

250—350 kg/qcm für Handelschiffsmaschinen,
350—450 ,, ,, Linienschiffsmaschinen,
450—500 ,, ,, Kreuzermaschinen,
500—600 ,, ,, Torpedobootsmaschinen.

Die Anzahl der Bolzen wählt man mindestens $0,3 \div 0,4\,d$ (d in cm). Den Konus macht man $1:15$ bis $1:25$. Die Löcher

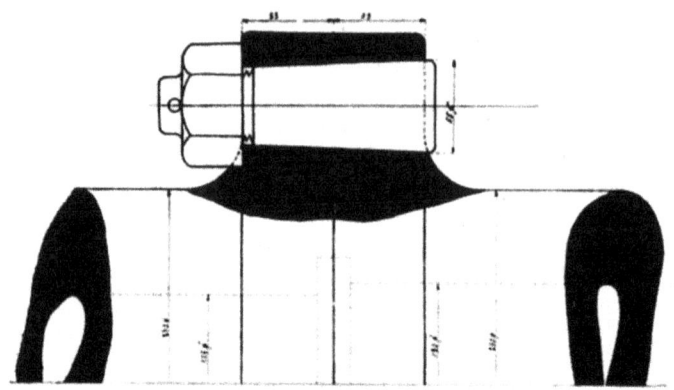

Fig. 148.

in den Kupplungsflanschen müssen sorgfältig aufgerieben werden, um eine sichere Anlage aller Bolzen zu erzielen. Zwischen die zu verbindenden Wellenteile wird häufig eine Zentrierscheibe gelegt (**Fig. 148**), die, nachdem die Wellen fertig zusammengebaut und nachgedreht sind, wieder entfernt wird. Um möglichst kleine Flanschen

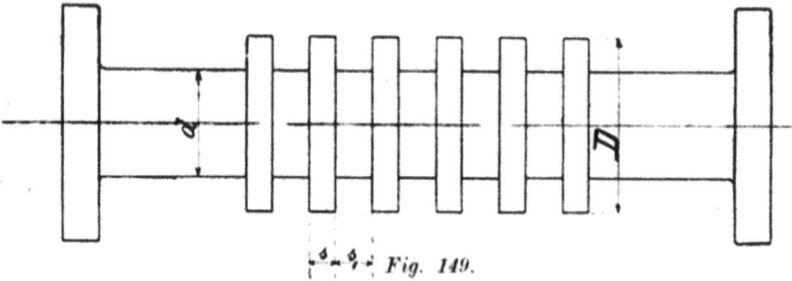

Fig. 149.

zu erhalten, setzt man die Bolzen so dicht als möglich nach innen und versieht sie mit kleineren, dem stark abgesetzten Kerndurchmesser des Gewindes entsprechenden Muttern. Es ist besonders darauf zu achten, daß die Kupplungsbolzen auch ohne besondere Schwierigkeiten sich wieder aus den Flanschen entfernen lassen.

Unmittelbar an die Kurbelwelle schließt sich das Drucklager

an. Der Dimensionierung des Drucklagers legt man den indizierten
Schub zugrunde. Dieser berechnet sich aus der Gleichung:

$$P_i = \frac{N_i}{H} \cdot \frac{60 \cdot 75}{n};$$

hierin ist: P_i der indizierte Schub,
         n die Umdrehungszahl pro Minute,
         N_i die indizierte Maschinenleistung in PS.
         H die Schraubensteigung in m.

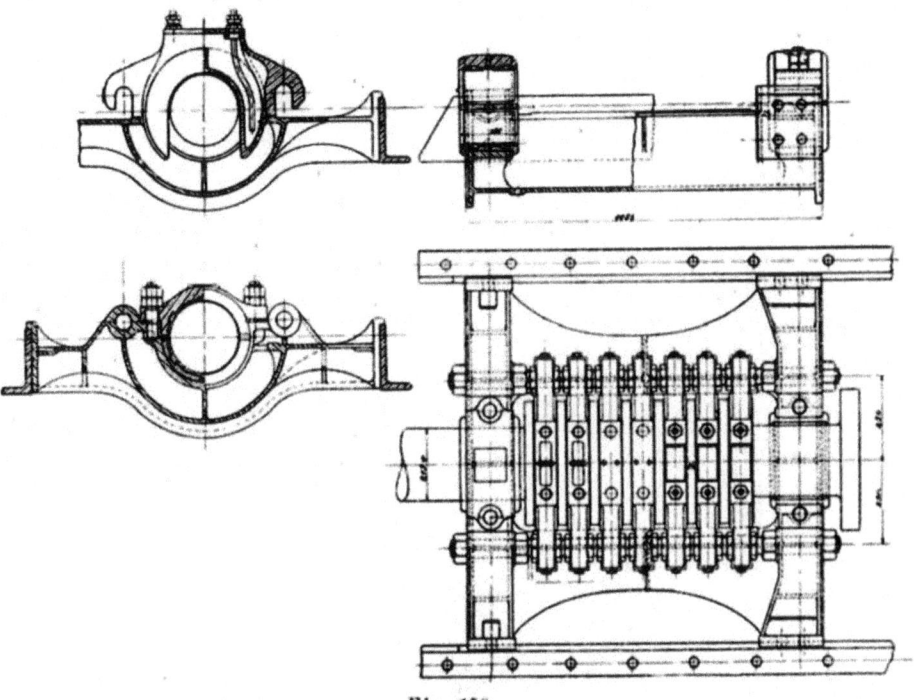

Fig. 150.

Den Durchmesser der Drucklagerwelle macht man zweckmäßig gleich
dem Kurbelwellendurchmesser. Den spezifischen Flächendruck wähle
man:

     $p = 3$—4 kg/qcm für Handelsschiffe,
     $p = 4$—$5,5$,,   ,, Passagierdampfer,
     $p = 5$—6 ,,   ,, schwere Kriegsschiffe,
     $p = 6$—7 ,,   ,, Torpedoboote.

Die Drucklagerbügel für kleine Maschinen bis etwa 150 PS macht
man ganz geschlossen, während sie bei großen Maschinen allgemein
hufeisenförmig ausgeführt werden. Bei letzterer Ausführungsart kann

man jeden einzelnen Druckbügel bei etwaiger Havarie schnell heraus-
nehmen und so das Drucklager vor vollständiger Zerstörung bewahren.

Den Durchmesser der Druckringe (Fig. 149) macht man etwa:
$D = 1{,}6\,d$ bis $1{,}9\,d$. Die Anzahl der Druckringe bestimmt man aus:

$$z = \frac{P_i}{p \cdot f} : f = \left(\frac{\pi}{4} \cdot D^2 - d_1{}^2 \right)$$

für geschlossene Bügel,

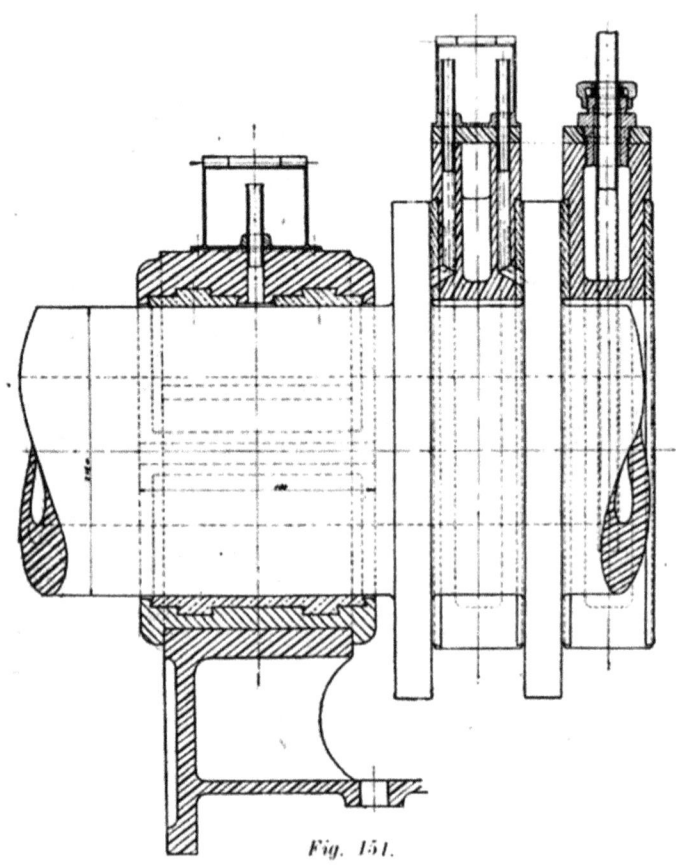

Fig. 151.

und

$$f = \eta \left(\frac{\pi}{4} \cdot D^2 - d_1{}^2 \right)$$

für offene Bügel;

η setzt man etwa 0,65 bis 0,7; es bedeutet:

$F =$ Gesamtdruckfläche in qcm;

$f =$ Druckfläche eines Ringes in qcm

Die Hufeisenringe werden aus Gußeisen oder Stahlguß hergestellt und an beiden Stirnflächen mit Weißmetall garniert. Falls Wasserkühlung vorgesehen wird, werden die Bügel in Hohlguß ausgeführt und unter sich durch Verschraubungen miteinander verbunden derart, daß das Kühlwasser die einzelnen Bügel ganz durchfließen muß. Eine absolut sicher wirkende Schmierung ist vorzusehen (Drucköschmierung).

Die Stärke der Druckringe macht man etwa $s = 0{,}15\,d$ bis $0{,}2\,d$; die der Druckbügel $s_1 = 2\,s$ bis $2{,}5\,s$ für volle Bügel und $s_1 = 2{,}5\,s$ bis $3\,s$ für hohle Bügel (mit Wasserkühlung); die Stärke der Weißmetallauflage etwa:

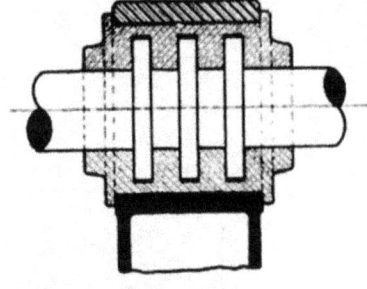

$$\frac{s}{6} + 2\,\text{mm}.$$

Der auf die Druckbügel wirkende Schub wird von zwei seitlichen Druckspindeln durch das Lager auf

Fig. 152.

das Fundament übertragen. Das Drucklager muß sehr solide mit dem Fundament verbunden werden. Die Zugbeanspruchung in den Druckspindeln wählt man 400 bis 600 kg/qcm.

In Fig. 150 und 151 ist ein Drucklager für eine Torpedobootsmaschine dargestellt. Material des Lagerkörpers und der Druckbügel Stahlguß.

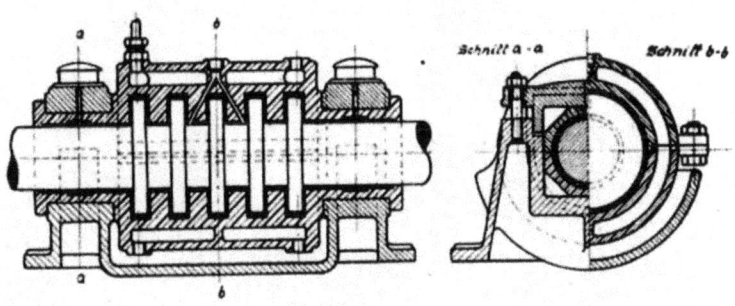

Fig. 153.

Die Ausführung eines gewöhnlichen Drucklagers für kleinere Maschinen zeigt Fig. 152. Der Lagerkörper ist mit der Grundplatte aus einem Stück hergestellt. Die Druckwelle ruht in einer zweiteiligen Lagerschale aus Metall bzw. Stahlguß mit Weißmetalleinlage.

Die Druckringe dürfen an ihrem äußeren Umfang nicht tragen, sondern sollen mindestens 1 mm Luft ringsum haben. Fig. 153 zeigt ein Drucklager

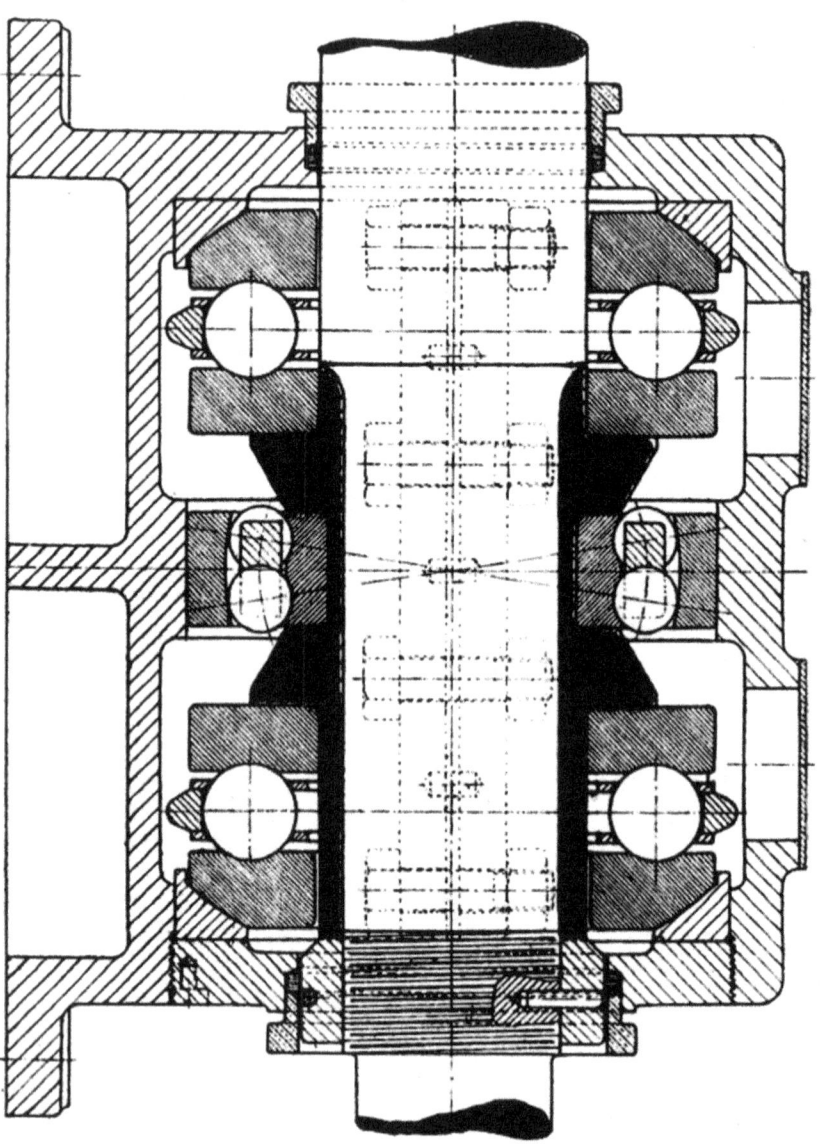

Fig. 151.

mit besonders eingesetztem Drucklagerkörper aus Stahlguß mit Weißmetalleinlage. Dieser ruht in zwei unter sich verbundenen Lagern und ist

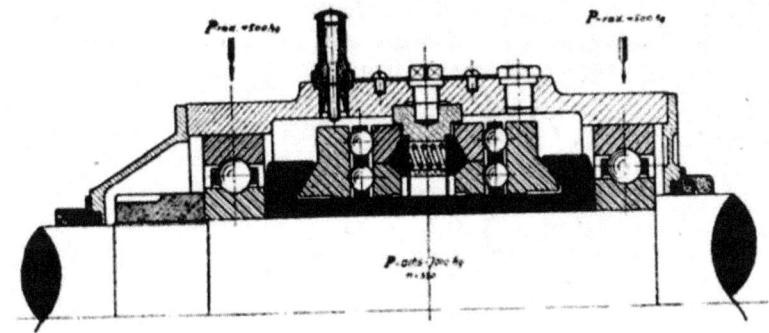

Fig. 155.

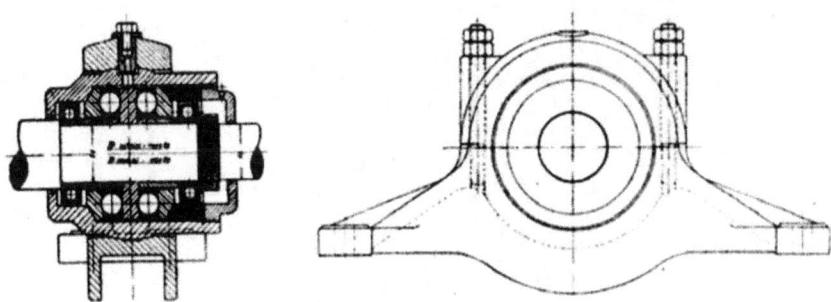

Fig. 156.

für Wasserkühlung eingerichtet. Es ist besonders darauf zu achten, daß kein Wasser
in die Laufflächen gelangen kann und daß
das Traggestell sehr stabil ist.

Neuerdings finden im Schiffsmaschinenbau die Kugellager immer mehr Aufnahme.
In Fig. 154, 155 und 156 sind verschiedene
kombinierte Kugellauf- und Drucklager
dargestellt. Der Einbau solcher Lager erfordert große Sorgfalt, und es ist empfehlenswert, bei beabsichtigter Verwendung Kugel-
lagerfirmen zu Rate zu ziehen.

Zum Schutz gegen Eindringen von
Fremdkörpern und zur Verhinderung des

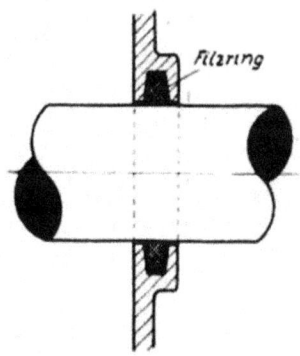

Fig. 157.

Austretens von Öl werden die Kugellagergehäuse an den Enden mit
einer die Welle dicht umschließenden Filzdichtung (Fig. 157) versehen
(Ringtiefe etwa 10 mm, Ringbreite etwa 8 mm). Zur Beobachtung des

Ölstandes und der Öltemperatur muß ein Ölschaurohr und ein Thermometerstutzen vorgesehen werden.

k) Die Grundplatten.

Die Wandstärke δ der Grundplatten macht man, wenn d der Durchmesser der Kurbelwelle in mm ist:

$$\delta = \frac{d}{30} + 15 \text{ mm für Gußeisen,}$$

$$\delta = \frac{d}{50} + 12 \text{ mm für Stahlguß.}$$

Die Flanschenstärke führt man mit Rücksicht auf Bearbeitung bei

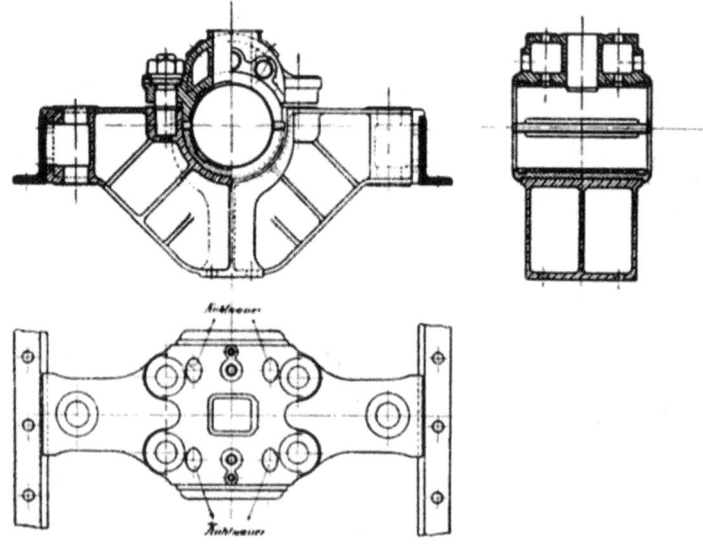

Fig. 158.

gußeisernen Grundplatten mit 1,9 δ bis 2 δ und bei Grundplatten aus Stahlguß 1,5 δ bis 1,6 δ aus. Die Höhe der Grundplatte ist mit von dem Kolbenhub abhängig, vorausgesetzt, daß die Pleuelstange nicht frei nach unten in die Kurbelbilge schlagen soll. Bei Handelsschiffsmaschinen ist es allgemein üblich, den äußersten Punkt des Pleuelstangenkopfes in der tiefsten Stellung mit Unterkante Grundplatte abschneiden zu lassen.

Bei kleineren Maschinen bis etwa 1000 PS$_i$ gießt man die Grundplatte aus einem Stück. Bei größeren Maschinen setzt man die Grundplatte aus mehreren Teilen zusammen und verbindet die Querträger durch kräftige Schrauben mit den Längsträgern. Diese

Längsträger werden bei Handelsschiffsmaschinen aus Gußeisen mit ⊓-förmigem Querschnitt, bei schweren Kriegsschiffmaschinen aus Stahlguß mit ¯⫾- oder ⌐⊓_-förmigem Querschnitt hergestellt. Bei leichten Kreuzer- und Torpedobootsmaschinen führt man die Querträger aus Stahlguß mit ¯⫾-förmigem Querschnitt aus und verbindet diese durch gewalzte Stahlwinkel (Fig. 158).

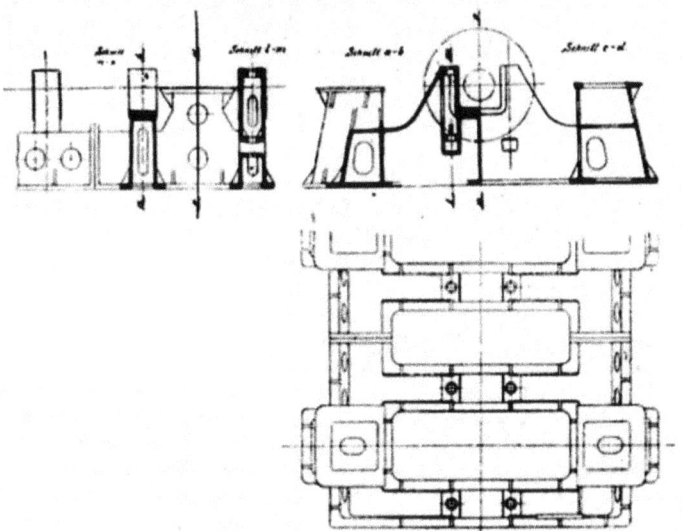

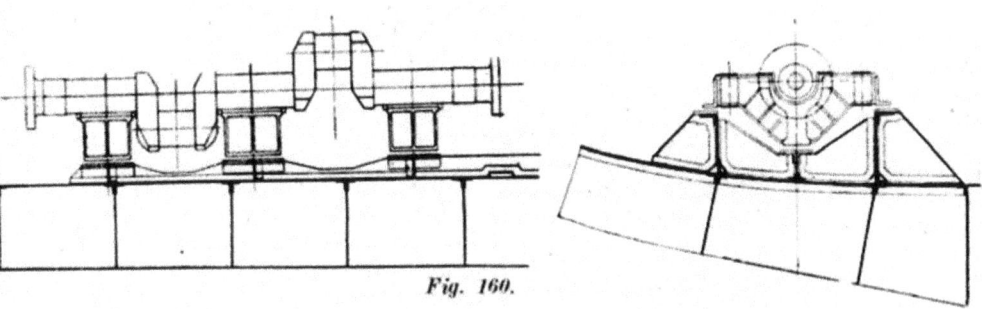

Fig. 159.

Fig. 160.

Die Längsträger müssen mit dem Maschinenfundament gut verbunden werden. Letzteres ist mit Rücksicht auf die in Erscheinung tretenden Massendrücke so stark auszuführen, daß es diese Kräfte mit Sicherheit aufzunehmen vermag. Dies ist ganz besonders bei Torpedobootsmaschinen der Fall, bei denen die Längsträger sehr niedrig und schwach gehalten sind, so daß sie eigentlich nur als Distanzstücke für die Montage gelten können.

Die Fundamentschrauben müssen ebenfalls so stark bemessen
sein, daß sie die nach oben gerichteten Beschleunigungsdrücke aufzunehmen vermögen. Ferner müssen sie die Grundplatte in horizontaler
Richtung so fest halten, daß die durch die rotierenden Massen erzeugten
horizontalen Beschleunigungsdrücke die Grundplatte nicht verschieben
können. Die Stärke der Fundamentschrauben macht man ungefähr:

$3/4''$ bis $7/8''$ für Wellen unter 100 mm Durchmesser

$7/8''$ „ $1''$ .. .. von 100—200 mm Durchmesser

$1''$ .. $1 1/4''$ .. .. .. 200—400 .. .,

$1 1/4''$ .. $1 3/4''$ .. .. .. 400—600 .. „

Die Teilung der Fundamentschrauben wähle man gleich zehnmal
Bolzendurchmesser.

Fig. 159 zeigen die Ausführung einer Grundplatte für eine Handelsschiffsmaschine von etwa 1100 PS$_i$, während in Fig. 160 die Grundplatte und das Fundament für eine Torpedobootsmaschine von etwa
4250 PS$_i$ dargestellt ist.

b) Die Grundlager.

Der für die Grundlager maximal zulässige spezifische Flächendruck soll bei

Gewöhnlichen Frachtdampfern . . $p = 14$—16 kg/qcm

Passagier- und Schnelldampfern . $p = 16$—22 .,

Linienschiffen . . . . $p = 18$—24 ..

Kreuzern . . . . $p = 24$—30 ..

Torpedobooten . . . . $p = 30$—38 ..

nicht überschreiten.

Die Länge der Lager bestimmt sich aus der Gleichung:

$$d \cdot b = \frac{P}{p} ;$$

hierin ist:

d = Durchmesser der Kurbelwelle in cm,

b = Breite des Lagers in cm,

P = maximaler Kolbendruck des Hochdruckzylinders in kg,

p = spezifischer Flächendruck (siehe oben).

Die Lager für die anderen Zylinder werden mit Rücksicht auf
die mitzuführende Reserve alle gleich gemacht.

Man legt die Lager so nahe wie möglich an die Kurbelwangen
und läßt dazwischen nur soviel Luft (bis 5 mm), um ein Anlaufen der
Kurbelwangen bei Abnutzung der Drucklagerringe bzw. bei etwa auf-
tretender Wärmeausdehnung zu vermeiden.

Aus Gründen leichter Demontage führt man häufig das Unterteil
der Lagerschale rund aus. Das Oberteil der Lagerschalen macht
man zweckmäßig eckig; eine besondere Sicherung der Unterschale
gegen Drehen ist dann nicht erforderlich. (Fig. 161.)

Die Lagerschalen für Handelsschiffe werden fast immer aus Gußeisen ausgeführt, man findet aber auch solche aus Stahlguß oder
Bronze und mit Weißmetall ausgegossen. Bei großen Maschinen wird
fast immer Wasserkühlung vorgesehen, wie Fig. 162 zeigt.

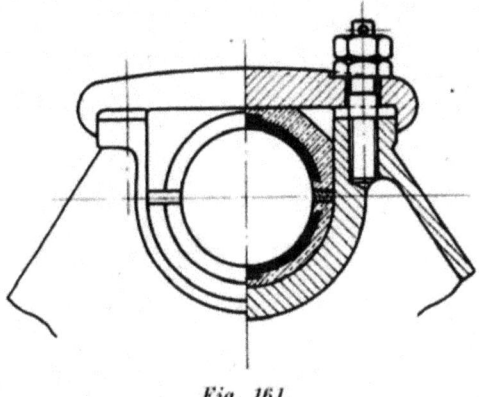

Fig. 161.

Die Lagerschalen für Kriegsschiffsmaschinen werden aus Bronze
oder Stahlguß hergestellt und stets mit Weißmetall ausgegossen. Bei
diesen Maschinen ist ebenfalls eine energische Lagerkühlung vorzu-

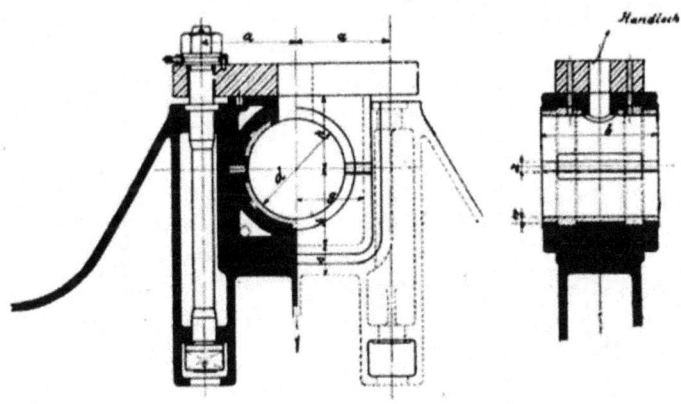

Fig. 162.

sehen. Fig. 158 zeigt die Ausführung eines Lagers für eine Torpedobootsmaschine. Das Lageroberteil und der Deckel sind hier vereinigt,
die untere Lagerschale dagegen besonders eingesetzt.

Die übrigen Lagerabmessungen betragen:

wenn d = Durchmesser des Wellenschaftes in mm ist,

dann wählt man:

$$a = 0,8 \text{ bis } 0,9\, d,$$

$$w = \frac{d}{35} + 5 \text{ mm},$$

$$g = 0,61 \text{ bis } 0,62\, d + w + 5 \text{ mm (für Gußeisen)},$$

$$h = g \text{ bis } 1,05\, g.$$

Die Stärke s wird bei Grundplatten aus Gußeisen etwa 0,2 bis 0,25 d, bei Stahlgußplatten 0,12 bis 0,15 d gemacht. Die Stärke der Zwischenlagen z macht man $\dfrac{d}{15} + 5$ mm.

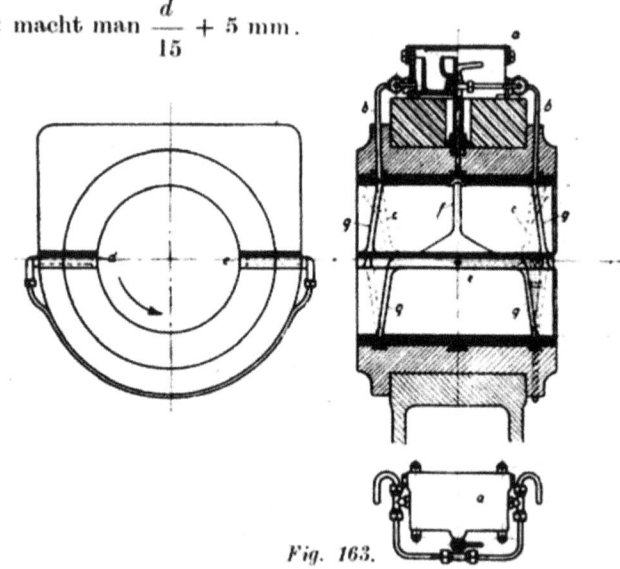

Fig. 163.

Lagerschmierung: Für gute zuverlässige Schmiervorrichtungen der Kurbel-Druck- und Lauflager muß Sorge getragen werden. Kleinere Maschinen erhalten einfache Deckelschmiergefäße mit einem oder mehreren Schmierdochten, oder man sieht am Zylinder Zentralschmiergefäße (mit sichtbaren Tropfen) vor.

Bei großen Maschinen für große Fahrt wird Druckölschmierung vorgesehen. Das Öl wird hierbei durch eine besondere selbständige Pumpe in die Lagerstellen gepreßt. Diese Art Schmierung hat aber den Nachteil großer Ölverluste.

Neuerdings wird die „Kreislaufschmierung, Patent Holtorp" bevorzugt, da diese bei größter Sparsamkeit zugleich größte Betriebssicherheit bietet. Nachstehend sei die Wirkungsweise dieser Schmiervorrichtung näher beschrieben.

Auf dem Lagerdeckel jeder Lagerstelle, Fig. 163, befindet sich ein nicht zu kleiner Schmierkasten „a" zur Aufnahme des Öles. Von diesem führen an den Lagerenden je ein Schmierrohr „b" das Öl durch die im Sinne der Drehrichtung der Welle laufenden Nuten „c" in die Sammeltasche „d", von wo es durch die umlaufende Welle nach der Sammeltasche „e" befördert wird. Von hier wird das Öl durch die Nute „f" und das anschließende Steigrohr wieder nach dem Schmierkasten zurückgeleitet. Solange sich die Welle in Drehung befindet, findet dieser Kreislauf statt. Die Nuten „g" verhindern den Austritt des Öles aus dem Lager. Als Sicherheit gegen einen etwa auftretenden Überdruck durch Stauung des Öles in der Sammeltasche „d" kann ein nach der Tasche „e" führendes Umlaufrohr vorgesehen werden.

Die Schmiergefäße allgemein werden aus glattem Messing- oder

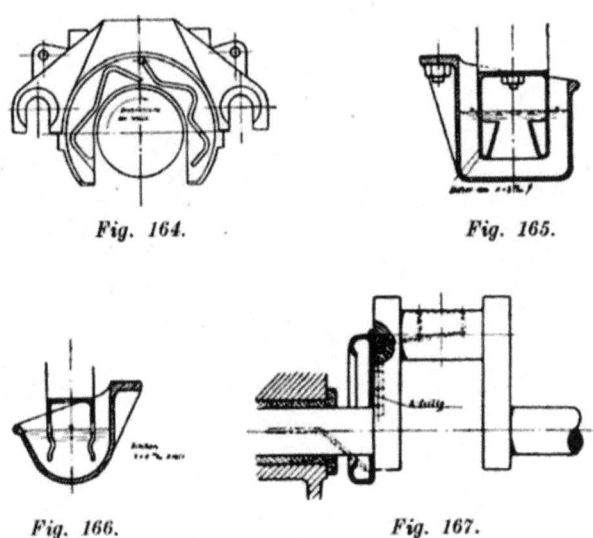

Fig. 164.   *Fig. 165.*

Fig. 166.   *Fig. 167.*

Eisenblech, die Schmierrohre, deren lichter Durchmesser nicht unter 8 mm betragen soll, aus Messing oder Kupfer hergestellt. Abflußhähne sind vorzusehen. Die an rotierenden Maschinenteilen sitzenden Schmiergefäße müssen mit Schleuderblechen ausgerüstet sein.

Die Schmiernutenenden müssen von den Außenkanten des Lagers genügend entfernt bleiben, um ein Auslaufen des Öles zu verhindern, sie sollen tief genug sein, um ein vorzeitiges Verstopfen zu vermeiden.

Die Schmiernuten der Drucklagerbügel werden beiderseitig zweckmäßig nach Fig. 164 ausgeführt. Die Bügel sollen möglichst tief in den Ölkasten eintauchen. (Drehrichtung der Welle beachten.)

Die Schmierung der Kreuzkopfgleitbahn erfolgt durch Ölfänger oder Kamm (Fig. 165 und Fig. 166), die in die unten an die Gleitbahnen angeschraubten Ölkästen eintauchen und das Öl nach oben nehmen.

Im oberen Teil der Gleitbahn sind je nach der Größe dieser zwei oder drei Quernuten vorzusehen.

In alle Schmierölkästen sind feinmaschige Drahtsiebe einzulegen, um Unreinigkeiten von den Laufflächen fernzuhalten.

Die Schmierung des Kurbelzapfens muß ebenfalls absolut sicher wirken. Vielfach erfolgt die Ölzufuhr durch Schmiergefäße, die an der Pleuelstange befestigt sind und das Öl durch Rohre dem Zapfen zubringen. Man findet auch häufig die Anwendung einer Zentrifugalschmiervorrichtung nach Fig. 167, die bei sachgemäßer Ausführung und Wartung sehr zuverlässig arbeitet. Die Steuerorgane werden sinngemäß mit ähnlichen Schmiervorrichtungen ausgerüstet.

m) Lagerdeckel.

Die Lagerdeckel macht man aus Gußeisen, Stahlguß oder S.-M.-Flußeisen. Die Deckel erhalten meist gerade rechteckige Form (Fig. 162); man findet aber auch vielfach die Ausführung (Fig. 161) mit übergreifenden Rändern. Die zulässige Biegungsbeanspruchung für geschmiedete Deckel wählt man etwa:

$k_z = 350—500$ kg/qcm für Handelsschiffsmaschinen,
$k_z = 500—600$,, ,, schwere Kriegsschiffsmaschinen,
$k_z = 600—800$,, ,, Torpedobootsmaschinen.

Gußeisendeckel dürfen nur mit etwa 50%, Stahlgußdeckel mit etwa 80% dieser Werte beansprucht werden.

Das maximale Biegungsmoment beträgt

$$M_b = \frac{P}{2} \cdot \left(\frac{a}{2} \cdot \frac{g}{4} \right);$$

Voraussetzung ist dabei, daß jede Kurbel zwischen zwei Lagern ruht. Ist dies nicht der Fall, d. h. kommen auf zwei Kurbeln nur drei Lager, dann macht man die Deckel etwa 1,35 bis 1,5mal stärker, als der errechnete Wert aus vorstehender Gleichung ergibt.

Die Breite der Lagerdeckel beträgt etwa 0,6 bis 0,9 der Lagerlänge. Um den Lagerdeckel nicht seitlich einpassen zu müssen, läßt man an der Lagerschale oben den Rand weg (siehe Fig. 162). Die Lagerdeckel und Oberschalen der größeren Maschinen erhalten eine Öffnung von etwa 120 × 75 mm, damit man dem Lager konsistentes Fett zuführen und es auf seine Temperatur durch Hineinfühlen prüfen kann. Die Öffnung muß mit einem Deckel verschlossen werden, um Unreinigkeiten vom Lager fernzuhalten. Meist benutzt man das Schmiergefäß zu diesem Zweck und führt die eine Hälfte ohne Boden aus, um zur Welle gelangen zu können.

Lagerschrauben. Die Beanspruchung der Bolzen wählt man:

$k_\tau = 250\text{—}300$ kg/qcm bei Handelsschiffsmaschinen
$k_z = 300\text{—}450$ „ „ Kriegsschiffsmaschinen,
$k_z = 450\text{—}600$ „ „ Torpedobootsmaschinen.

Bei Handelsschiffsmaschinen kommen fast ausschließlich Schraubenbolzen mit Kopf zur Verwendung, während man bei Kriegsschiffsmaschinen nicht selten Stiftschrauben findet. Die Länge des eingeschraubten Gewindestückes betrage etwa 1,25 bis 1,5mal Bolzendurchmesser. Die Muttern der Lagerdeckelschrauben werden häufig oben mit einer Skala versehen, um eine gleichmäßige Einstellung der vorhandenen Muttern eines Lagers zu ermöglichen. Material der Schrauben S.-M.-Stahl weiche Qualität.

n) Maschinenständer.

Die Maschinenständer werden bei Handelsschiffsmaschinen allgemein aus Gußeisen hergestellt. Große Handelsschiffs- und Schnell-

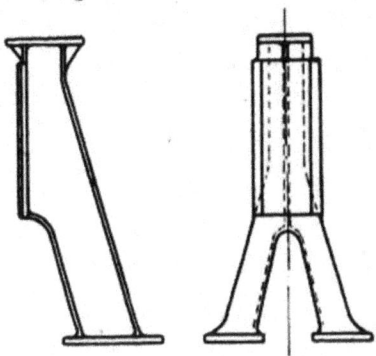

Fig. 168.

dampfermaschinen erhalten für jeden Zylinder zwei einander gegenüberstehende Maschinenständer. Kleinere Handelsschiffsmaschinen und alle großen Kriegsschiffsmaschinen erhalten für jeden Zylinder hinten einen Ständer und vorn zwei Säulen aus Stahl. Bei kleineren Handelsschiffsmaschinen werden die Ständer einer Seite mit dem Kondensator aus einem Stück hergestellt, während man bei großen Maschinen allgemein den Kondensator unabhängig von der Maschine ausführt. Bei diesen Maschinen verwendet man für die Ständer aus Gründen der Gewichtsersparnis ausschließlich Stahlguß.

Die Wandstärke der gußeisernen Ständer macht man (bezogen auf den Wellendurchmesser d in mm).

$$\delta = \frac{d}{30} + 15 \text{ mm}.$$

Die Flanschenstärke $\delta_1 = 2\delta$ bis $2,2\delta$ und die Stärke der Gleitbahn $\delta_2 = 1,5\delta$ bis $1,7\delta$.

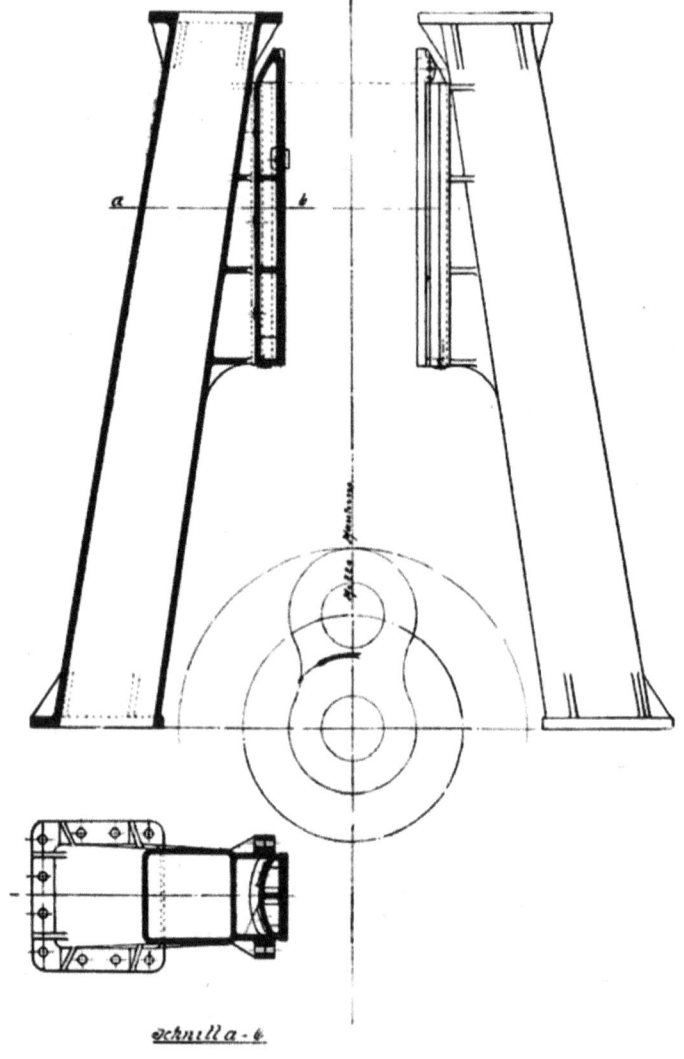

schnitt a-b

Fig. 169.

Die Wandstärke der Stahlgußständer macht man etwa:

$$\delta = \frac{d}{40} + 12\,\text{mm} \quad \text{bis} \quad \frac{d}{35} + 12\,\text{mm}.$$

Die Gleitbahnen hierfür werden meistens als besonderes Stück ausgeführt und aufgeschraubt. Um die Grundplatten in der Querrichtung zur Wellenachse nicht zu sperrig zu erhalten, führt man die Ständer Y-förmig aus (Fig. 168) und läßt die Kurbel zwischen den Beinen des Ständers frei hindurchschlagen. Die Maschinenständer werden nicht selten durch Anker gegenseitig abgestützt. Fig. 169 zeigt die Ausführung eines Ständerpaares für ein großes Handelsschiff. Die Gleitbahnen sind für Wasserkühlung eingerichtet.

Die Verbindung der Ständer mit der Grundplatte und dem Zylinder erfolgt durch Paßschrauben, deren Beanspruchungen im Ge-

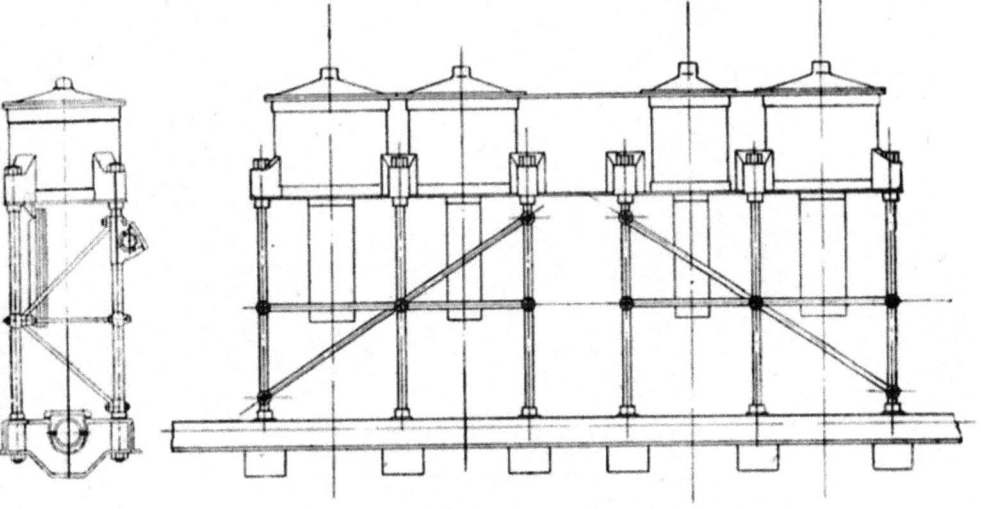

Fig. 170.

windekern auf Zug bei Handelsschiffsmaschinen 250 bis 300 kg/qcm. bei Kriegsschiffsmaschinen 300 bis 400 kg/qcm betragen können.

Die Ständer einer Schiffsmaschine werden durch folgende Kräfte beansprucht:

1. Gewicht der Zylinder;
.2. Zug oder Druck durch die Maximalbelastung auf die Kolben;
3. Druck auf die Gleitbahn;
4. Lagerdruck der Umsteuerwelle;
5. die beim Überholen des Schiffes auftretenden Kräfte (Kippen).

Die Ermittlung dieser einzelnen Kräfte würde hier jedoch zu weit führen. Man hat gefunden, daß nachstehende Werte für Zugbeanspruchungen, hervorgerufen durch die maximale Kolbenkraft des Hochdruckzylinders, noch reichliche Sicherheit bieten. Diese Beanspruchung wählt man für den geringsten Querschnitt:

$k_z =$ 25— 50 kg/qcm für Gußeisenständer,

$k_z =$ 100—130 ,, ,, Stahlgußständer.

Bei Maschinen für kleine Kreuzer, Torpedojäger und Torpedoboote stellt man die Zylinder nur auf Säulen aus Stahl. Die Säulen müssen untereinander gut verstrebt sein, um den Maschinen genügende

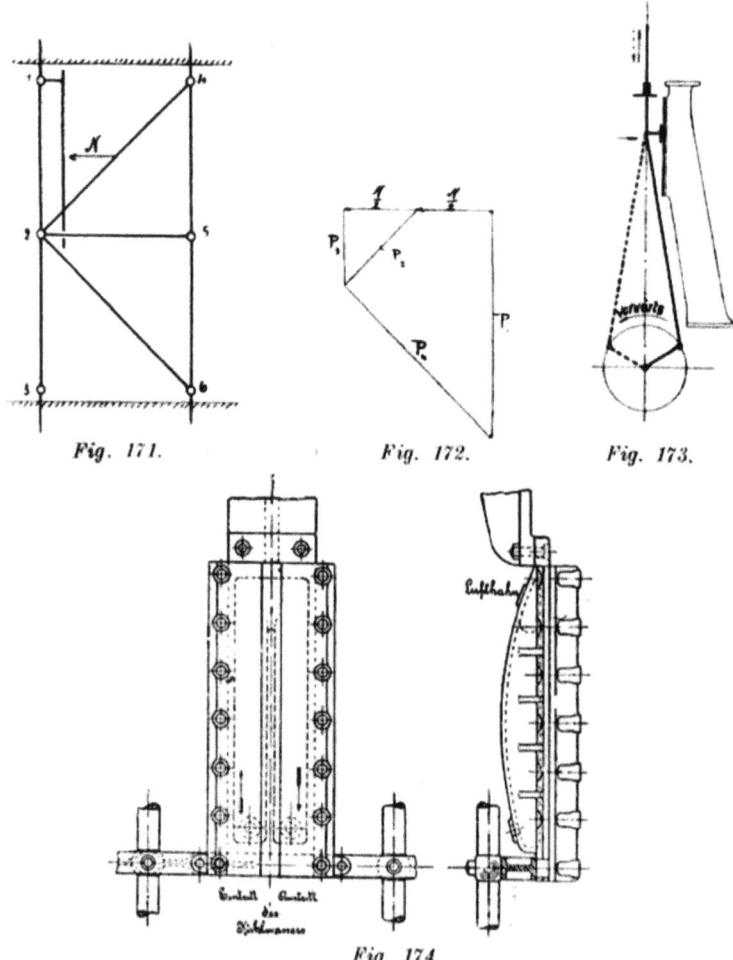

Fig. 171.   Fig. 172.   Fig. 173.

Fig. 174.

Standsicherheit zu verleihen, eventuell sind noch Verankerungen mit dem Schiffskörper vorzusehen.

In Fig. 170 ist eine gebräuchliche Säulenverbindung dargestellt. Auf die in dieser Figur gezeigte Längsverstrebung ist besonders zu achten. Die Säulen werden oben und unten mit Bunden versehen und mittels besonders hoher Muttern mit der Grundplatte und den Zylindern verbunden. Die Befestigungsnaben in der Grundplatte bezw. an den Zylindern sollen so hoch wie möglich ausgeführt werden.

Beanspruchung des Gewindekerns der Säulen für die maximale Kolbenkraft: $\quad k_z = 500\!-\!750$ kg/qcm für S.-M.-Flußeisen,
$\qquad k_z = 750\!-\!1000 \quad ,, \qquad ,,$ S.-M.-Spezialstahl. `

Die Beanspruchungen der Verstrebungen lassen sich graphisch mit ziemlicher Genauigkeit ermitteln.

Ist P die maximale Kolbenkraft in kg, dann wird der auftretende

Normaldruck $N = P \cdot \dfrac{r}{L}$; dieser Druck verteilt sich gleichmäßig auf

die Knotenpunkte 1 und 2 (Fig. 171). Trägt man diese Werte in dem gezeichneten Seilpolygon auf (Fig. 172), dann findet man ohne weiteres die in den Stäben 2 bis 3, 5 bis 6, 4 bis 5, 2 bis 4 und 2 bis 6 auftretenden Zug- bzw. Druckspannungen.

Es herrscht für den Vorwärtsgang der Maschine (Fig. 173) in den Stäben 2 bis 4 und 2 bis 3 Druck, in den Stäben 2 bis 6, 5 bis 6 und 4 bis 5 Zug. Die Stäbe sind auf ihre Knickfestigkeit nachzurechnen. Für Rückwärtsgang der Maschine ändern sich die Spannungsrichtungen.

Fig. 174 zeigt die Ausführung einer an den Säulen befestigten Gleitbahn. Diese Gleitbahnen können gleichfalls mit Wasserkühlung versehen werden.

o) Das Steuerungsgestänge.

Der Dimensionierung des Steuergestänges legt man die für den größten Flachschieber erforderliche Kraft zugrunde und macht mit Rücksicht auf die mitzuführenden Reserveteile das Gestänge für alle Schieber gleich.

Die zur Bewegung erforderliche Kraft berechnet sich für Flach-schieber zu:

$P = \mu \cdot L \cdot B \cdot p$, hierin ist:

$\mu =$ Reibungskoeffizient $= 0{,}15$ für Niederdruckzylinder $= 0{,}2$ für Mitteldruck- und Hochdruckzylinder;

$B \cdot L =$ die gesamte Rückenfläche des Schiebers in qcm, ohne Berücksichtigung etwaiger Entlastungsvorrichtungen und Aussparungen;

$p =$ der in dem Schieberkasten herrschende größte Dampfdruck in kg/qcm.

Dieser wird, wenn p_1 die absolute Kesselspannung in kg/qcm ist, für:

	Hochdruck-zylinder	Mitteldruck-zylinder	Niederdruck-zylinder
2 fach ⎱ Expansions- 3 „ ⎰ maschinen	p_1 p_1	— $0{,}4\,p_1$ bis $0{,}55\,p_1$	$0{,}3\,p_1$ $0{,}12\,p_1$ bis $0{,}25\,p_1$

Die niederen Werte gelten für Handels- und schwere Kriegsschiffsmaschinen, die hohen Werte für Kreuzer- und Torpedobootsmaschinen.

Für Maschinen mit Rundschiebern berechnet man
die zur Bewegung erforderliche maximale Kraft aus
der Gleichung

$$P = D \cdot \pi \cdot (h + h_1) \cdot p \cdot \mu;$$

hierin ist:

$D =$ Schieberdurchmesser in cm;

h und h_1 die Höhe der Schieberringe in cm;

$p =$ der im Schieberkasten herrschende Dampfdruck in kg/qcm;

$\mu =$ Reibungskoeffizient $= 0,12$ für große, $0,16$ für
kleine Schieber.

Zu dieser Beanspruchung tritt bei schnellaufenden
Maschinen die Beschleunigungskraft

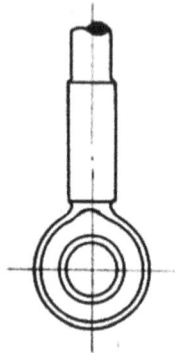

Fig. 175.

$$P' = \frac{G}{g} \cdot \frac{v^2}{r}.$$

Es ist hierin:

$G =$ das Gewicht des Schiebers und der Schieberstange in kg;

$g =$ Beschleunigung der Schwere 9,81 m/sek.²;

$v =$ die mittlere Schiebergeschwindigkeit in m/sek. $= \dfrac{2 r n}{60}$;

$r =$ Exzentrizität in m;

$n =$ die minutliche Umdrehungszahl.

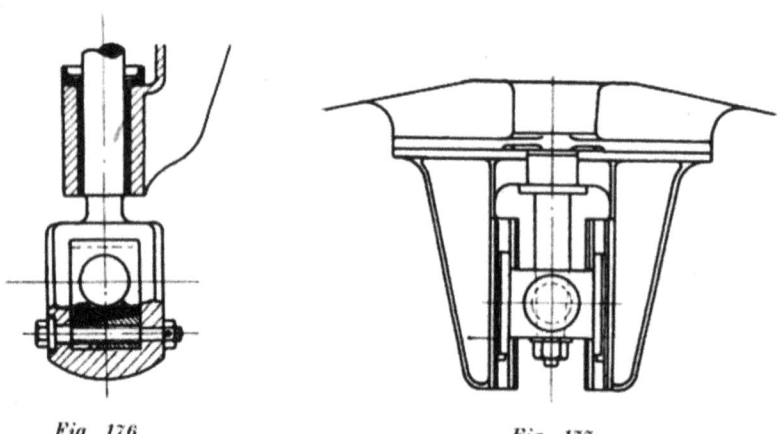

Fig. 176.   *Fig. 177.*

Die größte überwindende Kraft ist somit

$$P_1 = P + P'.$$

Die Beanspruchung der Schieberstange im Gewindekern wählt man

$k_z = 150—250$ kg/qcm für Handelsschiffsmaschinen,

$k_z = 350—400$ .. .. Kriegsschiffsmaschinen.

Den Durchmesser der Schieberstange in der Stopfbüchse macht man 1,75 bis 2 mal Kerndurchmesser, in der Schieberstangenführung 2 bis 2,2 mal Kerndurchmesser, falls kein besonderer Kreuzkopf vorhanden ist. Der Schieberstangenkopf ist fast immer angeschmiedet. Für kleine Maschinen wird er geschlossen ausgeführt (Fig. 175), während man ihm bei großen Maschinen die Form eines Pleuelstangenkopfes gibt. Eine solide Schieberstangenführung ist möglichst in der Nähe des Angriffspunktes der Schieberschubstange anzubringen. Fig. 176 zeigt einen Schieberstangenkopf mit Keilnachstellung.

Die Schieberstange muß in der Geradführungsbuchse 3 bis 6 mm stärker ausgeführt werden als im Schaft.

Während man kleinere Maschinen mit einer einfachen Schieberstangenrundführung versieht, erhalten größere Maschinen allgemein eine doppelseitige Geradführung aus Gußeisen oder Stahlguß nach Fig. 177. Bezüglich des zulässigen Flächendruckes gilt auch hier das bereits früher für die Kolbenstangengeradführungen gesagte.

Kulissen.

Die Kulisse der Stephenson-Steuerung wird allgemein aus zwei Balken gebildet, deren Krümmungshalbmesser gleich der Exzenterstangenlänge ist. Legt man den Aufhänge- bzw. Angriffspunkt der Hängeschiene in die Mitte der Kulisse, dann erhält man für Vorwärts-

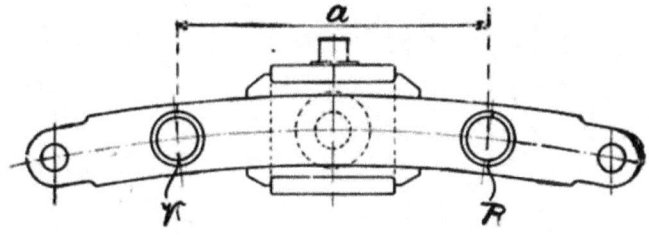

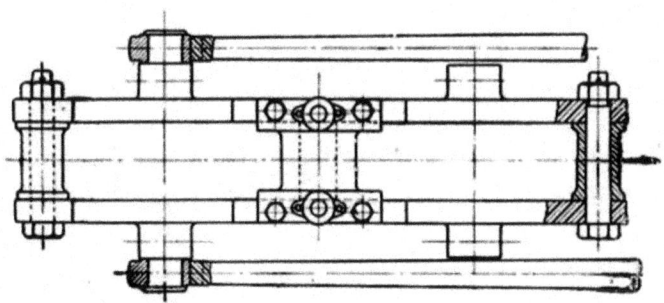

Fig. 178.

und Rückwärtsgang gleiche Dampfverteilung. Diese Ausführung kommt besonders bei Maschinen in Betracht, die ebenso oft vorwärts wie rückwärts arbeiten müssen (Schlepper, Fähren). Kommt es jedoch seltener vor, daß die Maschine rückwärts arbeitet, dann ist es im Interesse guter Dampfverteilung während der Dauerfahrt vorteilhaft, den Angriffspunkt der Hängeschiene am Zapfen für Vorwärtsgang angreifen zu lassen.

Die Kulissenbalken erhalten rechteckigen Querschnitt, als Material

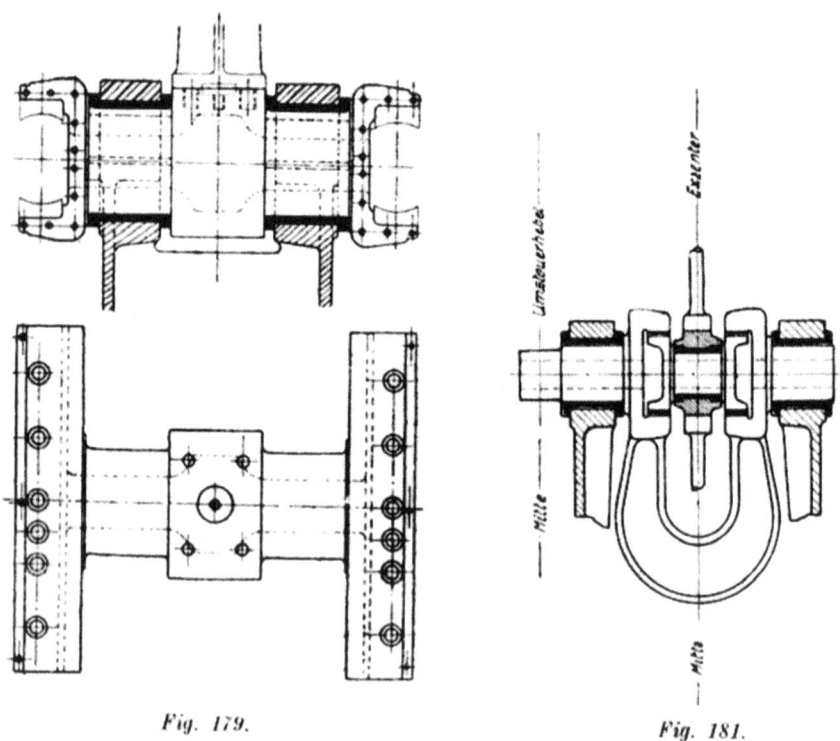

Fig. 179.　　　　　　　　　　　　Fig. 181.

kommt fast ausschließlich S.-M.-Stahl zur Verwendung. Die Balken werden durch die Schieberschubstangenkraft P_1 auf Biegung beansprucht. Ist a (in Fig. 178) die Entfernung der Angriffspunkte von Vorwärts- und Rückwärtsexzenterstange, dann wird das maximale Biegungsmoment $M_b = P \cdot \dfrac{a}{2}$; oder für einen Balken $\dfrac{P \cdot a}{4}$; das Widerstandsmoment für rechteckigen Querschnitt ist $\dfrac{b \cdot h^2}{6}$; die Biegungsbeanspruchung wählt man:

$k_b = 300\text{—}600$ kg/qcm für Handelsschiffsmaschinen,

$k_b = 400\text{—}700$ „ „ Kriegsschiffsmaschinen,

$k_b = 800$ „ „ Torpedobootsmaschinen.

Zapfen und Gleitflächen führt man gewöhnlich aus einem Stück aus. Als Material kommt S.-M.-Stahl zur Verwendung. Die Gleitflächen erhalten Schleifplatten aus Bronze.

Den Flächendruck auf die Gleitflächen wählt man etwa:

$p = 50\text{—}75$ kg/qcm für Handels- und Kriegsschiffe,

$p = 75\text{—}90$ „ „ Torpedoboote.

Den Zapfen führt man mit Rücksicht auf die Exzenterstangengabeln so kurz wie möglich aus. Flächendruck:

$p = 20\text{—}25$ kg/qcm bei Handelsschiffen,

$p = 25\text{—}50$ „ „ Kriegsschiffen,

$p = 50\text{—}65$ „ „ Torpedobooten.

In Fig. 179 und 180 ist die Ausführung einer Hackworth-Kulisse zu einer Lenzschen Ventilmaschine gehörend dargestellt. Die Kulisse

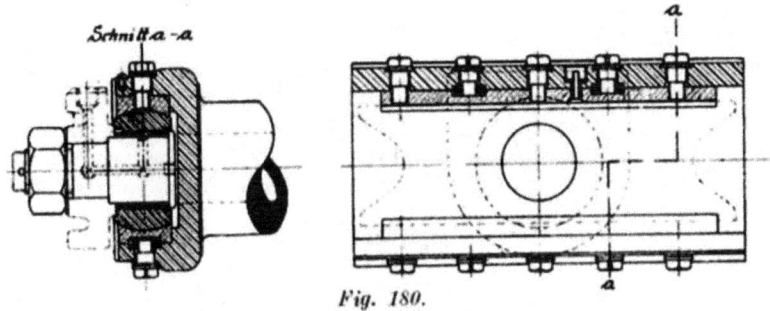

Fig. 180.

mit Welle ist aus Stahlguß hergestellt, mit eingesetzten metallenen Rundführungsleisten. Zur Entlastung der Verbindungsbolzen werden in jeder Leiste mehrere Stahlscheiben eingesetzt, die den durch die Reibung auftretenden Schub aufnehmen. Der Umsteuerhebel ist in der Mitte der Doppelkulisse als besonderes Stahlgußstück aufgesetzt.

Die Ausführung einer Kulisse für eine Joy-Steuerung stellt die Fig. 181 dar. Die beiden Balken sind durch einen kräftigen Bügel miteinander verbunden (gegen Verdrehen nachrechnen), als Material kommt für diese Kulissen Stahlguß oder S.-M.-Stahl zur Verwendung.

p) Die Exzenter und Exzenterstangen.

Wie schon unter „Steuerungen" dargelegt, erhält nur die Stephensonsche Kulissensteuerung zwei Exzenter und zwei Stangen, während die übrigen Steuerungen nur e i n Exzenter mit e i n e r Stange be-

nötigen. Trotzdem findet man aber die Stephensonsche Kulissensteuerung, da sie, wie schon eingangs erwähnt, als die unempfind-
lichste gilt, noch häufig in Anwendung.

Die Gabel der Vorwärtsexzenterstange für die Stephensonsche
Steuerung macht man meist symmetrisch, um eine ungünstige Bean-

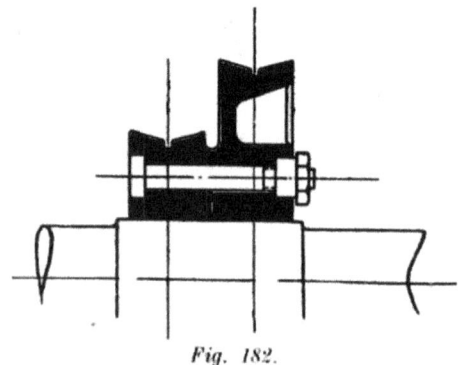

Fig. 182.

spruchung des Exzenters zu vermeiden, man muß aber dann die Rückwärtsstange stark einseitig gabeln (Stange auf Biegung nachrechnen).
Bei Maschinen, die gleichviel „vorwärts‟ und „rückwärts‟ arbeiten,
kröpft man die Rückwärtsstange so, daß auch deren Gabel symmetrisch
wird. Die Exzenterscheiben werden bei Handelsschiffen aus Gußeisen

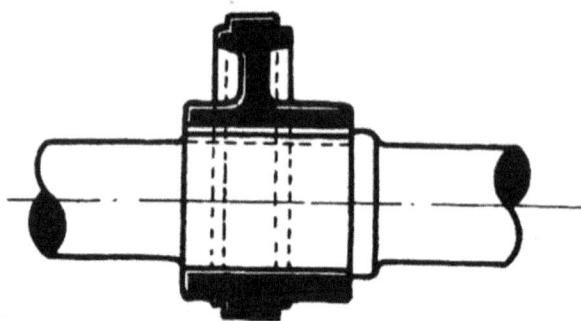

Fig. 183.

oder Stahlguß hergestellt und sind fast immer zweiteilig. Die Verbindung der Exzenterhälften erfolgt durch Bolzen und Keil. Liegen
zwei Exzenterscheiben nebeneinander, dann werden sie entweder
zusammengegossen oder wie Fig. 182 zeigt, mit einander verbunden.
Die Exzenterlauffläche wird entweder als Keilfläche oder besser eben
mit zurückstehenden seitlichen Rändern nach Fig. 183, in welchen

der Exzenterbügel seitliche Führung erhält, ausgeführt. Diese
Ausführung ist unbedingt vorzuziehen, da bei dieser das eingeführte

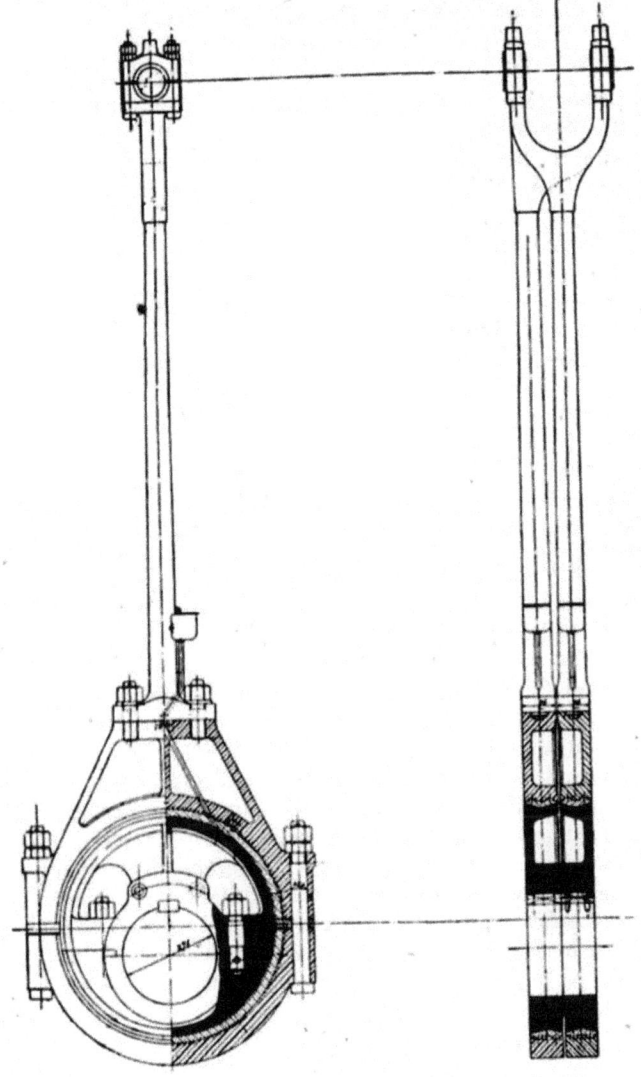

Fig. 184.

Schmiermaterial infolge der zentrifugalen Wirkung stets auf der
Lauffläche gehalten wird und nicht seitlich austritt. Bei Torpedobooten und leichten Kriegsschiffen werden die Exzenter wohl auch

mit der Kurbelwelle aus einem Stück geschmiedet, doch verteuert diese Ausführung die Kurbelwelle ganz beträchtlich.

Den spezifischen Flächendruck der Exzenterlauffläche macht man:

$p = 5$—10 kg/qcm bei Handelsschiffen,

$p = 10$—17 „ „ Kriegsschiffen und Torpedobooten.

Der spezifische Flächendruck ist von der Gleitgeschwindigkeit abhängig. Das Produkt

spezifischer Flächendruck mal Gleitgeschwindigkeit

soll den Wert 35 bis 40 mkg/sek. bei Handelsschiffen,

120 „ 130 „ „ Kriegsschiffen

möglichst nicht überschreiten.

Die Länge der Exzenterstange wählt man so groß, als es die Raumverhältnisse gestatten. Bei kleineren Maschinen führt man die Exzenterstange mit dem Gabellager aus einem Stück aus, während man bei großen Maschinen die Stange als getrenntes Schmiedestück ausführt

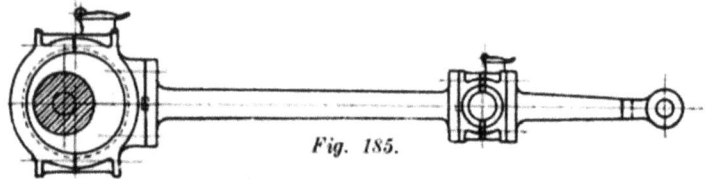

Fig. 185.

und die bronzenen Gabellager durch Flansch und zwei oder vier Stiftschrauben mit der Stange verbindet.

In Fig. 184 ist eine Vorwärts- und Rückwärts-Exzenterstange für eine Handelsschiffsmaschine mit Stephensonscher Steuerung dargestellt.

Die Exzenterbügel werden entweder aus Gußeisen, Bronze, oder Stahlguß hergestellt und fast immer mit Weißmetall ausgegossen.

Zur Vermeidung doppelter Reserveteile führt man wenn möglich alle Exzenterbügel und Exzenterscheiben gleich aus. Diese Forderung läßt sich jedoch nicht immer durchführen; denn es kann vorkommen, daß man den einen oder andern Exzenter auf einen Kupplungsflansch setzen muß.

Fig. 185 zeigt die Ausführung einer Exzenterstange für eine Maschine mit Hackworth-Steuerung. Das Lager für den Angriffspunkt der Kulisse ist aus Bronze ausgeführt und durch Paßschrauben mit den Stangenteilen verbunden.

Kapitel VII.

Kondensatoren.

Der aus den Nd.-Zylindern austretende Abdampf wird durch einen oder zwei Abdampfbögen nach dem Kondensator geleitet. Zur Anwendung kommen für Seeschiffe ausschließlich Oberflächenkondensatoren, da durch diese ein großer Teil des Kondensats für die Kesselspeisung wieder zurückgewonnen und die kostspielige Speisewassererzeugung aus Seewasser auf ein Mindestmaß zurückgeführt wird. Bei Flußschiffen dagegen findet man wohl auch noch Einspritzkondensatoren.

Die in dem Oberflächenkondensator niedergeschlagene Dampfmenge wird aus diesem durch eine Luftpumpe herausgesaugt und nach dem Luftpumpenauswurftank befördert.

Das Vakuum im Kondensator soll zweckmäßig etwa $80 \div 85\%$ betragen. Die Erzeugung eines höheren Vakuums kommt nur für Dampfturbinen in Frage, da bei diesen durch die Ausnutzung des Wärmegefälles eine relativ viel höhere Leistung erzielt wird als dies bei Kolbenmaschinen der Fall ist. Ferner ist auch zu beachten, daß ein hohes Vakuum eine stärkere Unterkühlung des Kondensats und dadurch im gleichen Maße eine erhöhte Vorwärmerleistung bedingt. Bei Turbinenschiffen spielt letzteres insofern eine unwesentlichere Rolle, als bei diesen durch die größere Anzahl vorhandener Hilfsmaschinen reichliche Abdampfmengen, die diesem Zwecke nutzbar gemacht werden können, zur Verfügung stehen.

Die Größe eines Kondensators berechnet sich aus der Gleichung:

$$F = \frac{Q}{k \cdot \left[\left(\dfrac{t_1' + t_1''}{2}\right) - \left(\dfrac{t_2' + t_2''}{2}\right)\right]}$$

hierin ist:

F = Dampfberührte Kondensatoroberfläche in qm;

Q = Kühlwassermenge in l/sek. ($35 \div 38$fache Dampfmenge);

t_1' = Dampfeintrittstemperatur;

t_1'' = Kondensattemperatur;

t_2' = Kühlwassertemperatur b. Eintritt im Durchschn. etwa 15 bis 20°;

t_2'' = „ „ „ Austritt;

k = Erfahrungskoeffizient etwa 0,080 bis 0,085.

Der Wert $\left[\left(\dfrac{t_1' + t_1''}{2}\right) - \left(\dfrac{t_2' + t_2''}{2}\right)\right]$ wurde aus einer Reihe von Versuchen zu etwa 20° ermittelt.

Es empfiehlt sich aber zur Kontrolle folgende Wärmerechnung durchzuführen:

Die stündlich abzuführende Wärmemenge W_{st} berechnet sich zu:

$$W_{st} = D_{st} \cdot (i'' - i');$$

$$\frac{W_{st}}{Q} = t_2'' - t_2' = \text{Temperaturerhöhung des Kühlwassers.}$$

Ist ferner t_k die Temperatur im Kondensator (entsprechend dem absoluten Druck von $p = 0,15 \div 0,2$ kg/cm² $= 53,7° \div 59,8°$).

Dann berechnet sich die Oberfläche des Kondensators zu:

$$F = \frac{W_{st}}{K\left(t_k - \dfrac{t_2' + t_2''}{2}\right)} = \text{qm.}$$

Es bedeutet:

D_{st} = stündlich niederzuschlagende Dampfmenge in kg;

$\quad i''$ = Wärmeinhalt des Dampfes;

$\quad i'$ =   „   der Flüssigkeit;

$(i'' - i') = r =$ Verdampfungswärme;

$\quad K$ = Wärmedurchgangskoeffizient = 2500 bis 3000, je nach der Stärke der Kondensatorrohre.

Überschläglich bestimmt man die Größe der Kondensatoren zu

0,15 — 0,17 qm pro PS_i für Zweifachexpansionsmaschinen;

0,12 — 0,17 „   „   „   „ Dreifachexpansionsmaschinen;

0,1 — 0,13 „. „   „   „ Vierfachexpansionsmaschinen;

0,075 — 0,1 „. „   „   „ Torpedobootsmaschinen.

Tabelle 16 ausgeführter Kondensatoren.

Maschinenleistung. . .	2750	3000	7000	8000	9000	11000	12000
Kühlfläche . . . . . qm	135	155	350	380	430	510	540
Kondensat . . . t/stdl.	19,2	22	53,2	57,5	64,71	78,05	83,80
$\dfrac{1 \text{ Kondensat}}{\text{qm Kühlfläche}}$ . .	142,2	141,9	152	151,3	150	152,9	154
Kühlwasser . . t/stdl.	69	78,5	184,5	198	234	276	308
Anzahl der Durchgänge	3	2	2	2	2	2	2
Kühlwassergeschwin- digkeit . . . m/sek	3,1	2,6	2,2	1,84	2,19	2,56	2,43
Rohr φ $\dfrac{\text{innen}}{\text{außen}}$. mm	$\dfrac{14}{16}$	$\dfrac{15,5}{17,5}$	$\dfrac{15,5}{17,5}$	$\dfrac{15,5}{17,5}$	$\dfrac{14,5}{16}$	$\dfrac{14}{16}$	$\dfrac{15,5}{17,5}$

Der Abdampf wird von oben in den Kondensator geführt und durch Ablenkbleche so verteilt, daß alle Kühlrohre gleichmäßig getroffen werden. Um das Einströmen des Dampfes zwischen die Kühlrohrbündel zu erleichtern, läßt man in der oberen Hälfte des Rohrbündels einige Rohre weg und bildet auf diese Weise Einschnitte, die den Abdampf aufnehmen. Die Dampfgeschwindigkeit im Abdampfbogen wähle man etwa 30 bis 35 m/sek.

Das Kühlwasser wird meistens von unten eingeführt, zweimal durch den Kondensator geleitet und oben nach außenbords abgeführt. Die Wassergeschwindigkeit in den Ein- und Austrittsstutzen wählt man etwa 2,5 bis 3,5 m/sek., diejenige durch das Rohrsystem etwa 2,00 bis 2,75 m/sek. Den Saugeanschluß für die Kondensatpumpe legt man an die tiefste Stelle. Die Kondensatgeschwindigkeit betrage etwa 2,0 bis 2,5 m/sek.

Die Kondensatorrohre sind nahtlos gezogene Messingrohre, deren äußerer Durchmesser zwischen 16 und 20 mm und deren Wandstärke zwischen 0,75 mm und 1,75 mm schwankt. Die dem Dampfeintritt zunächst gelegenen Rohrreihen werden häufig mit größerer Wandstärke ausgeführt, als die weiter entfernteren. Durch diese Maßregel erhöht man die Lebensdauer der Rohre. Die freitragende Länge der Kondensatorrohre darf das 80fache ihres äußeren Durchmessers nicht überschreiten. Die Rohre müssen andernfalls durch besondere Stützplatten aus Messing unterstützt werden.

Die Rohrteilung macht man etwa $t = d + 9$ mm.

Die Befestigung der Kühlrohre in den Rohrplatten ist in Fig. 186 veranschaulicht. Diese Rohrplatten werden aus gewalztem Messing oder Muntzmetall von etwa 20 bis 26 mm Stärke hergestellt und sind durch besondere Anker abzustützen. Die Anker bestehen aus massiven Stangen und starkwandigen Distanzrohren. Die Stangen erhalten an beiden Enden kräftige Kapselmuttern aus Metall, die gegen losdrehen gesichert werden müssen. Der äußere Durchmesser der Ankerrohre

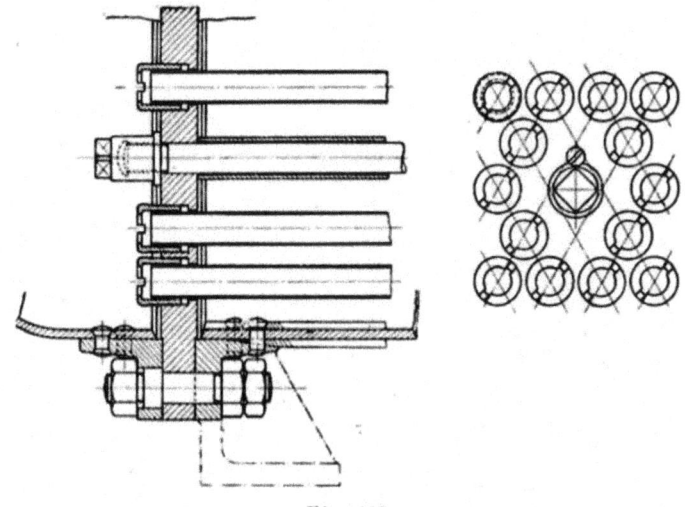

Fig. 186.

entspricht allgemein dem der Kühlrohre, um die gleichmäßige Teilung nicht zu stören.

Die Kondensatoren werden bei kleineren und auch mittleren Handelsschiffsmaschinen häufig mit dem Maschinengestell aus einem Stück ausgeführt wie Fig. 187 zeigt.

Bei neueren Kriegs- und Handelsschiffsmaschinen, sowie bei Torpedobooten werden die Kondensatoren stets getrennt von der Hauptmaschine aufgestellt. Die freistehenden Kondensatoren werden entweder oval (Fig. 188) oder rund oder spitzbogenförmig (Fig. 189) ausgeführt.

Die letztere Form wird neuerdings bevorzugt, da sie den veränderten Volumenverhältnissen des kondensierenden Abdampfes besser entspricht als die übrigen und die Rohrpartien wirksamer ausnutzt. Bei den ovalen Kondensatoren empfiehlt es sich, die seitlichen flachen Wände durch Queranker abzusteifen. Häufig findet man für den Mantel auch Ver-

stärkungsringe nach Fig. 190. Als Material kommt für die Kondensatoren Gußeisen, Bronze, Eisen-, Kupfer- oder Messingblech zur
Verwendung. Die freistehenden Kondensatoren erhalten eine Wandstärke:

$$s = \frac{d}{180} + 10\,\text{mm für Gußeisen};$$

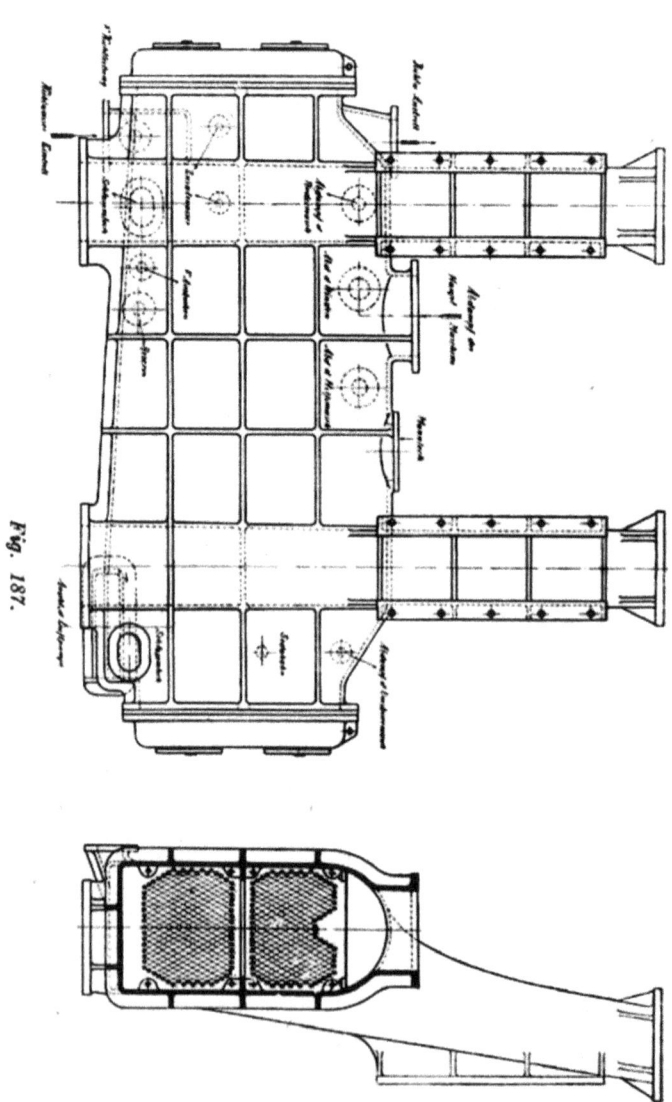

Fig. 187.

$$s = \frac{d}{400} + 5 \text{ mm für Eisenblech};$$

$$s = \frac{d}{350} + 1 \text{ mm für Kupfer- oder Messingblech.}$$

Die mit den Maschinenständern aus einem Stück hergestellten Kondensatoren erhalten die gleiche Wandstärke wie die Ständer.

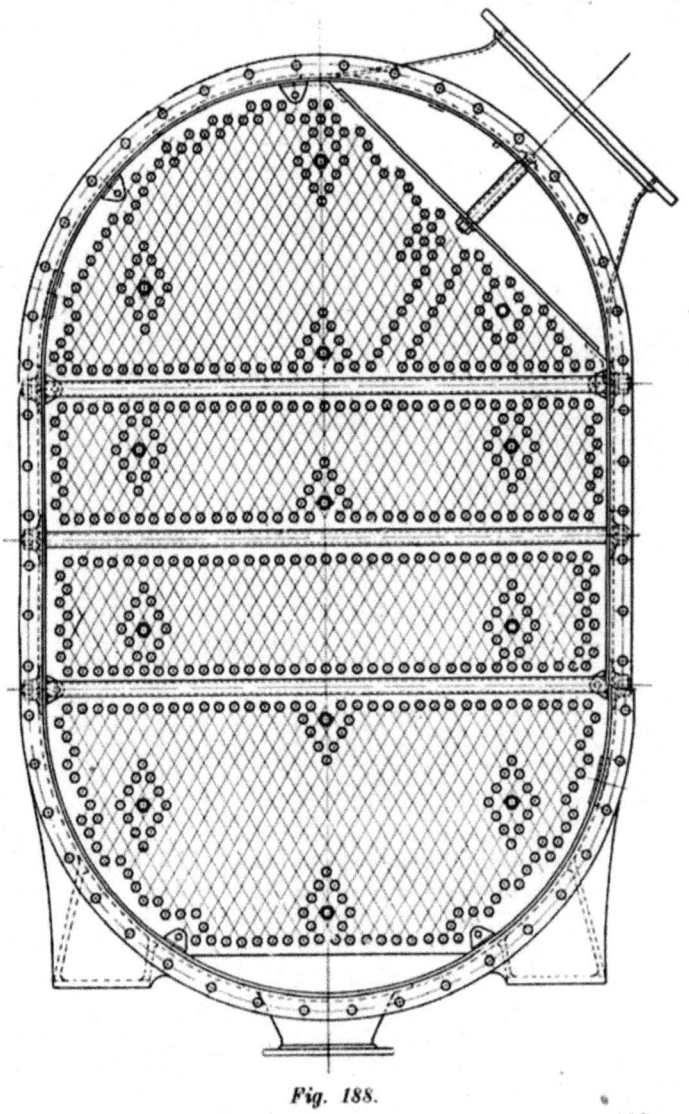

Fig. 188.

Die Kondensatorvorlagen werden aus Gußeisen, Bronze oder Kupferblech ausgeführt. Die Befestigung der Vorlagen erfolgt in der in Fig. 186 angedeuteten Weise, d. h. man muß zum Ziehen der Kondensatorrohre die Vorlage wegnehmen können, ohne daß man die Rohrplatten mitlöst. Die in dieser Figur gezeichnete Bundschraube verbindet einerseits die Rohrplatte mit dem Mantelflansch, anderseits die Vorlage mit der Rohrplatte.

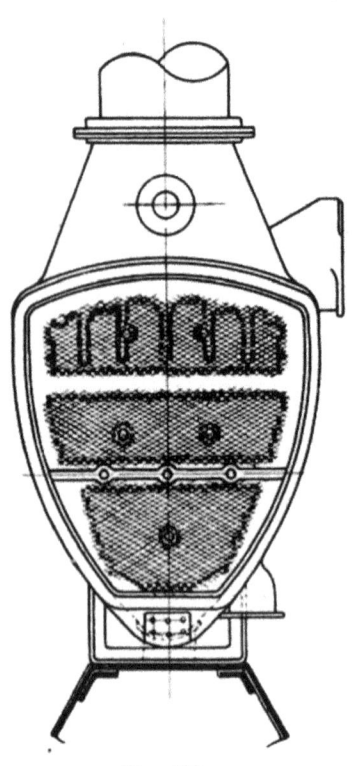

Kupferblechvorlagen werden immer gewölbt ausgeführt und durch Bronzestege versteift. Mitunter wird die Bedingung gestellt, daß das Lenzwasser durch den Kondensator geleitet werden soll, ohne durch das Rohrsystem zu fließen. Zu diesem Zweck wird die Vorlage mit einem Schieber versehen, der bei Kühlbetrieb geschlossen, beim Lenzen dagegen geöffnet wird. Dies läßt sich jedoch nur bei Kondensatoren ermöglichen, bei denen das Kühlwasser den Kondensator zweimal durchströmt. Eine Kondensatorvorlage mit Schieber zeigt Fig. 191.

Fig. 192 zeigt die Ausführung eines Kondensators für ein Torpedoboot.

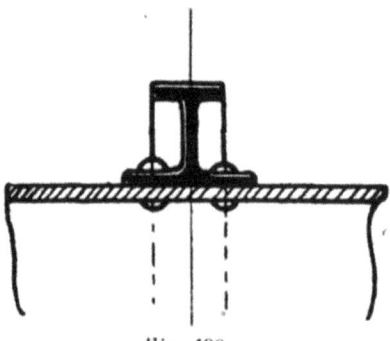

Fig. 189.

Fig. 190.

Die Kondensatoren müssen im Kühlwasserraum durch Zinkschutzplatten gegen Anfressungen, hervorgerufen durch die von dem Salzwasser erzeugten galvanischen Ströme, geschützt werden, und zwar nimmt man allgemein auf je 400 qm Kühlfläche etwa 1 qm wirksame Zinkschutzplattenoberfläche.

Die Zinkschutzplatten erhalten eine Stärke von 20—30 mm, sie sind so anzuordnen, daß die Wasserzirkulation nicht wesentlich gehemmt wird. Die Befestigung erfolgt am besten an den Handlochdeckeln und Ankerrohren (Fig. 192), um sie nach Bedarf rasch auswechseln zu können.

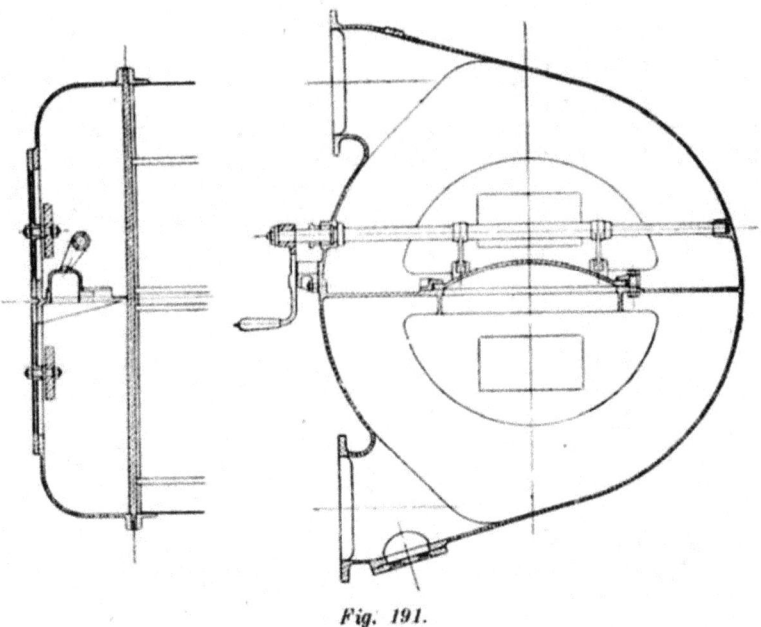

Fig. 191.

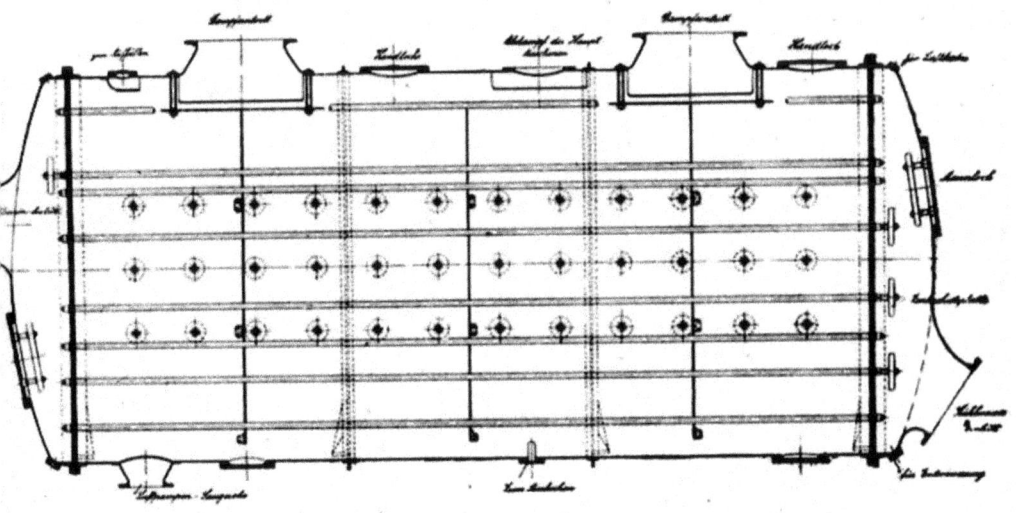

Fig. 192.

Allgemeines über Kondensatoren.

An den Kondensatorvorlagen sind oben Entlüftungshähne, unten Entwässerungsventile vorzusehen. Die Mannlöcher in den Vorlagen sind so anzuordnen, daß die untersten bzw. obersten Rohrverschraubungen vom nächstgelegenen Rand höchstens 300 mm entfernt sind (Unterarmlänge). Der Ausbildung des Abdampfeintrittsstutzens ist be-

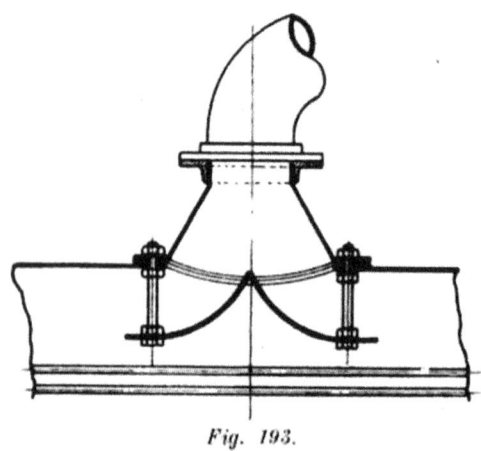

sondere Beachtung zu schenken, insbesondere soll sich der Dampf sofort nach Eintritt auf eine möglichst große Fläche verteilen. Dies wird durch den Einbau von durchlöcherten Leitblechen nach Fig. 193 erreicht. Durch diese Bleche werden aber auch die dem Stutzen nächstliegenden Rohre vor direktem Aufschlag geschützt. Ähnliche Schutzbleche sind auch an dem Stutzen für die allgemeine Entwässerungsleitung anzubringen.

Fig. 193.

Von Zeit zu Zeit muß der Dampfraum des Kondensators von dem im Dampf mitgeführten Öl durch Auskochen gereinigt werden. Zu diesem Zweck wird an der Unterseite des Mantels ein Auskochventil vorgesehen. Das Auskochen selbst erfolgt unter Zusatz von Soda, das durch einen besonderen Hahn

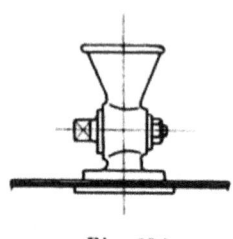

(Fig. 194) in den Kondensatordampfraum eingeführt wird. In dem Kondensatormantel sind Schau- und Reinigungslöcher an gut zugänglichen Stellen anzubringen. Die freistehenden Kondensatoren erhalten einen Wärmeschutzmantel aus Filz, der durch einen dünnen Mantel aus Eisenblech verkleidet wird. In dieser Verkleidung und im Filzmantel sind Löcher zum Befühlen des Kondensators anzuordnen. Die Anker, Rohre, Rohrplatten, Deckel und Vorlagen sind an den vom Kühlwasser berührten Flächen gut zu verzinnen. An einer geschützten Stelle ist am Dampfraum ein Vakuummeter anzuschließen.

Fig. 194.

Das im Abdampf mitgeführte Zylinderöl beeinträchtigt in ganz erheblichem Maße den Nutzeffekt des Kondensators bzw. des Vorwärmers (wenn der Abdampf zur Vorwärmung des Speisewassers herangezogen werden soll).

Durch die Einschaltung eines Abdampfentölers zwischen Abdampfbogen und Kondensator bzw. Vorwärmer läßt sich dieser Übelstand stark vermindern unter gleichzeitiger Rückgewinnung des Öles.

Der Abdampfentöler muß folgende Eigenschaften besitzen:

1. er darf keinen Gegendruck erzeugen, um die Leistung der Maschine nicht herabzusetzen;
2. er soll absolut ölfreies Kondensat liefern, das ohne weiteren Reinigungsprozeß zur Kesselspeisung wieder gebraucht werden kann;
3. das zurückgewonnene Öl darf durch ihn nicht zersetzt und dadurch zur Wiederverwendung unbrauchbar gemacht werden;
4. er muß selbsttätig arbeiten und keiner besonderen Wartung sowie öfteren Reinigung bedürfen.

Die vielfach sich in Gebrauch befindlichen Zentrifugal- bzw. Stoßkraftentöler erfüllen diese Bedingungen nur sehr unvollkommen und sind daher von geringem Nutzen. Sehr vorteilhaft haben sich die in Fig. 195 dargestellten Entöler bewährt. Bei diesen ist die Strömung des Dampfes in voller

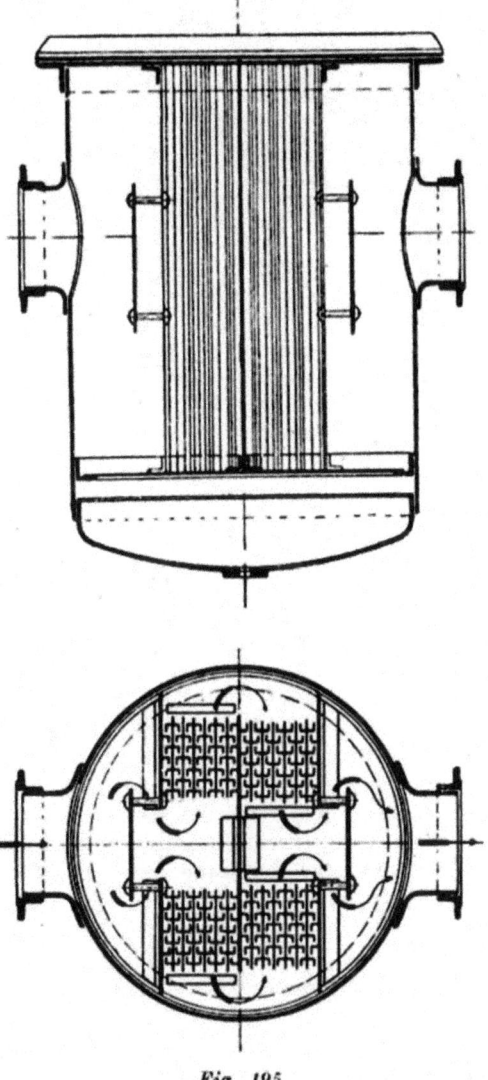

Fig. 195.

Stärke direkt auf die Abscheideflächen gerichtet. Auf dem schlangenförmigen Wege des Dampfstromes wird an den Beschlagflächen das Ölwassergemisch niedergeschlagen und fließt von selbst in den

Sammelraum. Das so gewonnene Öl muß **aber** vor seinem Wiedergebrauch durch sog. Ölwasserautomaten und Klärgefäße von dem mit
abgeschiedenen Kondensat befreit
werden. Die Beschlagflächen werden in verschiedener Gestalt ausgeführt, die gebräuchlichsten For-
men zeigen Fig. 196 und 197. Die
Abdampfentölung ist wirtschaftlich
von großer Bedeutung, da diese
ohne Betriebsunkosten arbeitet und
sich durch Betriebsersparnisse bald
bezahlt macht.

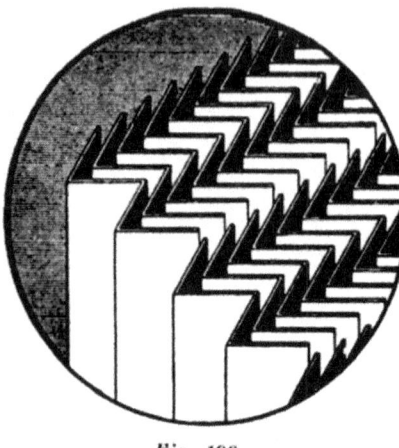

Fig. 196.

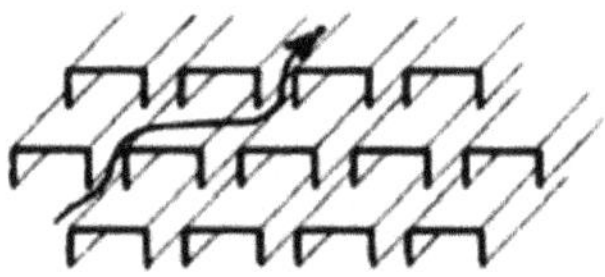

Fig. 197.

Kapitel VIII.

Die Schiffsschraube.

Durch die verschiedenen Forschungsarbeiten in den letzten Jahren
(s. Gümbel, Föttinger, Gebers, Schaffran, Wagner usw.) sind die Strö-
mungsvorgänge innerhalb der Schiffsschraube genau festgestellt worden
und haben gezeigt, daß diese ganz außerordentlich komplizierter Natur
sind, und daß die genaue Berechnung der Schrauben auf rein theoreti-
scher Grundlage noch nicht erreicht werden kann. Man ist daher
nach wie vor darauf angewiesen die Abmessungen neuer Schrauben
unter Zugrundelegung des vorhandenen Materials aus Fahrtergebnissen
usw. unter Berücksichtigung etwa abweichender Verhältnisse unter
denen die neue Schraube arbeiten soll zu bestimmen. Bei der Konstruktion ist besonders darauf zu achten, daß das Schraubenwasser
ungehindert zu- und abfließen kann und daß genügende Wasserhöhe
über dem höchsten Flügelpunkt vorhanden ist, um ein Ansaugen von
Luft zu verhindern. Besondere Beachtung muß der Ausführung zu-
gewandt werden. Die Flügelflächen sollen glatt und sauber sein, sowohl die Druckseite als auch der Rücken. Häufig findet man die Druckfläche genau auf Steigung bearbeitet. Um schädliche Vibrationen zu
vermeiden, balanciert man die Schrauben statisch aus, dies ist insbesondere bei raschlaufenden Schrauben zu empfehlen, um Brüchen an
Welle, Steven usw. vorzubeugen. Treten dann trotzdem noch Erschütterungen auf, dann haben diese ihre Ursache in der Umlaufzahl.

oder den Eigenschwingungen des Schiffskörpers. Durch Veränderung der Umlaufzahl oder der Flügelzahl der Schrauben können diese Erschütterungen teilweise beseitigt werden.

Man unterscheidet rechts- und linksgängige Schrauben, je nach dem sie sich von hinten nach vorn gesehen, für Vorwärtsfahrt rechts oder links drehen.

Die Schiffsschraube besteht aus der Nabe und den Flügeln, deren jeder auf der Druckseite ein Stück einer Schraubenfläche darstellt. Es bezeichnet in nachstehendem:

D = äußeren Schraubenkreisdurchmesser in m;

H = Schraubensteigung in m;

A = abgewickelte Fläche eines Schraubenflügels in qm;

z = Anzahl der Flügel;

N_i = die indizierte Maschinenleistung in PS;

n = die Umdrehungszahl der Schraubenwelle pro Minute;

V = die Schiffsgeschwindigkeit in Knoten (1 Knoten = 1 Seemeile = 1852 m/sek.);

V_1 = die Schraubengeschwindigkeit in Knoten $= \dfrac{n \cdot H \cdot 60}{1852}$.

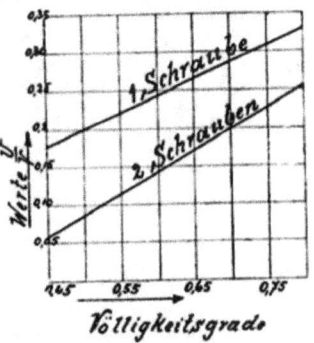

Die Schiffsgeschwindigkeit V wäre gleich der Schraubengeschwindigkeit V_1, wenn die Masse, in der sich die Schraube bewegt, ein fester Körper wäre. Tatsächlich aber ist die Fortbewegung des Schiffes kleiner. Man drückt gewöhnlich die Differenz zwischen Schraubengeschwindigkeit und Schiffsgeschwindigkeit in Prozenten aus.

Es ist also: $\dfrac{V_1 - V}{V_1} \cdot 100 =$ Slip oder Rücklauf der Schraube in Prozenten. Ferner ist zu berücksichtigen, daß dem das Schiff umgebende Wasser während der Fahrt durch die Reibung an der Außenhaut und den Sog des Hinterschiffes in der Fahrtrichtung

Völligkeitsgrade

Fig. 198.

eine gewisse Beschleunigung (Vorstrom) erteilt wird. Nennt man diesen Vorstrom $= U$, dann wird im Gegensatz zu dem obigen Wert, der als scheinbarer Slip bezeichnet ist, der tatsächliche Slip $= \dfrac{V_1 - (V - U)}{V_1} \cdot 100$.

Da bei Schiffen mit sehr völligem Heck die Vorstromgeschwindigkeit U sehr groß wird, so kann leicht der Fall eintreten, daß bei ungünstiger Schraubenkonstruktion mit sehr geringem tatsächlichen Slip der scheinbare Slip gleich Null wird oder gar negativ ausfällt. Tritt dieser Fall ein, so ist dies ein sicheres Zeichen für den ungünstigen Antrieb des Schiffes, denn es muß zur Erzeugung des Vorstromes eine größere Energie abgegeben werden, als man durch das mitfließende Wasser zurückerhält; ferner hat der tatsächliche Slip einen Einfluß auf den Nutzeffekt des Propellers. Genaue Werte für den Vorstrom U lassen sich kaum geben, man kann jedoch, um einen gewissen Anhalt zu erlangen, dessen ungefähren Wert aus dem Diagramm Fig. 198 entnehmen. (Dieses Diagramm ist der Arbeit von Taylor „Resistance of ships and screw propulsion" entnommen.) In diesem Diagramm ist der Völligkeitsgrad der Quotient: Wasserverdrängung dividiert durch Länge mal Breite mal Höhe des eingetauchten Schiffskörpers, in der Wasserlinie gemessen. Der günstigste tatsächliche Slip liegt zwischen den Grenzen 10% und 20% (s. a. Bauer „Schiffsmaschinen").

Der Nutzeffekt des Propellers.

Nutzeffekt und Umdrehzahl stehen in engster Beziehung zueinander. Allgemein ist der Nutzeffekt einer langsam drehenden Schraube.

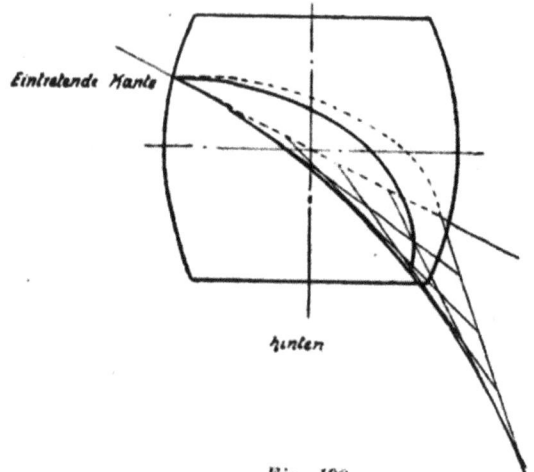

Einlretende Kante

hinten

Fig. 199.

vorausgesetzt, daß sie richtig konstruiert ist, größer als bei einer schnelldrehenden Schraube.

Die Schraubenflügel sind so auszubilden, daß die eintretende Kante stoßfrei arbeitet und daß sich der Druck durch gleichmäßige Beschleunigung des Schraubenwassers auch gleichmäßig auf die ganze Flügelfläche verteilt. Die Firma Theodor Zeise-Altona hat auf Grund langjähriger Versuche und Erfahrungen gefunden, daß man äußerst günstige Nutzeffekte erzielt, wenn man die effektive Steigung (Mittel zwischen Rücken und Druckseite) gesetzmäßig nach einer Parabel (Fig. 199) ausbildet. Eine weitere Verbesserung des Nutzeffektes erzielt man in der nach der Nabe zu größer werdenden Steigung. Trotzdem findet man aber noch die Anwendung von Schrauben mit konstanter Steigung.

Unter dem Nutzeffekt versteht man das Verhältnis: geleistete Arbeit zur aufgewendeten Arbeit. Es ist also, wenn:

N_i = die indizierte Leistung,
N_e = die effektive Leistung bedeutet, $\eta = \dfrac{N_e}{N_i}$.

Ein Teil der effektiven Leistung geht durch Reibungsarbeit und Kantenwiderstand verloren und nur ein Teil kommt für die nutzbare **axiale** Schraubenarbeit in Betracht. Der Nutzeffekt schwankt bei gut konstruierten Schrauben zwischen 60 und 70%. Für kleine Schiffe mit kleinen Schrauben, deren Maschinen mit hoher Umlaufzahl arbeiten, werden nur Nutzeffekte von 40 bis 50% erzielt, während bei großen Schiffen mit großen Schrauben und geringer Umlaufzahl Nutzeffekte bis 70% nicht selten sind.

Der Nutzeffekt ist eine abhängige Funktion des Verhältnisses: Steigung H zu dem Durchmesser D. In dem Diagramm Fig. 200 (nach Taylor) ist der Nutzeffekt von Flügelelementen mit verschiedenem Verhältnis $\dfrac{d}{H}$ ersichtlich. Es ist nach dieser Figur ohne weiteres klar, daß man danach streben muß, das Verhältnis so zu wählen, daß die wirksame Druckfläche sich möglichst in den Grenzen $\dfrac{d}{H} = 0.2$ bis 0.8 bewegt. Bei

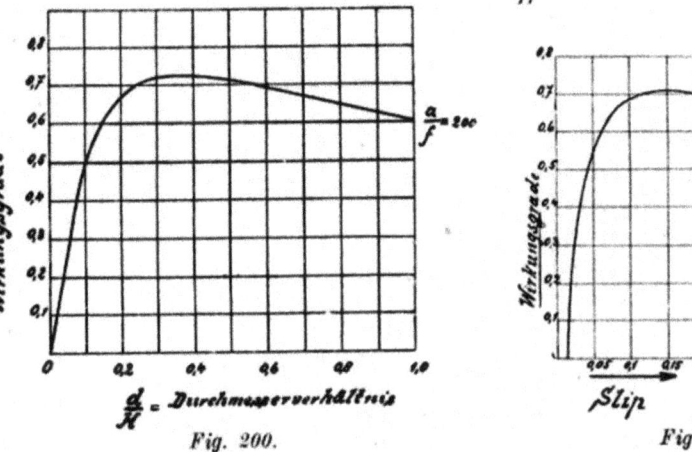

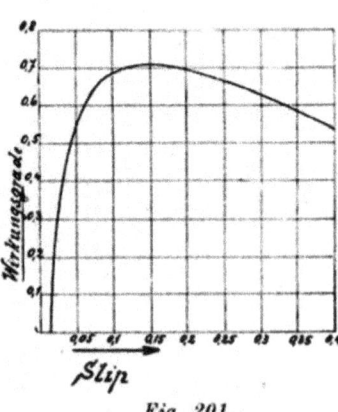

Fig. 200.   Fig. 201.

ausgeführten Schrauben mit gutem Nutzeffekt findet man das Verhältnis des äußersten Durchmessers zur Steigung etwa: $\dfrac{D}{H} = 0,5$ bis $1,2$.

Man wird demnach bestrebt sein müssen, den Durchmesser so groß wie möglich zu wählen, um, wie schon erwähnt, den größten Teil der Druckfläche nach außen zu verlegen, da hier in bezug auf das Verhältnis $\dfrac{d}{H}$ der günstigste Nutzeffekt liegt. Aus diesen Betrachtungen heraus hat sich denn auch in der Praxis die heute allgemein übliche Flügelform, außen möglichst breit, an der Nabe so schmal, wie es die Festigkeitsverhältnisse gestatten, herausgebildet.

Einen gleichfalls nicht unwesentlichen Einfluß auf den Nutzeffekt

des Propellers hat der Slip, wie Fig. 201 zeigt. Diese Figur zeigt deutlich, wie unrichtig es ist, den tatsächlichen Slip einer Schraube kleiner
als 10% und größer als 20% zu wählen. Ferner hat das Verhältnis
der abgewickelten Schraubenfläche zur Schraubenkreisfläche einen
großen Einfluß auf den Nutzeffekt des Propellers. Denn es ist ohne
weiteres ersichtlich, daß bei zu großem Verhältnis

$$k = \frac{z \cdot A}{\frac{\pi D^2}{4}}$$

erstens ein großer Teil des Flügelareals an die Nabe zu liegen kommt,
wo schon, wie schon vorher gesagt, das ungünstigste Verhältnis $\dfrac{d}{H}$
herrscht, und daß zweitens durch die allzu großen Flügelflächen eine
Behinderung für den Wasserdurchtritt durch die Schraube eintritt.
Durch diesen letzten Übelstand wird eine Wirbelbildung innerhalb
der Schraube erzeugt und es kann dann bei Schrauben mit verhältnismäßig hoher Tourenzahl leicht der Fall eintreten, daß sich an der
Vorderseite der Schraube Hohlräume bilden, die den Nutzeffekt sehr
verschlechtern und die Brauchbarkeit des betreffenden Propellers in
Frage stellen. (Kavitationserscheinung, siehe Flamm, Jahrbuch der
schiffbautechnischen Gesellschaft 1910.)

Man wählt daher das Verhältnis k etwa:

0,3 —0,33 bei Torpedobooten,
0,33—0,39 ,, Kreuzern,
0,32—0,38 ,, Linienschiffen,
0,33—0,39 ,, Post- und Schnelldampfern,
0,3 —0,45 ,, Handelsdampfern und
0,4 —0,8 ,, Schleppern und Flußdampfern.

Die Schrauben werden gewöhnlich nach folgenden Formeln bestimmt:

$$D = K_1 \cdot \sqrt{\frac{N_i}{\left(\dfrac{n \cdot H}{100}\right)^3}}$$

und

$$z \cdot A = K_2 \sqrt{\frac{N_i}{n}};$$

hierin ist:

$z =$ Flügelanzahl;
$A =$ abgewickelte Schraubenfläche in qm;
K_1 und K_2 Koeffizienten. (Die anderen Bezeichnungen siehe S. 153.)
Nach Seaton (Pocketbook of marine engineering) setzt man diese
Koeffizienten:

Tabelle Nr. 17.

K_1 und K_2 zur Schraubenberechnung

Art des Schiffes	Geschwindigkeit V in Knoten	Anzahl der Schrauben	Flügel	K_1	K_2	Material der Flügel
1. Völlige Frachtdampfer	8—10	1	4	0,87—0,90	1,8—1,6	Bronze Guß. oder eisen Stahlguß
2. Frachtdampfer mit mäßig völligen Linien .	10—13	1	4	0,92—0,97	1,6—1,4	
3. Post- und Passagierdampfer mit feinen Linien	13—17	1	4	1,00—1,05	1,4—1,2	
4. do.	13—17	2	4	1,05—1,10	1,3—1,2	
5. do. mit sehr feinen Linien	17—22	1	4	1,08—1,13	1,2—1,0	
6. do.	17—22	2	3	1,13—1,18	1,0—0,8	
7. Kriegsschiffe mit sehr feinen Linien	16—22	2	4	1,08—1,15	1,1—1,0	Bronze
8. do	16—22	2	3	1,13—1,21	0,8—0,7	
9. Torpedoboote	20—26	1	3	1,23—1,38	0,7—0,5	
10. do.	25—30	2	3	1,3 —1,45	0,7—0,5	

Die Berechnung der Schraubenfläche.

Die Größe der abgewickelten Schraubenfläche ist abhängig von dem indizierten Schub und dem zulässigen Flächendruck. Dieser letztere beträgt bei:

Frachtdampfern . . . . 0,4 —0,5 kg/qcm
Passagierdampfern . . . . 0,5 —0,6 „
Schnelldampfern und Linienschiffen . 0,65—0,75 „
Torpedobooten . . . . bis 0,9 „

Allgemein kommen heute nur noch Schrauben mit drei oder vier Flügeln zur Anwendung, und zwar nimmt man für Torpedoboote, Kreuzer, Linienschiffe, und kleine schnelle Handelsschiffe Schrauben mit drei Flügeln, während man bei Schnell- und Passagierdampfern sowie den gewöhnlichen Frachtdampfern usw. die Schraube mit vier Flügeln vorzieht. Vielfach findet man Schrauben deren Erzeugende nach hinten geneigt ist. (Fig. 202) Man bezweckt dadurch, die nach hinten geworfenen Wassermassen zusammenzuhalten, was besonders bei rasch umlaufenden Propellern vorteilhaft erscheint. Diese Schraubenflügel werden jedoch stärker beansprucht als solche, deren Erzeugende ohne Neigung verläuft (Fig. 202a), da außer der Zentrifugalkraft noch eine Biegungsbeanspruchung auftritt.

Die Steigung der Schrauben ist entweder konstant oder variabel. Die Schrauben mit konstanter Steigung sind in ihrer Herstellung und Bearbeitung wesentlich einfacher als solche mit variabler Steigung. Letztere dagegen, deren Steigung mit zunehmendem Durchmesser abnimmt, arbeiten günstiger, ohne daß es bisher gelungen ist, sich über diese Tatsache zweifelsfreie Klarheit zu verschaffen.

Es ist entschieden vorteilhafter, die Steigung der Schraube eher zu klein als zu groß zu wählen, denn es wird der für den Nutzeffekt der Schraube einflußreiche Quotient $\dfrac{D}{H}$ günstiger und ferner wird die Maschine eher imstande sein, den zur Verfügung stehenden Dampf voll auszunützen, da mit abnehmender Steigung die Umdrehungszahl wächst. Während anderseits bei zu großer Steigung die Maschine, die an und für sich genügend groß wäre, nicht imstande ist, das zur Fortbewegung des Schiffes erforderliche Drehmoment an die Schraubenwelle abzugeben.

Bei großen Schrauben über 4,0 m Durch-

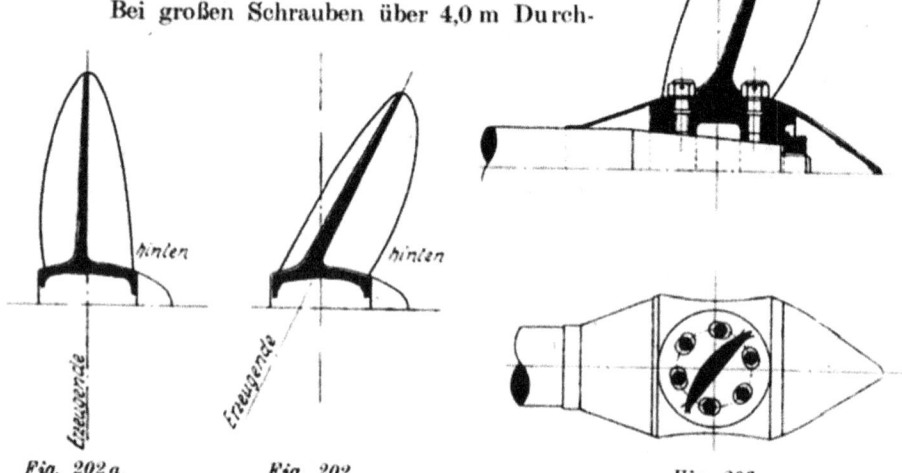

Fig. 202a.   Fig. 202.   Fig. 203.

messer kann man diesem Umstand durch aufgesetzte drehbare Flügel Rechnung tragen. Die Flügel werden in der Nabe zentrisch eingesetzt. und die Bolzenlöcher im Flansch oval ausgebildet (siehe Fig. 203).

Diese Ausführung hat noch den Vorteil, daß man nur ein oder zwei Reserveflügel mitzuführen braucht, anstelle einer sonst erforderlichen ganzen Reserveschraube.

Zur Berechnung der Flügel auf ihre Festigkeit benötigt man für die einzelnen Querschnitte deren wahre Breite. Die Bestimmung dieser erfolgt am einfachsten aus der annähernden Abwicklung der Schraubenfläche aus der durch Rechnung festgelegten projizierten

Fläche wie folgt: Vom Schraubenmittel O in Fig. 204 schlägt man die Radien $r — r_1 — r_2 — r_3 \ldots$, lotet die Endpunkte $E — E_1 — E_2 — E_3 \ldots$ bzw. $A — A_1 — A_2 — A_3 \ldots$ auf die zugehörigen Steigungswinkel und dreht sie so gefundenen Schnittpunkte auf die Horizontale $x — x$ zurück. Die so gefundenen Punkte bringt man nach oben und sind die Schnittpunkte $E' — E'_1 — E'_2 — E'_3 \ldots$ bzw. $A' — A'_1 — A'_2 — A'_3$

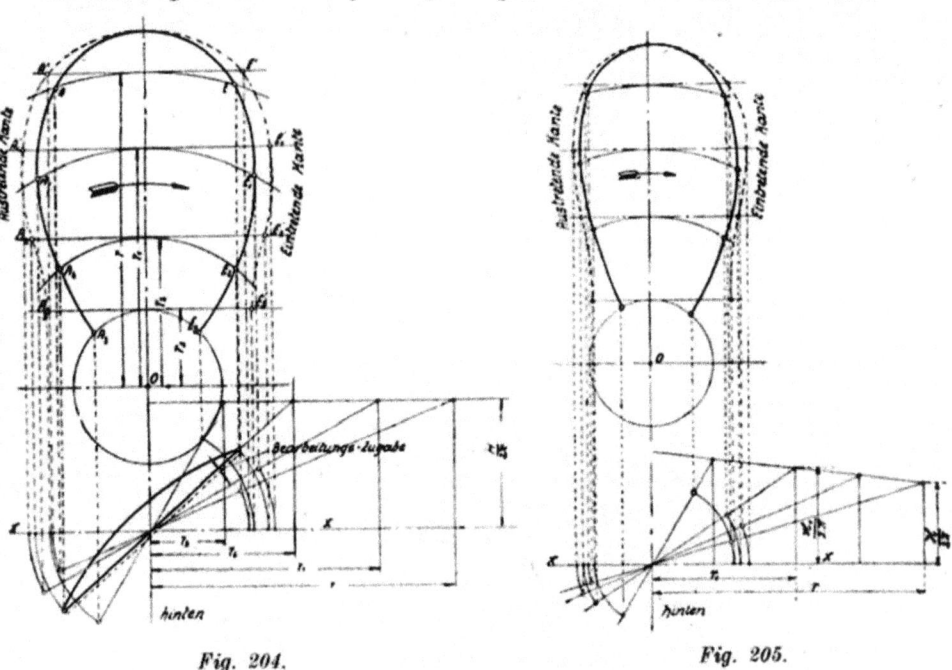

Fig. 204.   Fig. 205.

$\ldots$ mit den zu den Radien $r — r_1 — r_2 — r_3 \ldots$ gehörigen Tangenten die gesuchten Punkte.

Wie aus der Fig. 204 ersichtlich, ist für konstante Steigung der Wert $\dfrac{H}{2\pi}$ für jedes Flügelelement unveränderlich, während für veränderliche Steigung auch der Wert $\dfrac{H}{2\pi}$ veränderlich ist (Fig. 205).

Die Beanspruchung der Schraubenflügel.

Die Flügel einer Schiffsschraube werden durch die Schubkraft und Tangentialkraft auf Biegung und Zug beansprucht. Die größte Beanspruchung tritt naturgemäß an der Flügelwurzel auf.

Die Schubkraft P ermittelt sich aus:

$$N_e = \frac{P \cdot H \cdot (1 - s_t) \cdot n \cdot z}{60 \cdot 75 \cdot 100 \cdot \eta};$$

hierin ist:

N_e = die effektive Leistung, welche auf die Drehung der Schraube verwendet wird;

H, n und z Steigung in cm, Umdrehungszahl pro Minute und Flügelzahl;

s_t = tatsächlicher Slip;

η = Nutzeffekt des Propellers, den man aus Gründen der Sicherheit mit 0,7 bis 0,75 einsetzt.

Nach Taylor ist die an die Schraube abgegebene Arbeit:

$$N_n = 1140 \cdot z \left(\frac{H \cdot n}{1000}\right)^3 \cdot D^2 \cdot b \, (a \cdot s_t \cdot X + f \cdot Z)$$

und die in der Fahrtrichtung geleistete nützliche Schubarbeit:

$$N_n = 1140 \cdot z \left(\frac{H \cdot n}{1000}\right)^3 \cdot D^2 \cdot b \left(a \cdot s_t \cdot (1 - s_t) \cdot X - f \, (1 - s_t \cdot Y)\right);$$

hierin ist:

a ein Druckkoeffizient, der einzusetzen ist;

$a = 8,4$ bis $1 \dfrac{D}{H}$ für vierflügelige Schrauben;

$a = 9,4$ bis $1,2 \dfrac{D}{H}$ für dreiflügelige Schrauben;

b = mittleres Breitenverhältnis

$\left(\dfrac{\text{mittlere Flügelbreite}}{\text{Durchmesser}}\right)$ mittlere Breite $= \dfrac{\text{abgewickelte Fläche}}{\text{Flügellänge}}$

f = Reibungs- und Formwiderstandskoeffizient $= 0,045$;

s_t = tatsächlicher Slip (als Dezimalbruch);

X, Y und Z Werte für verschiedene Durchmesserverhältnisse $\dfrac{D}{H}$ (siehe Tabelle Nr. 18).

Tabelle Nr. 18.
Werte von X, Y und Z
(siehe T a y l o r , Resistance of ships and screw propulsion).

Durchmesser-verhältnis $\left\{\dfrac{D}{H}\right.$	X	Y	Z
0,1	0,077	1,048	0,10
0,2	0,288	1,181	0,47
0,3	0,582	1,374	1,22
0,4	0,912	1,606	2,54
0,5	1,254	1,862	4,60
0,6	1,598	2,134	7,58
0,7	1,939	2,416	11,68
0,8	2,277	2,705	17,09
0,9	2,612	2,999	23,98
1,0	2,944	3,297	32,54

Die Tangentialkraft berechnet sich zu:

$$T = 71\,620 \cdot \frac{N_e}{n} \cdot \frac{1}{z};$$

also:

$$T \cdot k_2 \cdot \frac{D}{2} = 71\,620 \cdot \frac{N_e}{n} \cdot \frac{1}{z}.$$

Nimmt man nun an, daß die resultierende Schubkraft an einem bestimmten Punkt angreift, dessen Entfernung von der Welle sich aus der Gleichung

$$k_1 \cdot \frac{D}{2} = \frac{\text{Gesamtschubmoment}}{\text{Gesamtschub}}$$

bestimmt, dann wird das durch P hervorgerufene Biegungsmoment im Abstand $\frac{d}{2}$:

$$M_P = \left(k_1 \frac{D}{2} - \frac{d}{2}\right) \cdot P.$$

Die Entfernung des Angriffspunktes der Summe aller Tangentialkräfte berechnet sich aus der Gleichung

$$k_2 \frac{D}{2} = \frac{\text{Gesamtmoment der Tangentialkraft}}{\text{Gesamt-Tangentialkraft}}$$

Das durch T hervorgerufene Biegungsmoment im Abstand $\frac{d}{2}$ ist:

$$M_T = \left(k_2 \cdot \frac{D}{2} - \frac{d}{2}\right) \cdot T.$$

Die Konstanten k_1 und k_2 findet man für normale Schraubenflüge aus der

Tabelle Nr. 19.

$\frac{D}{H}$	k_1	k_2	$\frac{D}{H}$	k_1	k_2
0,4	0,706	0,646	0,8	0,688	0,614
0,5	0,710	0,654	0,9	0,695	0,606
0,6	0,692	0,644	1,0	0,696	0,600
0,7	0,684	0,625			

Aus Fig. 206 ergibt sich nun das Biegungsmoment um die Achse $a — a$:

$$M_1 = (M_P \cdot \cos a + M_T \cdot \sin a)$$

und um die Achse $b — b$:

$$M_2 = (M_P \cdot \sin a + M_T \cdot \cos a)$$

In diesen Gleichungen ist $\dfrac{d}{2}$ der Druckmittelpunkt der projizierten Flügelfläche.

Den Querschnitt an der Wurzel führt man gewöhnlich parabolisch aus. Die Fläche der Parabel ist

$$F = \frac{2}{3} \cdot l \cdot h;$$

und deren Schwerpunktsabstand von der Achse $A - B$ ist $d = \dfrac{2}{5} h$; das Trägheitsmoment um die Schwerachse $\| A - B$ ist:

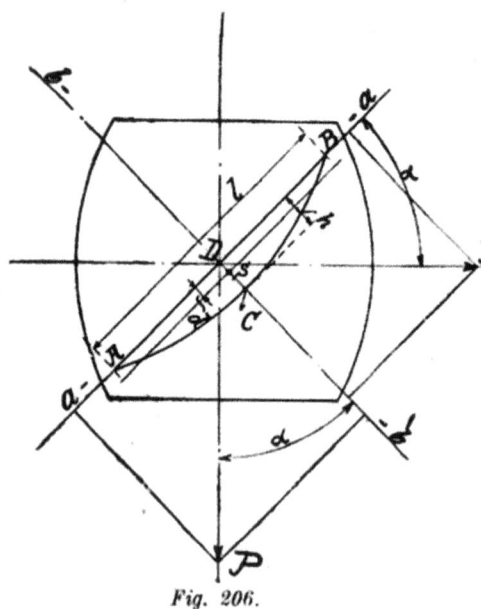

Fig. 206.

$$J_a = \frac{8}{175} l \cdot h^3$$

und um die Achse $C - D$:

$$J_b = \frac{1}{30} l^3 \cdot h.$$

Hieraus folgt das Widerstandsmoment parallel zur Achse $A - B$ für:

$$A - B \quad W = \frac{4}{35} \cdot l h^2;$$

für C parallel $A - B$:

$$W = \frac{8}{105} \cdot l h^2.$$

Widerstandsmoment für die Achse $C - D$:

$$W = \frac{1}{15} l^2 h.$$

Hieraus ergibt sich:

in $A - B$ Zug herrührend von $M_1 = \dfrac{35}{4} \cdot \dfrac{M_1}{l h^2}$;

„ C Druck „ „ $M_1 = \dfrac{105}{8} \cdot \dfrac{M_1}{l h^2}$;

„ A Zug „ „ $M_2 = \dfrac{15 M_2}{l^2 h}$;

„ B Druck „ „ $M_2 = \dfrac{15 M_2}{l^2 h}$.

Es tritt also in A die größte Zugspannung von der Größe

$$S_z = \frac{35}{4} \cdot \frac{M_1}{l h^2} + \frac{15 M_2}{l^2 h}$$

auf, während in C die größte Druckspannung von der Größe

$$S_d = \frac{105}{8} \cdot \frac{M_1}{l\,h^2}$$

auftritt. Die Länge l = Flügelbreite in cm, bezogen auf den abgewickelten Flügel, wird angenommen, woraus sich dann mit Hilfe obiger Formeln und nachstehender Tabelle die Stärke h leicht bestimmen läßt.

Tabelle Nr. 20.

Zulässige Beanspruchung von Schraubenflügeln
durch Schubmoment und Drehmoment.

Material	Zulässige Beanspruchung in kg/qcm	
	S_{z_1} (Zug)	S_{d_1} (Druck)
Gußeisen	140	420
Stahlguß	350	700
Bronze	210	280
Mangan- oder Phosphorbronze .	350 (bis 600)*	420 (bis 850)*

Die mit * bezeichneten Werte gelten für Torpedoboote und leichte Kriegsschiffsmaschinen, bei denen es besonders darauf ankommt, geringe Gewichte zu erzielen.

Außer den Beanspruchungen, hervorgerufen durch den Schub P und die Tangentialkraft T, wird der Schraubenflügel durch die Zentrifugalkraft C beansprucht. Diese Kraft C ruft bei Schrauben, deren Erzeugende nicht geneigt ist (Fig. 207), eine reine Zugbeanspruchung in der Fußwurzel hervor, zu der, bei Schrauben mit rückwärts geneigter Erzeugenden, auch noch eine Biegungsspannung hinzutritt. Ist r der Halbmesser des Schwerpunktes S vom Wellenmittel in m, v die Umfangsgeschwindigkeit in m/sek. $= \dfrac{2\,r\,\pi\,n}{60}$; G das Gewicht des Schraubenflügels in kg, dann ist die Zentrifugalkraft

$$C = \frac{v^2}{r} \cdot \frac{G}{g} \cdot$$

Es wird somit für Fig. 207 außer den Zugspannungen S_{z_1} und S_{z_2} eine Zugspannung $S_{z_c} = \dfrac{C}{F}$ hinzutreten, so daß die maximale Zugbeanspruchung im Querschnitt

$$a - a = Z_{\text{max}} = S_z + S_{z_c}$$

wird. Die maximale Druckspannung wird nunmehr

$$d_{\text{max}} = S_{d_1} - S_{z_c} .$$

Bei nach hinten geneigter Erzeugenden (Fig. 208) ruft die Zentrifugalkraft ein biegendes Moment im Wurzelquerschnitt von der Größe

$$M_b = \frac{e \cdot C}{\sqrt{2}}$$

hervor; da der Querschnitt an der Flügelwurzel meistens unter einem Winkel von 45° zum Wellenmittel steht, kommt nur ein Teil $\left(\dfrac{1}{\sqrt{2}}\right)$ des Momentes für die Achse $a - a$ in Betracht.

Es ergibt sich dann aus diesem Moment eine Zugspannung im Querschnitt $a - a$ von

$$S_{z_3} = \frac{M_c}{\dfrac{4}{35} \cdot l \cdot h^2} = \frac{35\, M_c}{4 \cdot l \cdot h^2}:$$

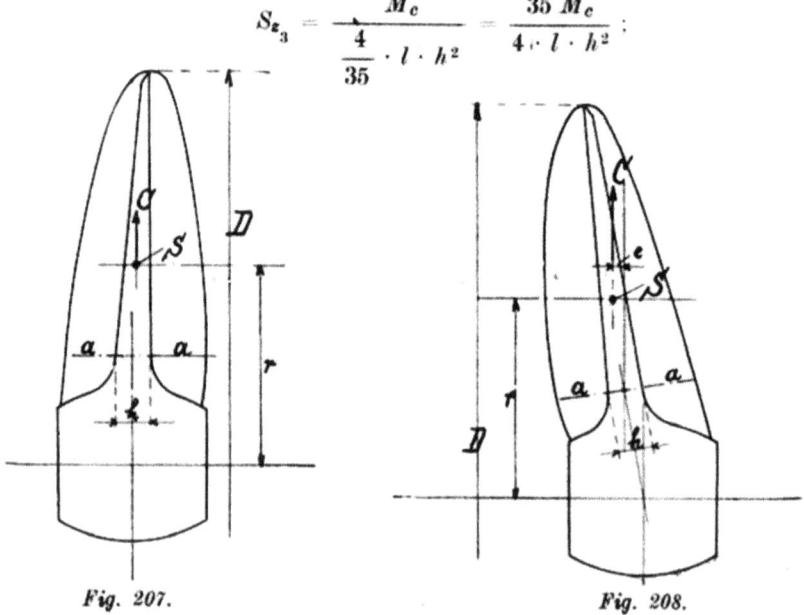

Fig. 207.   Fig. 208.

und eine Druckspannung in C von der Größe

$$S_{d_3} = \frac{M_c}{\dfrac{8}{105} \cdot l \cdot h^2} = \frac{105\, M_c}{8 \cdot l \cdot h^2}.$$

Hieraus folgt, daß die größte totale Zugspannung

$$S_z = S_{z_1} + S_{z_2} + S_{z_3}$$

und die größte totale Druckspannung

wird. $$S_d = S_{d_1} - S_{z_2} + S_{d_3}$$

Bei raschlaufenden Schrauben nimmt C mit dem Quadrat der Geschwindigkeit zu und wird infolgedessen sehr groß. Die Querschnitte müssen dementsprechend verstärkt werden, es ist dann zulässig, die in Tabelle 20 angeführten Werte für S_z und S_{d_1} um 20 bis 30% zu überschreiten.

Als Material für die Schiffsschrauben kommt für Kriegsschiffe fast ausnahmslos Mammut-, Mangan- oder Phosphorbronze, für größere Handelsschiffe usw. **Bronze oder Stahlguß**, für kleine Handelsschiffe Gußeisen zur Verwendung.

Es findet allgemein Anwendung:

1. **Bronze:** bei raschlaufenden, hoch beanspruchten Schrauben (Schiffe für transatlantische Fahrt), die mit Rücksicht auf einen hohen Nutzeffekt allseitig bearbeitet sein und scharfe Kanten aufweisen müssen.

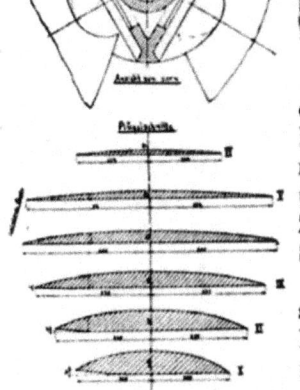

Es kommt nur eine seewasserbeständige Bronze von hoher Festigkeit in Frage. Bronzeschrauben erzeugen bei eisernen Schiffen galvanische Ströme, die Hintersteven und Ruder anfressen. Zum Schutz gegen diese Zerstörungen bringt man an den gefährdeten Stellen des Schiffskörpers Zinkschutzplatten an.

2. **Stahlguß:** bei ebenfalls hoch beanspruchten Schrauben (Eisbrecher, Schleppern, Fischdampfern), die schwer im Eisgang arbeiten müssen und Grundberührungen ausgesetzt sind.

Stahlgußschrauben lassen sich nur unvollkommen bearbeiten und müssen deren Kanten, um Spannungsrisse zu vermeiden, erheblich

Fig. 209.

stärker sein als bei Bronzeschrauben; sie haben daher aus diesen Gründen auch einen geringeren Nutzeffekt als diese.

Infolge galvanischer und chemischer Ursachen sind Stahlgußschrauben starker Zersetzung unterworfen.

3. **Gußeisen:** bei kleinen und mittleren Fracht- und Passagierdampfern, sowie Fähren und kleineren Schleppern.

Das Material muß von feinkörniger Beschaffenheit und besonders an der Druckseite frei von Blasen sein.

Gußeiserne Schrauben sind weit weniger den zersetzenden Einflüssen unterworfen als solche aus Bronze- oder Stahlguß, fallen aber infolge der geringeren zulässigen Beanspruchungen entsprechend schwerer aus.

Bei Torpedobooten fand man früher auch Schrauben, deren Naben aus Stahlguß hergestellt waren, in welche die geschmiedeten Flügel mittels Keil eingesetzt waren. Jetzt kommen für Torpedoboote nur noch Schrauben, aus einem Stück aus Bronze hergestellt, zur Anwendung.

Die Schraubenflügel erhalten an der Spitze eine Stärke von

$$h_0 = 8\text{—}12 \text{ mm für Durchmesser bis } 3 \text{ m}$$
$$h_0 = 12\text{—}18 \quad \ldots \quad \ldots \quad \ldots \quad \text{von } 3\text{—}4 \text{ m}$$
$$h_0 = 18\text{—}22 \quad \ldots \quad \ldots \quad \ldots \quad \ldots \quad 4\text{—}6 \text{ ,,}$$
$$h_0 = 22\text{—}25 \quad \ldots \quad \ldots \quad \ldots \quad \ldots \quad >6 \text{ ,,}$$

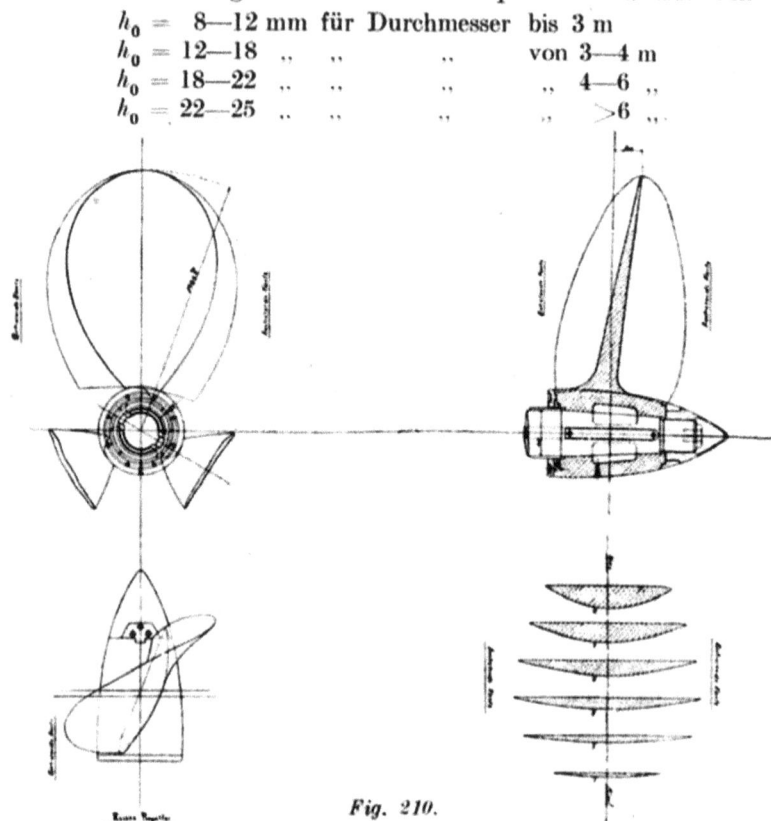

Fig. 210.

Als Material ist hier gute Bronze oder Stahlguß vorausgesetzt, während man für gußeiserne Schrauben das $1\frac{1}{2}$fache obiger Werte einsetzt.

Die Druckflächen der Flügel werden häufig auf Spezialmaschinen auf genaue Steigung bearbeitet.

Fig. 209 zeigt eine Schraube für einen Torpedokreuzer. Die indizierte Leistung der Maschine beträgt etwa 4250 PS_1 bei 285 Umdrehungen pro Minute. Die an der Meile gemessene Schiffsgeschwindigkeit betrug $23\frac{1}{2}$ Knoten, bei einer mittleren Steigung der Flügel von 3120 mm. Die Flügel sind mit der Nabe verschraubt, und zwar so, daß

die größte Steigung 3420 mm,

die kleinste Steigung 2820 ,,

betragen kann. Zu diesem Zweck sind die Schraubenflügel drehbar angeordnet und die Schraubenlöcher oval ausgeführt. Material Bronze. Propellerdurchmesser 2900 mm; projizierte Fläche 2,79 qm; abgewickelte Fläche 3,20 qm:

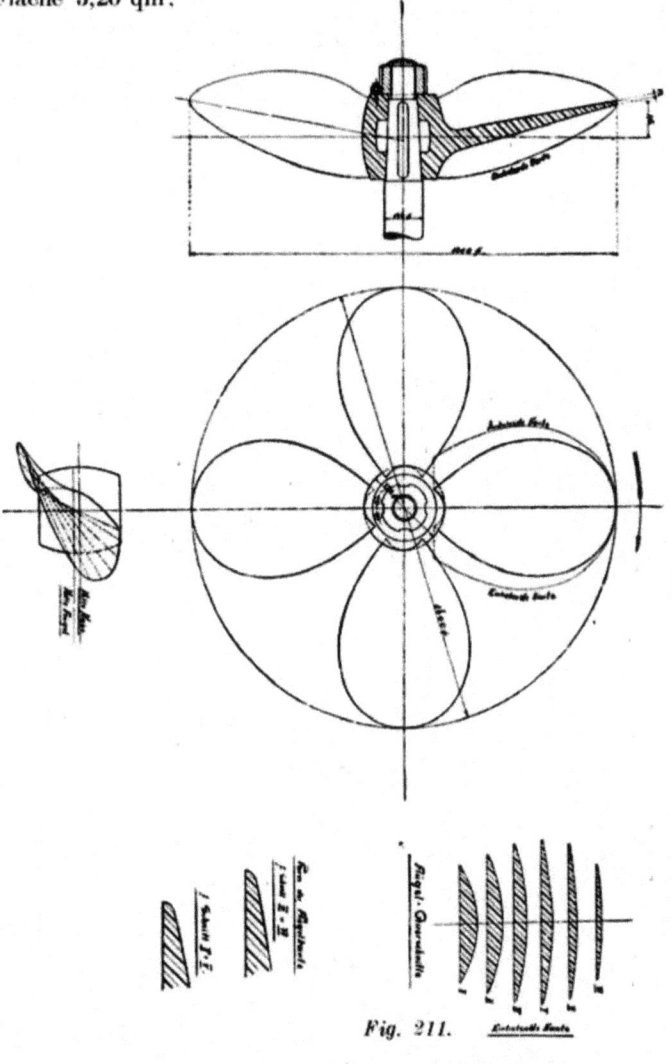

Fig. 211.

$$\frac{\text{proj. Fläche}}{\text{Kreisfläche}} = 0{,}423; \quad \frac{\text{abgewickelte Fläche}}{\text{Kreisfläche}} = 0{,}484.$$

Fig. 210 zeigt eine Schraube für ein Torpedoboot. Die indizierte Leistung der Maschine beträgt hierfür 5450 PS$_i$ bei 325 Umdrehungen pro Minute.

Schiffsgeschwindigkeit = 30,5 Knot.: äußerer Durchmesser = 2400 mm;
Steigung der Schraube = 3700 mm: Projektionsfläche 1.72 qm;

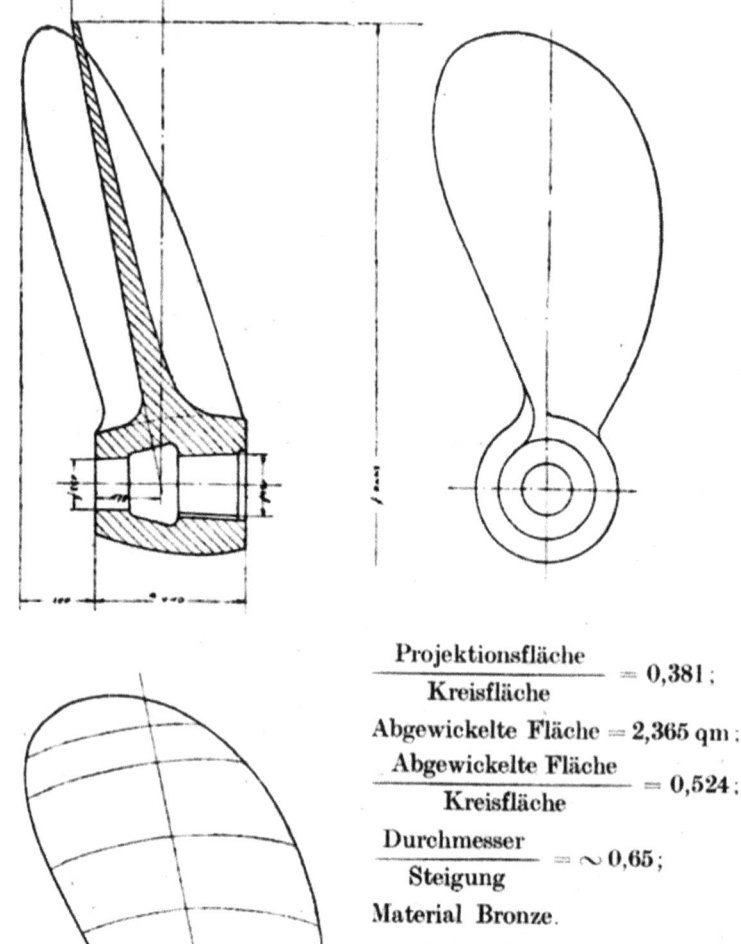

$$\frac{\text{Projektionsfläche}}{\text{Kreisfläche}} = 0,381;$$

Abgewickelte Fläche = 2,365 qm;

$$\frac{\text{Abgewickelte Fläche}}{\text{Kreisfläche}} = 0,524;$$

$$\frac{\text{Durchmesser}}{\text{Steigung}} = \sim 0,65;$$

Material Bronze.

In Fig. 211 ist eine vierflügelige Schraube für ein kleines Handelsschiff dargestellt. Leistung
der Maschine 110 PS$_1$ bei 200 Umdrehungen pro Minute.

Schiffsgeschwindigkeit = 8$\frac{1}{2}$
Knoten;

Fig. 212.

Steigung der Schraube = 1800 mm;
äußerer Durchmesser = 1400 mm;

$$\frac{\text{Durchmesser}}{\text{Steigung}} = 0,778; \qquad \frac{\text{Projektionsfläche}}{\text{Kreisfläche}} = 0,5;$$

Projektionsfläche $= 0,78$ qm; Abgewickelte Fläche $= 1,0$ qm;

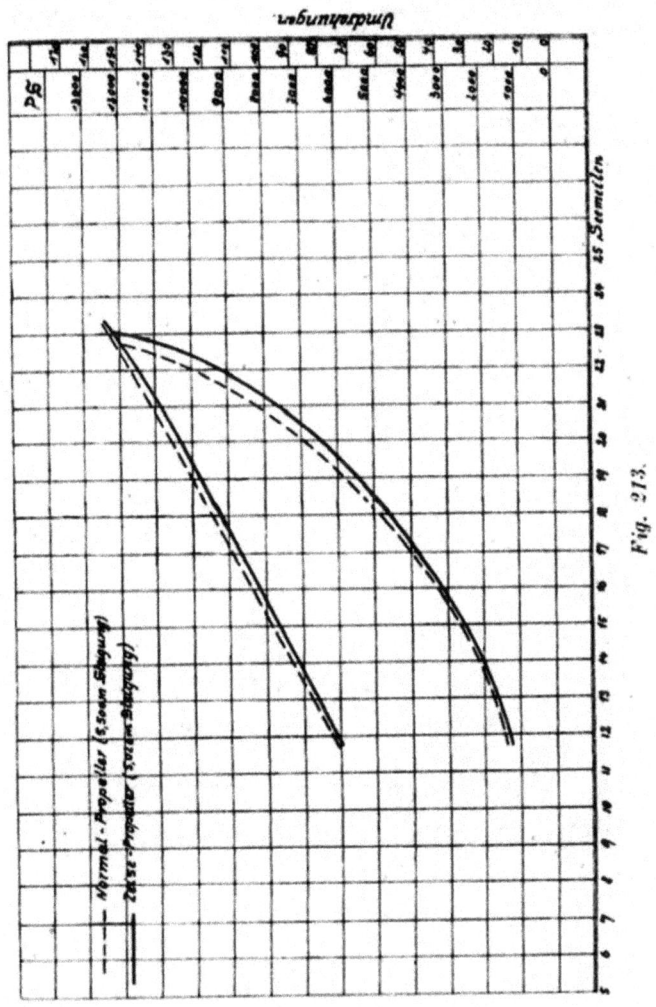

Fig. 213.

$$\frac{\text{Abgewickelte Fläche}}{\text{Kreisfläche}} = 0,65;$$

Material des Propellers: Stahlguß.

Die Ausführung einer vierflügeligen Patent-Zeise-Schraube zeigt Fig. 212. Diese Schraube hat einen Außendurchmesser von 2440 mm

und eine mittlere Steigung von 3060 mm. Die abgewickelte Flügelfläche beträgt 2,43 qm. In dem Diagramm (Fig. 213) sind die Versuchsergebnisse einer Vergleichsfahrt ausgeführt mit je einer normalen und
einer Patent-Zeise-Schraube dargestellt. Das Diagramm zeigt, daß
insbesonders bei den größeren Geschwindigkeiten die Zeise-Schraube
einen wesentlich höheren Nutzeffekt aufweist als die normale Schraube.
In Fig. 214 ist eine vierflügelige Bronzeschraube von 6,8 m Durch-

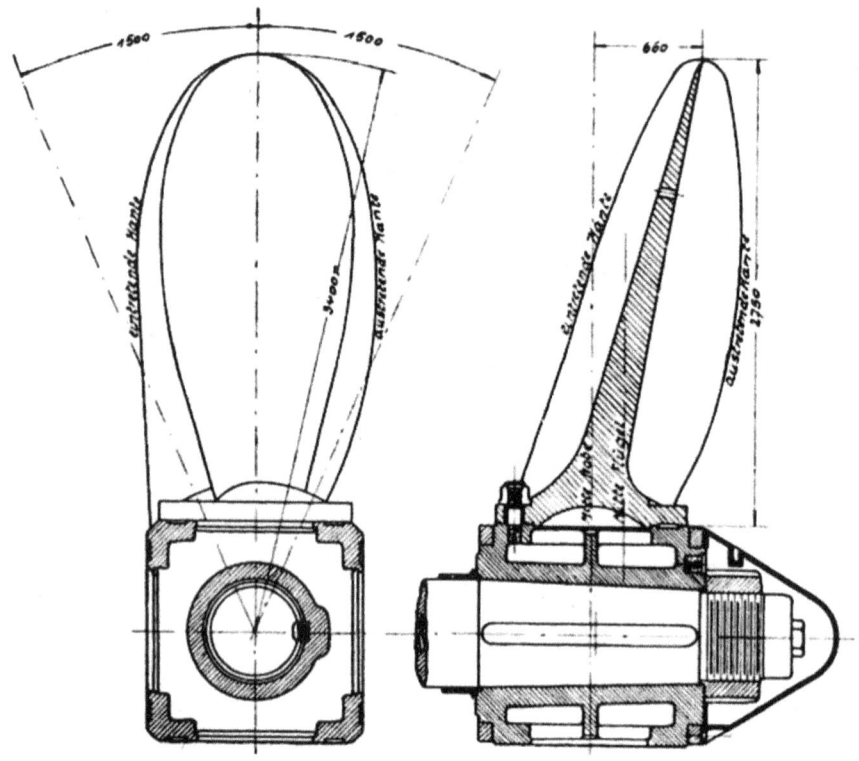

Fig. 214.

messer dargestellt. Die Steigung ist konstant und beträgt 11 m, die
abgewickelte Flügelfläche etwa 13 qm. Die Flügel sind mit je 10 Stück
4″ Bolzen mit der Nabe verschraubt.

Eine Stahlgußschraube aus einem Stück mit gleichfalls vier Flügeln
zeigt Fig. 215. Die Steigung ist radial variabel und beträgt beim Eintritt 3,1 m, beim Austritt 3,8 m. Der Durchmesser über Außenkante
Flügel gemessen beträgt 2,95 m; die projizierte Flügelfläche ca. 2,8 qm,
die abgewickelte Flügelfläche etwa 3,5 qm.

Fig. 216 zeigt die Ausführung einer Schlepperschraube mit variabler Steigung für Ein- und Austritt. Die Maschine leistet ca. 230 PS$_i$ bei 170 Umdrehungen pro Minute. Die Abwicklung der Flügelflächen ist nach der Methode des Herrn Prof. Dieckhoff ausgeführt.

Material der Schraube: Stahlguß.

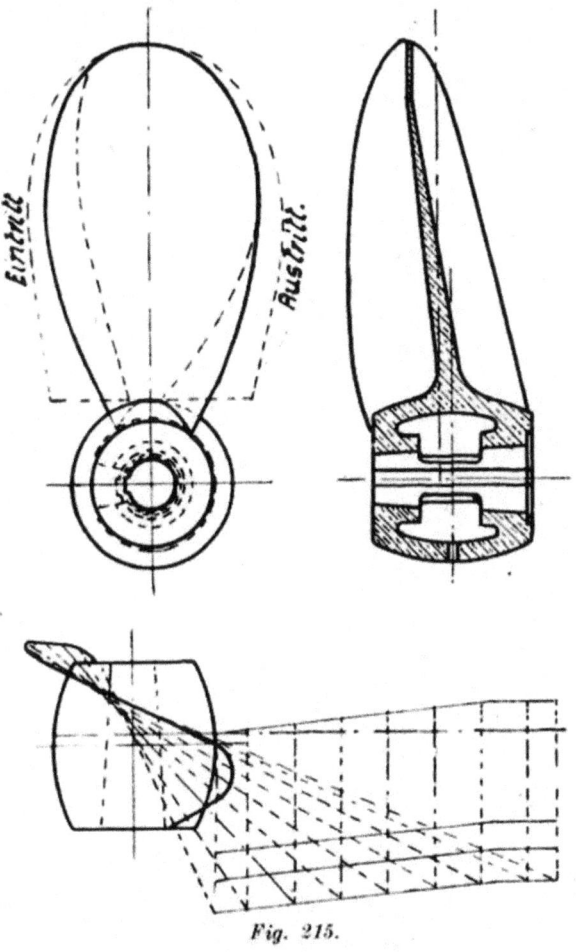

Fig. 215.

Die Wahl einer bestmöglichsten Schlepperschraube erfordert ganz besondere Kenntnis der Schleppverhältnisse. Der Durchmesser dieser Schrauben muß mit Rücksicht auf den geringen Tiefgang dieser Fahrzeuge klein gewählt werden und es muß auch hier beachtet werden, daß noch eine genügende Wassersäule über dem äußeren Schraubenkreis verbleibt. Diese Vorschrift im Verein mit der aufzubringenden großen Schubleistung bei diesen Fahrzeugen bedingen kleine Schrauben mit verhältnismäßig sehr breiten Flügeln. Bestimmte Regeln für diese

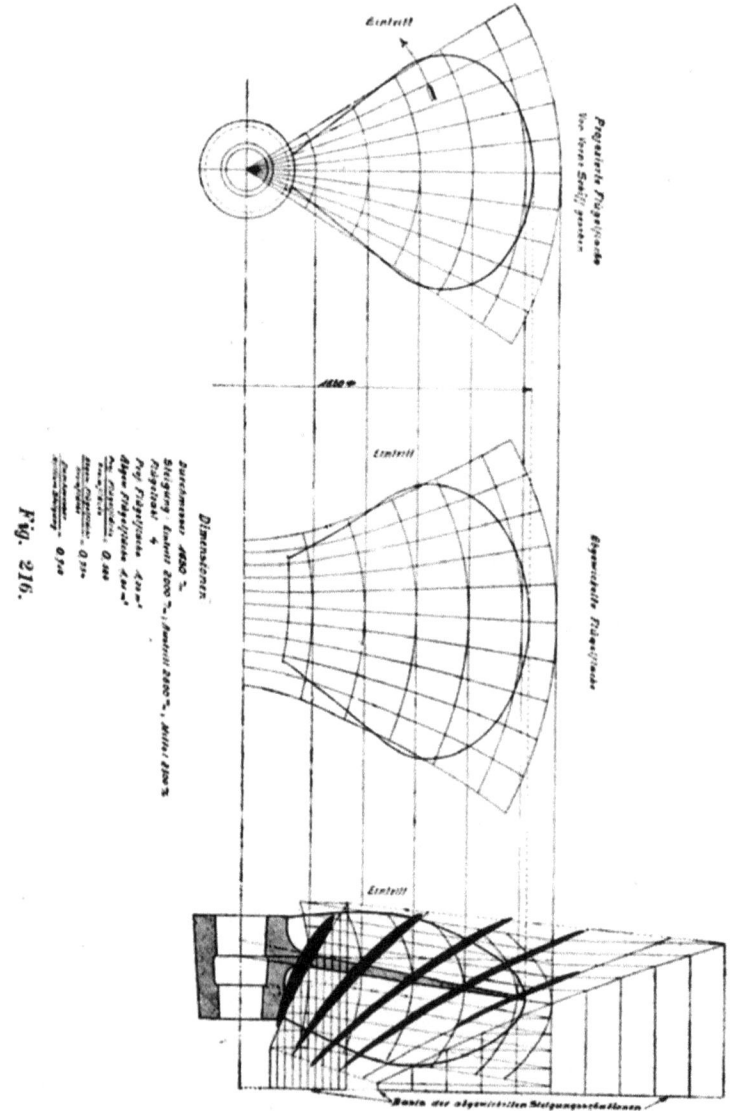

Fig. 216.

Schrauben lassen sich nicht geben und man ist daher gezwungen, aus den vorhandenen Versuchsergebnissen die Wahl einer Schlepperschraube zu treffen.

In der nachstehenden Tabelle sind verschiedene Schlepperschrauben und deren Versuchsergebnisse zusammengestellt.

Tabelle 21.

Tabelle ausgeführter Schlepperschrauben.

		I	II	III	IV	V	VI
Schiffslänge	m	19	20,5	27	30,5	35	45
Breite	m	4,8	5,1	4,7	5,7	6,7	8,5
Tiefgang	m	1,6	1,8	1,57	1,89	2,0	2,8
Deplacement	m^3	85	92	98,8	150	225	450
Geschwindigkeit	Kn	8,5	10,25	10	10,5	8,65	7,5
Indiz. Pferdekraft	N_i	125	180	155	180	200	215
Propellerdurchmesser D	m	1,42	1,65	1,45	1,70	1,85	2,00
Steigung S	m	2,20	2,30	2,15	2,60	2,00	2,20
Flügelzahl		4	4	4	4	4	4
Kreisfläche der Schraube	m^2	1,584	2,138	1,651	2,269	2,688	3,141
Wirkliche Flügelfläche F_w	m^2	1,420	1,610	0,97	1,35	1,31	1,61
Projizierte Flügelfläche F_p	m^2	1,05	1,25	0,743	1,00	0,967	1,32
Umdrehungen pro Minute	n	150	170	180	150	156	144
Slip in %		20,5	19,1	20,3	16,9	14,5	26,9
Indiz. Schub $JS = \dfrac{PS_i \cdot 75 \cdot 60}{n \cdot S}$	K^o	1704	2072	1802	2077	2885	3054
Nullspant-Areal	m^2	$\sim 6,9$	$\sim 8,34$	$\sim 5,37$	$\sim 7,75$	~ 10	—
$\dfrac{\text{Nullspant-Areal}}{\text{Kreisfläche}}$		4,35	3,90	3,25	3,41	3,72	—
$\dfrac{\text{Wirkliche Flügelfläche}}{\text{Kreisfläche}}$		0,896	0,753	0,588	0,595	0,491	0,513
$\dfrac{\text{Projizierte Flügelfläche}}{\text{Kreisfläche}}$		0,662	0,584	0,450	0,44	0,359	0,420
$\dfrac{\text{Indizierte Pferdekraft}}{\text{Wirkliche Flügelfläche}}$		88	111,8	160	133,3	152,67	133,54
$\dfrac{\text{Indizierter Schub}}{\text{Wirkliche Flügelfläche}}$		1200,3	1286,7	1858	1538,4	2201,2	1896,8
$\dfrac{\text{Indizierter Schub}}{\text{Kreisfläche}}$		1139,2	968,9	1091,6	915,3	1073,1	972,2
$\dfrac{\text{Schraubensteigung}}{\text{Schraubendurchmesser}}$		1,549	1,393	1,482	1,529	1,081	1,1
$\dfrac{\text{Indizierte Pferdekraft}}{\text{Deplacement}}$		1,47	1,956	1,569	1,20	0,888	0,478
K_1 in der Formel: $D = K_1 \sqrt{\dfrac{N_i}{\left(\dfrac{n \cdot H}{100}\right)^3}}$		~ 7634	1145,9	900,6	939	728,3	775,1
K_2 „ „ „ : $F_p = K_2 \sqrt{\dfrac{N_i}{n}}$		1,15	1,225	0,801	0,909	0,879	1,1

Kapitel IX.

Der Gegenpropeller.

D. R. P. Nr. 194224.

Wie schon im vorhergehenden Kapitel eingangs erwähnt, konnte bis heute das Schraubenproblem noch nicht so restlos gelöst werden, daß man auf Grund des Versuchsmaterials ohne weiteres die jeweils günstigste Schraube feststellen kann.

Indessen haben aber die umfangreichen Versuche doch insofern Klarheit verschafft, als sie die Bewegungen des Schraubenwassers im Schraubenbereich genau feststellen.

So zeigten z. B. die in der Versuchsanstalt für Wasserbau und

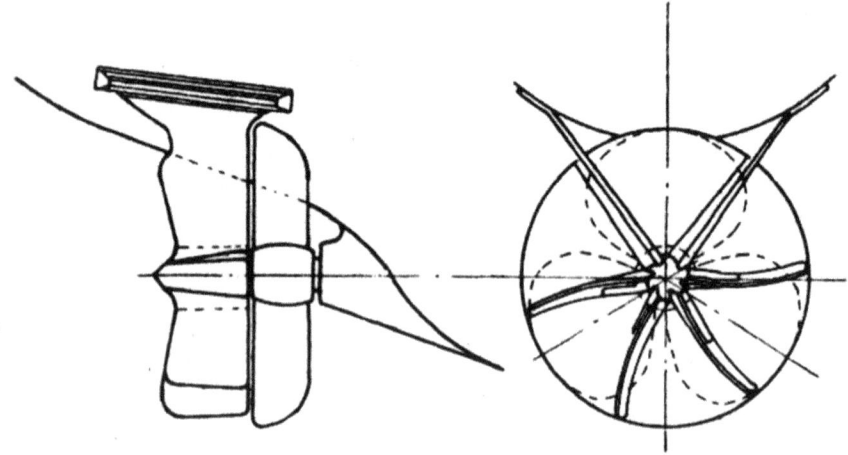

Fig. 217.

Schiffbau in Berlin gemachten Stromfädenaufnahmen, daß dem Schraubenwasser eine tangentiale Beschleunigung, die einen Energieverlust darstellt, erteilt wird.

Um diesen Energieverlust dem Schraubenschub wieder nutzbar zu machen, kann man hinter der Schraube einen Leitapparat (Gegenpropeller) anbringen, der die tangentiale Wasserbewegung zum Teil wieder nutzbar umsetzt. Diese Leitapparate (Fig. 217) eignen sich der großen Slipverhältnisse wegen vorzugsweise für Schlepper, da bei diesen der Schraubennutzeffekt beim Schleppen besonders ungünstig ist und der, wie die Versuche ergeben haben, durch die Anbringung eines Gegenpropellers eine wesentliche Verbesserung erfährt.

Der Verlust einer Schraube beträgt erfahrungsgemäß etwa 25—35% und setzt sich zusammen aus:

1. dem Formwiderstand der Flügel,
2. der Reibungsarbeit der Flügel und
3. der dem Schraubenwasser erteilten Drehungsenergie.

Nach Riehn berechnet sich:

1. Der Formwiderstand der Schraubenflügel zu:

$$E_f = z \cdot k_1 \cdot (\delta_1 \cdot r) \cdot \frac{v^3}{4};$$

hierin ist:

z = Anzahl der Schraubenflügel,

k_1 = Koeffizient, welcher für bearbeitete Flügel etwa 8, für unbearbeitete Flügel etwa 10 zu setzen ist.

δ_1 = mittlere Stärke der Flügel in m,

r = größter Halbmesser der Schraube in m,

v = Umfangsgeschwindigkeit in m pro Sekunde.

2. Der Verlust durch Reibung

$$E_r = \frac{4}{5} \cdot \varrho \cdot f \cdot v^3;$$

worin

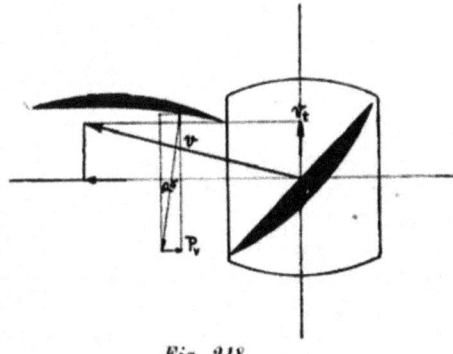

Fig. 218.

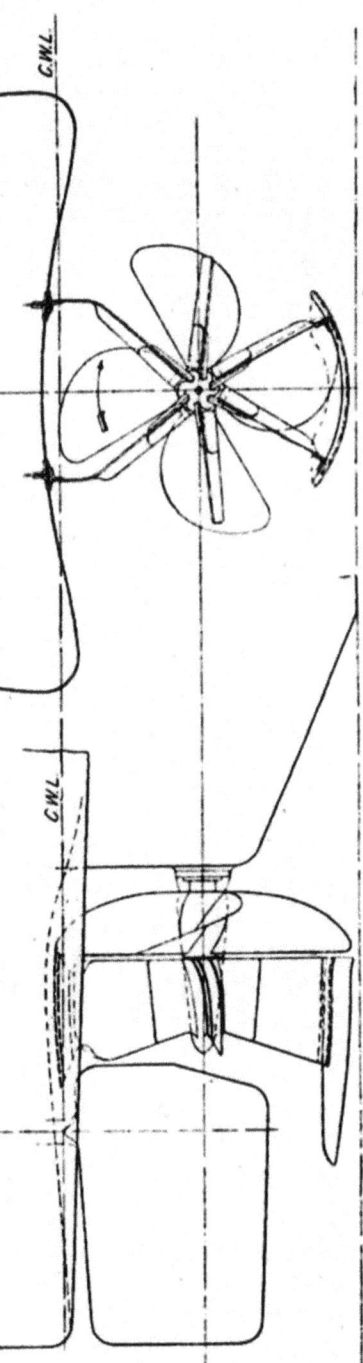

Fig. 219.

$\varrho = 0{,}15$ für sauber bearbeitete Flügel,
$f =$ projizierte Flügelfläche in qm und
$v =$ Umfangsgeschwindigkeit am äußersten Flügelelement in m pro
  Sekunde bedeutet.

Der restliche Teil des Verlustes entfällt auf die dem Schraubenwasser unter 3. erteilte Drehungsenergie.

Durch Anwendung eines Gegenpropellers wird ein Teil dieses Ver-

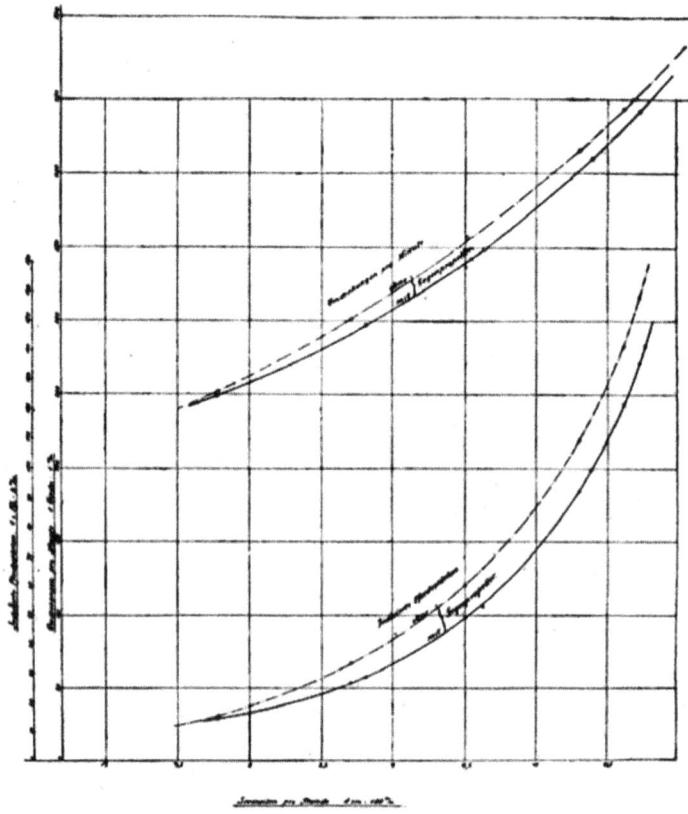

Fig. 220.

lustes durch Ablenkung des rotierenden Wasserstrahles in die axiale
Richtung als nutzbare Schubarbeit zurückgewonnen.

Diese Ablenkung ruft einerseits eine zusätzliche Reaktion auf die
Flügel des Hauptpropellers, anderseits eine nach vorn gerichtete Schub-
komponente P_v der Normaldruckresultierenden P_n auf die Flügel des
Gegenpropellers hervor. Nach Fig. 218 ist die relative Wassergeschwindigkeit, mit der das Wasser an den Flügeln des Gegenpropellers

vorbeifließt:

$$v = \sqrt{v_a{}^2 + v_t{}^2};$$

worin $v_a =$ der zurückgelegte Schraubenweg in m pro Sekunde,
       $v_t =$ die tangentiale Wasserbeschleunigung, welche mit etwa
       0,25 v_a einzusetzen ist.

Fig. 221.

    Die Richtung der relativen Geschwindigkeitsresultierenden v gibt
den Eintrittswinkel für den Gegenpropeller. Im weiteren Verlaufe
wird das Schraubenwasser in die axiale Richtung abgelenkt, wodurch
eine teilweise Druckumsetzung des Schraubenwassers stattfindet.

Die seitlichen Flügel des Gegenpropellers rufen auf die Trimm-änderung des Schiffes während der Fahrt dadurch eine günstige Wirkung hervor, daß sie der durch die Saugwirkung des Hauptpropellers nach unten gerichteten Komponente einen energischen Widerstand entgegensetzen. Dies ist insbesondere für Kanalschlepper eine schätzenswerte Eigenschaft, denn hierdurch wird die Kanalsohle wesentlich geschont. Zur Unterstützung dieses Schutzes kann man außerdem an den beiden unteren Flügeln des Gegenpropellers noch eine Schutzplatte anbringen (Fig. 219), die das noch etwa streuende Schraubenwasser ablenkt und die schädlichen Ausspülungen der Sohle verhindert.

In dem Kurvenblatt Fig. 220 ist die Wirkung eines ausgeführten Gegenpropellers dargestellt. Die erzielte Leistungsersparnis bei gleicher Schiffsgeschwindigkeit beträgt durchschnittlich 10 bis 15%. Fig. 221 zeigt die Anordnung dieses Gegenpropellers an einer Dampfbarkasse, siehe auch Jahrbuch der Schiffbau tech. Gesellschaft 1911.

Kapitel X.

Lauf- und Propellerwellen und Stevenrohre.

Die zwischen Schrauben- und Drucklagerwelle eingeschalteten Laufwellen können nach den Vorschriften des Germanischen Lloyd schwächer gehalten werden als diese, da die auftretenden Beanspruchungen wesentlich geringer sind. Der Durchmesser der Laufwellen kann 5% kleiner sein als der Kurbelwellendurchmesser. Die Länge der Laufwellen richtet sich ganz nach der Bauart des Schiffes, man findet bei Schiffen mit 250 mm bis 600 mm Wellendurchmesser Längen von 5000 bis 7500 mm. Die einzelnen Stücke der Wellenleitung macht man möglichst gleich lang. Die Laufwellen werden mit der Propeller und Kurbelwelle durch Flanschen verbunden, diese

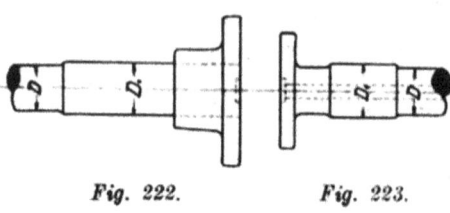

Fig. 222.   *Fig. 223.*

Flanschen müssen sich von der Propellerwelle abziehen lassen, damit letztere nach hinten herausgezogen werden kann. Im Bereich der Laufstellen und Flanschen werden die Wellen je nach ihrer Stärke etwa 5 bis 10 mm im Durchmesser stärker gehalten (siehe Fig. 222 und 223).

Die Kupplungen werden als Scheiben- oder Schalenkupplungen ausgeführt, die Scheibenkupplungen lassen sich jedoch nur sehr schwer von der Welle wieder abziehen und werden, wenn sie häufiger losgenommen werden müssen, nicht wieder fest. Aus diesem

Grunde führt man die Kupplungen zweckmäßiger als Schalenkupplungen
aus (Fig. 224). Die Schalen bestehen aus geschmiedetem Stahl oder
Stahlguß und werden durch kräftige Schrauben zusammengehalten.
In jeder Schalenhälfte sitzt eine Feder, deren Stärke man etwa:

$$\text{Breite:} \quad b = 0,12\, d + 12 \text{ mm, die}$$
$$\text{Höhe:} \quad h = 0,5\, b \text{ bis } 0,6\, b$$

ausführt. Die Dimensionen der Schalenkupplungen wählt man etwa:
$L = 3$ bis 3,8 mal Wellendurchmesser d; die Flanschendicke: $s = 0,5$
bis $0,6 \cdot d$.

Die Schrauben sind so stark zu machen, daß man bei mäßiger
Beanspruchung des Gewindekerns, beim Anziehen einen solchen Druck
der Schalen auf die Welle ausüben kann, daß die erzeugte Reibung schon
genügt, die Welle mitzunehmen. Um die Schalen im Durchemsser mög-

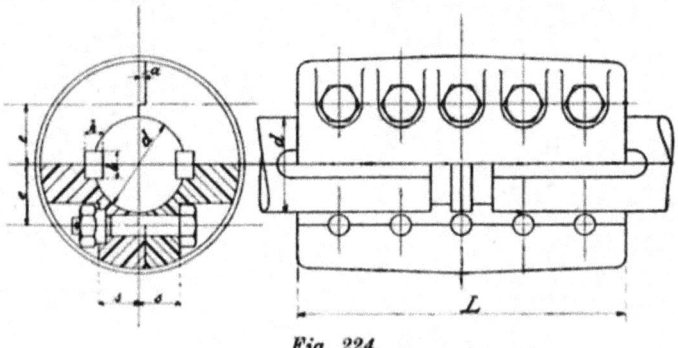

Fig. 224.

lichst klein zu erhalten, werden die Schrauben so dicht wie möglich an
die Welle herangerückt.

An der Durchtrittsstelle der Wellen durch die wasserdichten
Schotte muß eine Schottstopfbuchse nach Fig. 225 vorgesehen werden.
Diese wird fast stets zweiteilig ausgeführt, zwecks bequemer Montage.
Die Höhe des ovalen Querschnittes im Schott richtet sich nach den
örtlichen Verhältnissen, sie muß so groß sein, daß die Wellen ohne große
Schwierigkeit herausgenommen werden können. Material: Stahlguß
oder Bronze. Die Verstärkungsringe sind so stark zu wählen, daß der
Schottausschnitt mindestens wieder ersetzt wird.

Die Lager werden so dicht wie möglich an die Wellenverbindungen
herangeschoben. Bei großen Ausführungen findet man auf jeder Seite
einer solchen Verbindung ein Traglager. Die Länge L der Traglager
macht man etwa $0,8\, d$ bis $1,2\, d$. Diese Lager werden, da sie keine nach
oben gerichteten Kräfte aufzunehmen haben, nur auf der Unterschale
als Lauflager ausgebildet, während der Deckel nur zum Schutz vorgesehen wird. Die Lager werden bei Handelsschiffen aus Gußeisen, bei

Kriegsschiffen aus Stahlguß ausgeführt. Die Laufflächen werden mit Weißmetall ausgegossen.

Fig. 226 zeigt ein Traglager für ein Torpedoboot.

Neuerdings finden auch hier an Stelle der Gleitlager mehrreihige Kugel- oder Rollenlager Verwendung. Die Kugel- oder Rollensysteme dürfen nicht zu leicht gewählt werden und soll aus Sicherheitsgründen für die Wahl des Lagers das Zehnfache der normalen Belastung zugrunde gelegt werden.

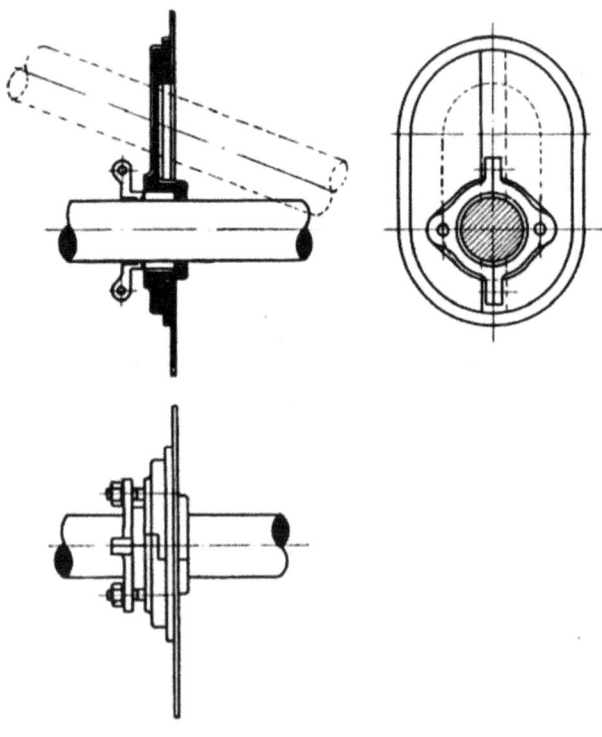

Fig. 225.

Die Propellerwelle muß aus Sicherheitsgründen stärker dimensioniert werden als die Kurbelwelle, etwa $1,1 \cdot d$. Der Germanische Lloyd verlangt, wenn S den Durchmesser der Schraube und d_k den der Kurbelwelle, beides in cm, bedeutet, daß der Durchmesser der Propellerwelle

$$d = 0,6\,d_k + 0,03\,S$$

mindestens jedoch $1,02\,d_k$ ist.

An den mit Pockholz ausgefütterten Lagerstellen wird die Propellerwelle mit einem Bronzeüberzug versehen. Die Stärke dieses

Überzuges für Wellen über 250 mm macht man etwa $s = 0{,}02\,d + 15$ mm. Neuerdings werden die Lagerstellen mit Weißmetall ausgegossen, der Überzug aus Bronze ist dann nicht mehr erforderlich. Vielfach findet

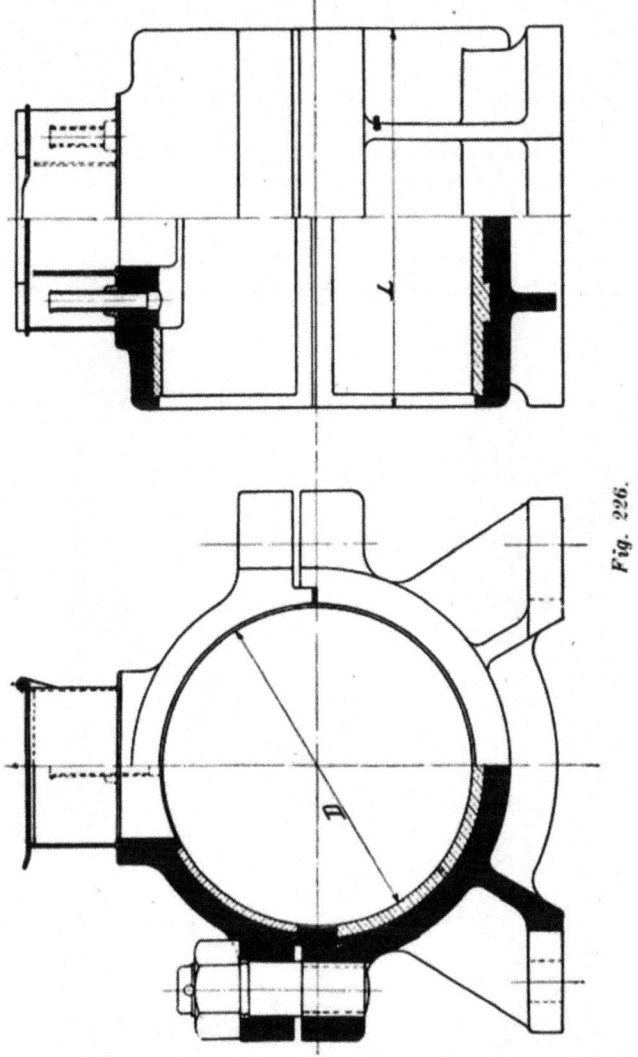

Fig. 226.

man bei Kriegsschiffsmaschinen für solche Lager einen Überzug aus Nickelstahl. Bei guten Ausführungen wird die Propellerwelle zwischen den Lagerstellen und an den frei zwischen Stevenrohr und Propellerbock liegenden Teil mit einem Bronze- oder Gummiüberzug zum Schutze gegen

Rostgefahr versehen. Als Material für die Propellerwellen kommt für
normale Ausführung Siemens-Martin-Stahl, für Schnelldampfer, große
Handelsschiffe und Kriegsschiffe entweder Tiegelstahl oder Nickelstahl
zur Verwendung.

Das Stevenrohr.

Zwischen dem hintersten Tunnelschott und dem Austritt der
Schraubenwelle aus der Außenhaut des Schiffes befindet sich das
Stevenrohr, das zur Abdichtung gegen eintretendes
Seewasser und zur Lagerung der Schraubenwelle
dient. In dem Stevenrohr sind lange Lager-

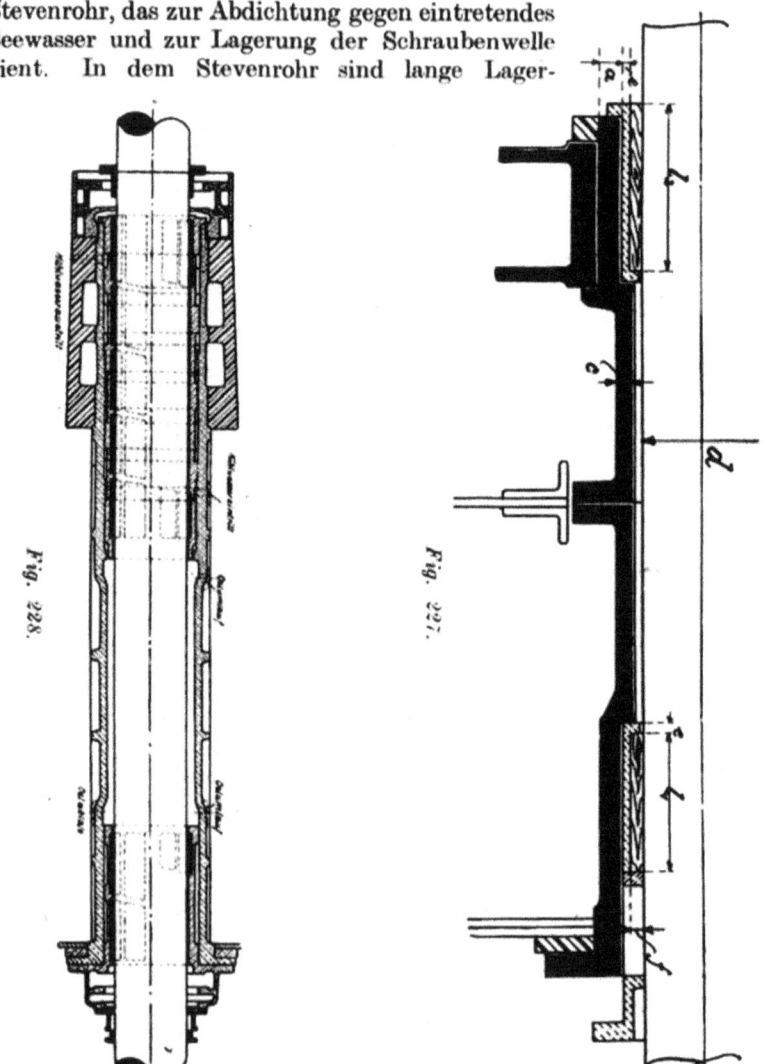

Fig. 228.

Fig. 227.

büchsen eingesetzt, in denen die Welle läuft. Die Länge der Lager
macht man etwa:

vorn $l_1 = 3\,d$ bis $4\,d$,

hinten $l_2 = 4\,d$ „ $5,5\,d$ (Fig. 227).

Wird die Welle hinter dem Stevenrohr noch
in einem Propellerbock gelagert, dann können
die Lager:

vorn mit etwa 0,7 und

hinten „ „ 0,75 obiger Längen
ausgeführt werden.

Sehr lange Stevenrohre werden nochmals
in der Mitte kräftig unterstützt. Das vordere
Ende des Stevenrohres wird mit einer Stopfbuchse versehen, um das Eintreten von Wasser
in den Wellentunnel zu verhindern. Die mit
Pockholz garnierten Stevenrohrlager werden
häufig so ausgeführt, daß das Seewasser ungehindert eintreten und die Lager schmieren
und kühlen kann.

Bei raschlaufenden Propellern schließt
man die Stevenrohre an die Kühlleitung an,
um eine energische Schmierung und Kühlung
zu erzielen. Wird statt des Wassers Öl in das
Stevenrohr geleitet, dann muß dieses am
hintersten Ende mit einer vom Wellentunnel
aus gut zugänglichen Stopfbuchse versehen
werden.

Bei großen modernen Schiffen findet
vielfach das Cedervall-Toussaint-Stevenrohr
Verwendung (Fig. 228). Die Welle ist ohne
Bronzeüberzug und erhalten die Laufstellen

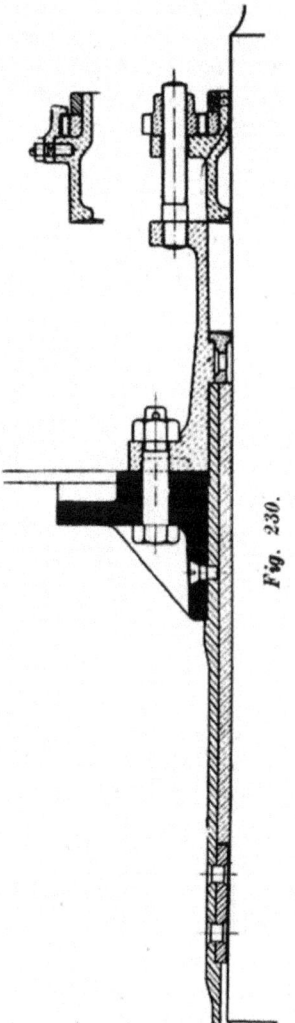

Fig. 230.

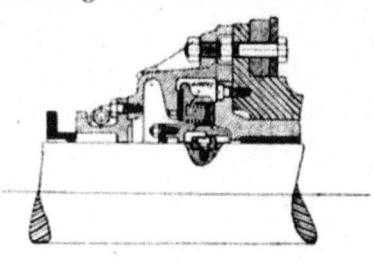

Fig. 229.

Drucköischmierung (Umlaufschmierung). Das eigentliche Stevenrohr
aus Gußeisen oder Stahlguß wird mit besonderen mit Weißmetall
ausgegossenen Laufbüchsen versehen. Zwischen Stevenrohr und Lauf-

buchsen sind breite Spiralnuten für Kühlwasser vorgesehen. Vorn und
hinten wird das Stevenrohr durch Stopfbuchsen (Fig. 229) nach
außen abgedichtet.

Als Material kommt für Handelsschiffe ausschließlich Gußeisen zur
Verwendung. Die Pockholzausfütterung ruht in einer in das Stevenrohr
eingezogenen Bronzebuchse. Diese Ausführung ist für eine Erneuerung
der Pockholzstreifen sehr vorteilhaft, da man die ganze Buchse mit
dem Pockholz aus dem Rohr herausziehen und die ausgelaufenen Pock-
holzstücke erneuern kann.

Pockholz ist wegen seiner absoluten Seewasserbeständigkeit be-

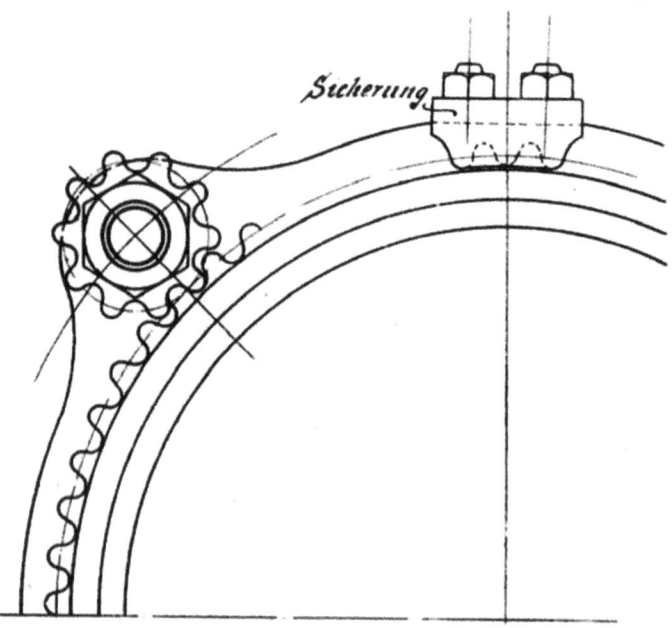

Fig. 231.

sonders als Lagermaterial geeignet. Die Stärken des Stevenrohres und
seiner Einzelteile macht man etwa (Fig. 227)

$$c = 0,05\,d + 20 \text{ mm}: \qquad e = 15 \text{ bis } 20 \text{ mm}:$$
$$a = 1,5\,c \text{ bis } 1,8\,c: \qquad f = 20 \text{ ,, } 30 \text{ ,,}$$

(e und f für Wellen von 200 bis 600 mm Durchmesser.)

Die lichte Weite des Packungsraumes macht man etwa 20 bis
40 mm; die Tiefe etwa $0,8\,d$ bis $1,5\,d$, hierin gelten die großen Werte
für die Weite und die kleinen Werte für die Tiefe für starke Wellen.

Wird statt des Pockholzes Weißmetall verwendet, so wird dieses
entweder wie das Pockholz in eine besondere Bronzebuchse oder aber

bei kleineren Ausführungen direkt in das Stevenrohr eingegossen. Die Stärke der Weißmetallschale macht man etwa 20 bis 30 mm. Das Stevenrohr muß gegen Herausschieben gesichert werden. Die Verbindung mit dem Tunnelschott erfolgt durch einen kräftigen Flansch (Fig. 230); die Schottöffnung ist durch einen aufgenieteten Ring zu verstärken. Um ein gleichmäßiges Anziehen der Stopfbuchsen zu erzielen, versieht man diese mit einem Zahnkranz, in den die

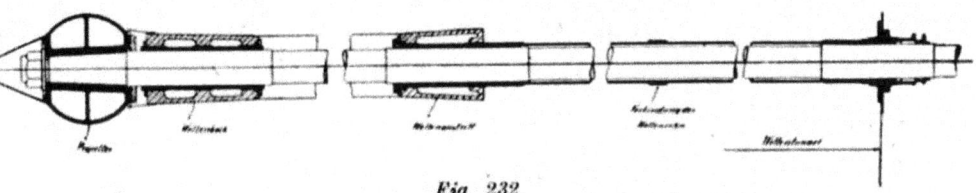

Fig. 232.

als Zahnräder ausgebildeten Muttern der Stopfbuchsschrauben eingreifen. Fig. 231 zeigt eine solche Ausführung, das Sicherungsstück verhindert ein Zurückdrehen der Muttern.

Bei Kriegsschiffen führt man das Stevenrohr ganz aus Bronze aus und setzt die Pockholzstreifen direkt in das Rohr ein. Die Bronzerohre macht man etwa nur halb so stark wie die gußeisernen Stevenrohre.

Fig. 232 zeigt die Ausführung eines Stevenrohres für ein Torpedoboot. Dieses Rohr ist aus Gewichtsrücksichten aus gewalztem Stahlrohr ausgeführt und mit Weißmetall ausgegossenen Lagern versehen.

Zweiter Teil.

Verschiedene Tabellen.

Inhalt.

I. Quadrate, Kuben, Quadratwurzeln usw.

II. Briggsche Logarithmen der Zahlen von 1 bis 100.

III. Kosinus und Sinus.

IV. Kotangente und Tangente.

V. Verschiedene Zahlenwerte.

VI. $\cos \omega + \cos 2\,\omega$.

VII. Knoten, Kilometer, Meter pro Sekunde.

VIII. Reibungskoeffizienten.

IX. Eigenschaften gesättigter Wasserdämpfe.

X. Schmelzpunkte verschiedener Stoffe.

XI—XVII. Spezifische Gewichte.

XVIII. Festigkeit und Dehnung verschiedener Materialien.

XIX. Flächeninhalte, Trägheitsmomente usw. verschiedener Querschnitte.

XX. Äquatoriale Trägheitsmomente „J" und Widerstandsmomente „W" kreisförmiger Querschnitte vom Durchmess

XXI. Schmierpressen.

Quadrat- und Kubikwurzeln der Zahlen von 0,01 bis 1,00.

n	$\sqrt{n}$	$\sqrt[3]{n}$	n	$\sqrt{n}$	$\sqrt[3]{n}$
0,01	0,10000	0,21544	0,26	0,50990	0,63825
0,02	0,14142	0,27144	0,27	0,51962	0,64633
0,03	0,17321	0,31072	0,28	0,52915	0,65421
0,04	0,20000	0,34200	0,29	0,53852	0,66191
0,05	0,22361	0,36840	0,30	0,54772	0,66943
0,06	0,24495	0,39149	0,31	0,55678	0,67679
0,07	0,26458	0,41213	0,32	0,56569	0,68399
0,08	0,28284	0,43089	0,33	0,57446	0,69104
0,09	0,30000	0,44814	0,34	0,58310	0,69795
0,10	0,31623	0,46416	0,35	0,59161	0,70473
0,11	0,33166	0,47914	0,36	0,60000	0,71138
0,12	0,34641	0,49324	0,37	0,60828	0,71791
0,13	0,36056	0,50658	0,38	0,61644	0,72432
0,14	0,37417	0,51925	0,39	0,62450	0,73061
0,15	0,38730	0,53133	0,40	0,63246	0,73681
0,16	0,40000	0,54288	0,41	0,64031	0,74290
0,17	0,41231	0,55397	0,42	0,64807	0,74889
0,18	0,42426	0,56462	0,43	0,65574	0,75478
0,19	0,43589	0,57489	0,44	0,66332	0,76059
0,20	0,44721	0,58480	0,45	0,67082	0,76631
0,21	0,45826	0,59439	0,46	0,67823	0,77194
0,22	0,46904	0,60368	0,47	0,68557	0,77750
0,23	0,47958	0,61269	0,48	0,69282	0,78297
0,24	0,48990	0,62145	0,49	0,70000	0,78837
0,25	0,50000	0,62996	0,50	0,70711	0,79370

$sin\ 30^0 = cos\ 60^0 = {}^1/_2$; $cos\ 30^0 = sin\ 60^0 = {}^1/_2\ \sqrt{3} = 0,8660.$

$sin\ 75^0 = cos\ 15^0 = 0,9659$; $tg\ 30^0 = cotg\ 60^0 = {}^1/_3\ \sqrt{3} = 0,5774$;

$cos\ 75^0 = sin\ 15^0 = 0,2588$; $cotg\ 30^0 = tg\ 60^0 = \sqrt{3} = 1,7321.$

n	$\sqrt{n}$	$\sqrt[3]{n}$	n	$\sqrt{n}$	$\sqrt[3]{n}$
0,51	0,71414	0,79896	0,76	0,87178	0,91258
0,52	0,72111	0,80415	0,77	0,87750	0,91657
0,53	0,72801	0,80927	0,78	0,88318	0,92052
0,54	0,73485	0,81433	0,79	0,88882	0,92443
0,55	0,74162	0,81932	0,80	0,89443	0,92832
0,56	0,74833	0,82426	0,81	0,90000	0,93217
0,57	0,75498	0,82913	0,82	0,90554	0,93599
0,58	0,76158	0,83396	0,83	0,91104	0,93978
0,59	0,76811	0,83872	0,84	0,91652	0,94354
0,60	0,77460	0,84343	0,85	0,92195	0,94727
0,61	0,78102	0,84809	0,86	0,92736	0,95097
0,62	0,78740	0,85270	0,87	0,93274	0,95464
0,63	0,79373	0,85726	0,88	0,93808	0,95828
0,64	0,80000	0,86177	0,89	0,94340	0,96190
0,65	0,80623	0,86624	0,90	0,94868	0,96549
0,66	0,81240	0,87066	0,91	0,95394	0,96905
0,67	0,81854	0,87503	0,92	0,95917	0,97259
0,68	0,82462	0,87937	0,93	0,96437	0,97610
0,69	0,83066	0,88366	0,94	0,97954	0,97959
0,70	0,83666	0,88790	0,95	0,97468	0,98305
0,71	0,84261	0,89211	0,96	0,97980	0,98648
0,72	0,84853	0,89628	0,97	0,98489	0,98990
0,73	0,85440	0,90041	0,98	0,98995	0,99329
0,74	0,86023	0,90450	0,99	0,99499	0,99666
0,75	0,86603	0,90856	1,00	1,00000	1,00000

$$n = \frac{60 \cdot 75 \cdot 1000}{2\pi} = 716198; \quad \frac{1}{n} = 0{,}000\,001\,396; \quad \log n = 5{,}8550331.$$

$$\sqrt{n} = 846{,}285; \quad \sqrt[3]{n} = 89{,}470; \quad \sqrt[4]{n} = 29{,}091; \quad \log \pi = 0{,}4971499;$$

$$\frac{1}{\sqrt{n}} = 0{,}001182; \quad \frac{1}{\sqrt[3]{n}} = 0{,}001176; \quad \frac{1}{\sqrt[4]{n}} = 0{,}034\,376; \quad \log g = 0{,}991\,5805.$$

n	$\dfrac{1}{n}$	n^2	n^3	$\sqrt{n}$	$\dfrac{1}{\sqrt{n}}$	$\sqrt[3]{n}$	$\dfrac{1}{\sqrt[3]{n}}$	$\sqrt[4]{n}$	$\dfrac{1}{\sqrt[4]{n}}$
0,30	3,333	0,090	0,027	0,548	1,826	0,669	1,495	0,740	1,351
0,375	2,667	0,141	0,053	0,612	1,633	0,721	1,387	0,783	1,278
0,60	1,667	9,360	0,216	0,775	1,291	0,843	1,186	0,880	1,136
0,625	1,600	0,391	0.244	0,791	1,265	0,855	1,170	0,889	1,125
0,70	1,429	0,490	0,343	0,837	1,195	0,888	0,126	0,915	1,093
0,75	1,333	0,563	0,422	0,866	1,155	0,909	1,100	0,931	1,075
0,875	1,143	0,766	0,670	0,935	1,069	0,956	1,046	0,974	1,024
0,90	1,111	0,810	0,729	0,949	1,054	0,965	1,036	0,987	1,013
1,10	0,909	1,210	1,331	1,049	0,953	1,032	0,969	1,024	0,976
1,2	0,833	1,440	1,728	1,095	0,913	1,063	0,941	1,047	0,955
1,25	0,800	1,563	1,953	1,118	0,894	1,077	0,928	1,057	0,946
1,50	0,667	2,250	3,375	1,225	0,816	1,145	0,874	1,107	0,904
1,75	0,571	3,063	5,359	1,323	0,756	1,205	0,830	1,150	0,869
2,0	0,500	4,0	8,0	1,414	0,707	1,260	0,794	1,189	0,841
2,25	0,444	5,063	11,391	1,500	0,667	1,310	0,793	1,225	0,816
2,50	0,400	6,250	15,625	1,581	0,632	1,357	0,737	1,257	0,795
2,75	0,364	7,563	20,797	1,658	0,603	1,401	0,714	1,288	0,777
3,0	0,333	9,0	27,0	1,732	0,577	1,442	0,693	1,318	0,759
3,25	0,308	10,563	34,328	1,803	0,555	1,481	0,675	1,342	0,745
3,50	0,286	12,250	42,875	1,871	0,535	1,518	0,659	1,368	0,731
3,75	0,267	14,063	52,734	1,936	0,516	1,554	0,644	1,392	0,719
4,0	0,250	16,0	64,0	2,0	0,500	1,587	0,630	1,414	0,707
4,5	0,222	20,250	91,125	2,121	0,471	1,651	0,606	1,457	0,687
5,0	0,200	25,0	125,0	2,236	0,447	1,710	0,585	1,495	0,669
5,5	0,182	30,250	166,375	2,345	0,426	1,765	0,567	1,531	0,653
6,0	0,167	36,0	216,0	2,449	0,408	1,817	0,550	1,565	0,639
6,5	0,154	42,25	274,625	2,550	0,392	1,866	0,536	1,597	0,626
7,0	0,143	49,0	243,0	2,646	0,378	1,913	0,523	1,627	0,615
7,5	0,133	56,250	421,875	2,739	0,365	1,957	0,510	1,655	0,604
8,0	0,125	64,0	512,0	2,828	0,354	2,0	0,500	1,682	0,595

n	$\dfrac{1}{n}$	n^2	n^3	$\sqrt{n}$	$\dfrac{1}{\sqrt{n}}$	$\sqrt[3]{n}$	$\dfrac{1}{\sqrt[3]{n}}$	$\sqrt[4]{n}$	$\dfrac{1}{\sqrt[4]{n}}$
8,5	0,118	72,250	614,125	2,915	0,343	2,041	0,490	1,707	0,586
9,0	0,111	81,0	729,0	3,000	0,333	2,080	0,481	1,732	0,577
9,5	0,105	90,250	857,375	3,082	0,324	2,118	0,472	1,756	0,570
10	0,100	100,0	1000,0	3,162	0,316	2,154	0,464	1,778	0,562
11	0,091	121,0	1331,0	3,317	0,302	2,224	0,450	1,821	0,549
12	0,083	144	1728	3,464	0,289	2,289	0,431	1,861	0,537
13	0,077	169	2197	3,606	0,277	2,351	0,425	1,899	0,527
14	0,071	196	2744	3,742	0,267	2,410	0,415	1,934	0,517
15	0,067	225	3375	3,873	0,258	2,466	0,405	1,968	0,508
16	0,063	256	4096	4,000	0,250	0,397	0,397	2,000	0,500
17	0,059	289	4913	4,123	0,243	2,571	0,389	2,031	0,492
18	0,056	324	5832	4,243	0,236	2,621	0,381	2,060	0,485
19	0,053	361	6859	4,359	0,229	2,668	0,375	2,088	0,479
20	0,050	400	8000	4,472	0,224	2,714	0,368	2,115	0,473
50	0,020	2500	125000	7,071	0,141	3,684	0,271	2,659	0,376
100	0,010	10000	1000000	10,0	0,10	4,642	0,215	3,162	0,316
1000	0,001	1000000	1000000000	31,623	0,032	10,0	0,100	5,623	0,178
$\pi =$ 3,142	0,318	9,870	31,006	1,772	0,564	1,465	0,683	1,331	0,751
$2\pi =$ 6,283	0,159	39,478	248,050	2,507	0,399	1,845	0,542	1,583	0,632
$\dfrac{\pi}{2} =$ 1,571	0,637	2,467	3,878	1,253	0,798	1,162	0,860	1,120	0,893
$\dfrac{\pi}{3} =$ 1,047	0,955	1,097	1,148	1,023	0,977	1,016	0,985	1,012	0,989
$\dfrac{4}{3}\pi =$ 4,189	0,239	17,546	73,496	2,047	0,498	1,612	0,622	1,431	0,699
$\dfrac{\pi}{4} =$ 0,785	1,274	0,617	0,484	0,886	1,128	0,923	1,084	0,941	1,062
$\dfrac{\pi}{6} =$ 0,524	1,910	0,274	0,144	0,724	1,382	0,806	1,241	0,851	1,176
$\pi^2 =$ 9,870	0,101	97,409	961,390	3,142	0,318	2,145	0,466	1,772	1,564
$\pi^3 =$ 31,006	0,032	961,390	29809,910	5,568	1,796	3,142	0,318	2,360	1,424
$\dfrac{\pi}{32} =$ 0,098	10,186	0,0095	0,001	0,313	3,192	0,461	2,168	0,560	0,782
$\dfrac{3\pi}{16} =$ 0,589	1,698	0,347	0,204	0,768	1,303	0,838	1,194	0,876	0,142
$g =$ 9,808	0,102	96,197	943,498	3,132	0,319	2,141	0,467	1,770	0,565
$2g =$ 19,616	0,051	384,888	7547,996	4,429	0,226	2,697	0,371	2,105	0,475

Quadrate, Kuben, Quadratwurzeln, Kubikwurzeln, Kreisumfänge, Kreisinhalte der Zahlen von 1 bis 1000.

n	n^2	n^3	$\sqrt{n}$	$\sqrt[3]{n}$	$d = 0,1\,n$	πd	$\frac{1}{4}\,\pi d^2$
1	1	1	1,0000	1,0000	0,1	0,314	0,0079
2	4	8	1,4142	1,2599	0,2	0,628	0,0314
3	9	27	1,7321	1,4422	0,3	0,942	0,0707
4	16	64	2,0000	1,5874	0,4	1,257	0,1257
5	25	125	2,2361	1,7100	0,5	1,571	0,1964
6	36	216	2,4495	1,8171	0,6	1,885	0,2827
7	49	343	2,6458	1,9129	0,7	2,199	0,3848
8	64	512	2,8284	2,0000	0,8	2,513	0,5026
9	81	729	3,0000	2,0801	0,9	2,827	0,6362
10	100	1 000	3,1623	2,1544	1,0	3,142	0,7854
11	121	1 331	3,3166	2,2240	1,1	3,456	0,9503
12	144	1 728	3,4641	2,2894	1,2	3,770	1,1310
13	169	2 197	3,6056	2,3513	1,3	4,084	1,3273
14	196	2 744	3,7417	2,4101	1,4	4,389	1,5394
15	225	3 375	3,8730	2,4662	1,5	4,712	1,7671
16	256	4 096	4,0000	2,5198	1,6	5,027	2,0106
17	289	4 913	4,1231	2,5713	1,7	5,341	2,2698
18	324	5 832	4,2426	2,6207	1,8	5,655	2,5447
19	361	6 859	4,3589	2,6684	1,9	5,969	2,8353
20	400	8 000	4,4721	2,7144	2,0	6,283	3,1416
21	441	9 261	4,5826	2,7589	2,1	6,597	3,4636
22	484	10 648	4,6904	2,8020	2,2	6,912	3,8013
23	529	12 167	4,7958	2,8439	2,3	7,226	4,1548
24	576	13 824	4,8990	2,8845	2,4	7,540	4,5239
25	625	15 625	5,0000	2,9240	2,5	7,854	4,9087
26	676	17 576	5,0990	2,9625	2,6	8,168	5,3093
27	729	19 683	5,1962	3,0000	2,7	8,482	5,7256
28	784	21 952	5,2915	3,0366	2,8	8,796	6,1575
29	841	24 389	5,3852	3,0723	2,9	9,111	6,6052
30	900	27 000	5,4772	3,1072	3,0	9,425	7,0686
31	961	29 791	5,5678	3,1414	3,1	9,739	7,5477
32	1024	32 768	5,6569	3,1748	3,2	10,05	8,0425
33	1089	35 937	5,7446	3,2075	3,3	10,37	8,5530
34	1156	39 304	5,8310	3,2396	3,4	10,68	9,0792
35	1225	42 875	5,9161	3,2711	3,5	11,00	9,6211
36	1296	46 656	6,0000	3,3019	3,6	11,31	10,1790
37	1369	50 653	6,0828	3,3322	3,7	11,62	10,752
38	1444	54 872	6,1644	3,3620	3,8	11,94	11,341
39	1521	59 319	6,2450	3,3912	3,9	12,25	11,946
40	1600	64 000	6,3246	3,4200	4,0	12,57	12,566

n	n^2	n^3	$\sqrt{n}$	$\sqrt[3]{n}$	$d = 0,1\,n$	$\pi\,d$	$\frac{1}{4}\,\pi\,d^2$
41	1 681	68 921	6,4031	3,4482	4,1	12,88	13,203
42	1 764	74 088	6,4807	3,4760	4,2	13,19	13,854
43	1 849	79 507	6,5574	3,5034	4,3	13,51	14,522
44	1 936	85 184	6,6332	3,5303	4,4	13,82	15,205
45	2 025	91 125	6,7082	3,5569	4,5	14,14	15,904
46	2 116	97 336	6,7823	3,5830	4,6	14,45	16,619
47	2 209	103 823	6,8557	3,6088	4,7	14,77	17,349
48	2 304	110 592	6,9282	3,6342	4,8	15,08	18,096
49	2 401	117 649	7,0000	3,6593	4,9	15,39	18,857
50	2 500	125 000	7,0711	3,6840	5,0	15,71	19,635
51	2 601	132 651	7,1414	3,7084	5,1	16,02	20,428
52	2 704	140 608	7,2111	3,7325	5,2	16,34	21,237
53	2 809	148 877	7,2801	3,7563	5,3	16,65	22,062
54	2 916	157 464	7,3485	3,7798	5,4	16,96	22,902
55	3 025	166 375	7,4162	3,8030	5,5	17,28	23,758
56	3 136	175 616	7,4833	3,8259	5,6	17,59	24,630
57	3 249	185 193	7,5498	3,8485	5,7	17,91	25,518
58	3 364	195 112	7,6158	3,8709	5,8	18,22	26,421
59	3 481	205 379	7,6811	3,8930	5,9	18,54	27,340
60	3 600	216 000	7,7460	3,9149	6,0	18,85	28,274
61	3 721	226 981	7,8102	3,9365	6,1	19,16	29,225
62	3 844	238 328	7,8740	3,9579	6,2	19,48	30,191
63	3 969	250 047	7,9373	3,9791	6,3	19,79	31,172
64	4 096	262 144	8,0000	4,0000	6,4	20,11	32,170
65	4 228	274 625	8,0623	4,0207	6,5	20,42	33,183
66	4 356	287 496	8,1240	4,0412	6,6	20,73	34,212
67	4 489	300 763	8,1854	4,0615	6,7	21,05	35,257
68	4 624	314 432	8,2462	4,0817	6,8	21,36	36,317
69	4 761	328 509	8,3066	4,1016	6,9	21,68	37,393
70	4 900	343 000	8,3666	4,1213	7,0	21,99	38,485
71	5 041	357 911	8,4261	4,1408	7,1	22,31	39,592
72	5 184	373 248	8,4853	4,1602	7,2	22,62	40,715
73	5 329	389 017	8,5440	4,1793	7,3	22,93	41,854
74	5 476	405 224	8,6023	4,1983	7,4	23,25	43,008
75	5 625	421 875	8,6603	4,2172	7,5	23,56	44,179
76	5 776	438 976	8,7178	4,2358	7,6	23,88	45,365
77	5 929	456 533	8,7750	4,2543	7,7	24,19	46,566
78	6 084	474 552	8,8318	4,2727	7,8	24,50	47,784
79	6 241	493 039	8,8882	4,2908	7,9	24,82	49,017
80	6 400	512 000	8,9443	4,3089	8,0	25,13	50,265

n	n^2	n^3	$\sqrt{n}$	$\sqrt[3]{n}$	$d = 0,1\,n$	πd	$\frac{1}{-}\pi d^2$
81	6 561	531 441	9,0000	4,3267	8,1	25,45	51,530
82	6 724	551 368	9,0554	4,3445	8,2	25,76	52,810
83	6 889	571 787	9,1104	4,3621	8,3	26,08	54,106
84	7 056	592 704	9,1652	4,3795	8,4	26,39	55,418
85	7 225	614 125	9,2195	4,3968	8,5	26,70	56,745
86	7 396	636 056	9,2736	4,4140	8,6	27,02	58,088
87	7 569	658 503	9,3274	4,4310	8,7	27,33	59,447
88	7 744	681 472	9,3808	4,4480	8,8	27,65	60,821
89	7 921	704 969	9,4340	4,4647	8,9	27,96	62,211
90	8 100	729 000	9,4868	4,4814	9,0	28,27	63,617
91	8 281	753 571	9,5394	4,4979	9,1	28,59	65,039
92	8 464	778 688	9,5917	4,5144	9,2	28,90	66,476
93	8 649	804 357	9,6437	4,5307	9,3	29,22	67,929
94	8 836	830 584	9,6954	4,5468	9,4	29,53	69,398
95	9 025	857 375	9,7468	4,5629	9,5	29,85	70,882
96	9 216	884 736	9,7980	4,5789	9,6	30,16	72,382
97	9 409	912 673	9,8489	4,5947	9,7	30,47	73,898
98	9 604	941 192	9,8995	4,6104	9,8	30,79	75,430
99	9 801	970 299	9,9499	4,6261	9,9	31,10	76,977
100	10 000	1 000 000	10,0000	4,6416	10,0	31,42	78,540
101	10 201	1 030 301	10,0499	4,6570	10,1	31,73	80,118
102	10 404	1 061 208	10,0995	4,6723	10,2	32,04	81,713
103	10 609	1 092 727	10,1489	4,6875	10,3	32,36	83,323
104	10 816	1 124 864	10,1980	4,7027	10,4	32,67	84,949
105	11 025	1 157 625	10,2470	4,7177	10,5	32,99	86,590
106	11 236	1 191 016	10,2956	4,7326	10,6	33,30	88,247
107	11 449	1 225 043	10,3441	4,7475	10,7	33,62	89,920
108	11 664	1 259 712	10,3923	4,7622	10,8	33,93	91,609
109	11 881	1 295 029	10,4403	4,7769	10,9	34,24	93,313
110	12 100	1 331 000	10,4881	4,7914	11,0	34,56	95,033
111	12 321	1 367 631	10,5357	4,8059	11,1	34,87	96,769
112	12 544	1 404 928	10,5830	4,8203	11,2	35,19	98,520
113	12 769	1 442 897	10,6301	4,8346	11,3	35,50	100,287
114	12 996	1 481 544	10,6771	4,8488	11,4	35,81	102,070
115	13 225	1 250 875	10,7238	4,8629	11,5	36,13	103,869
116	13 456	1 560 896	10,7703	4,8770	11,6	36,44	105,683
117	13 689	1 601 613	10,8167	4,8910	11,7	36,76	107,513
118	13 924	1 643 032	10,8628	4,9049	11,8	37,07	109,359
119	14 161	1 685 159	10,9087	4,9187	11,9	37,38	111,220
120	14 400	1 728 000	10,9545	4,9324	12,0	37,70	113,097

n	n^2	n^3	$\sqrt{n}$	$\sqrt[3]{n}$	$d = 0,1\,n$	πd	$\frac{1}{4}\pi d^2$
121	14 641	1 771 561	11,0000	4,9461	12,1	38,01	114,990
122	14 884	1 815 848	11,0454	4,9597	12,2	38,33	116,899
123	15 129	1 860 867	11,0905	4,9732	12,3	38,64	118,823
124	15 376	1 906 624	11,1355	4,9866	12,4	38,96	120,763
125	15 625	1 953 125	11,1803	5,0000	12,5	39,27	122,72
126	15 876	2 000 376	11,2250	5,0133	12,6	39,58	124,69
127	16 129	2 048 383	11,2694	5,0265	12,7	39,90	126,68
128	16 384	2 097 152	11,3137	5,0397	12,8	40,21	128,68
129	16 641	2 146 689	11,3578	5,0528	12,9	40,53	130,70
130	16 900	2 197 000	11,4018	5,0658	13,0	40,84	132,73
131	17 161	2 248 091	11,4455	5,0788	13,1	41,15	134,78
132	17 424	2 299 968	11,4891	5,0916	13,2	41,47	136,85
133	17 689	2 352 637	11,5326	5,1045	13,3	41,78	138,93
134	17 956	2 406 104	11,5758	5,1172	13,4	42,10	141,03
135	18 225	2 460 375	11,6190	5,1299	13,5	42,41	143,14
136	18 496	2 515 456	11,6619	5,1426	13,6	42,73	145,27
137	18 769	2 571 353	11,7047	5,1551	13,7	43,04	147,41
138	19 044	2 628 072	11,7473	5,1676	13,8	43,35	149,57
139	19 321	2 685 619	11,7898	5,1801	13,9	43,67	151,75
140	19 600	2 744 000	11,8322	5,1925	14,0	43,98	153,94
141	19 881	2 803 221	11,8743	5,2048	14,1	44,30	156,15
142	20 164	2 863 288	11,9164	5,2171	14,2	44,61	158,37
143	20 449	2 924 207	11,9583	5,2293	14,3	44,92	160,61
144	20 736	2 985 984	12,0000	5,2415	14,4	45,24	162,86
145	21 025	3 048 625	12,0416	5,2536	14,5	45,55	165,13
146	21 316	3 112 136	12,0830	5,2656	14,6	45,87	167,42
147	21 609	3 176 523	12,1244	5,2776	14,7	46,18	169,72
148	21 904	3 241 792	12,1655	5,2896	14,8	46,50	172,03
149	22 201	3 307 949	12,2066	5,3015	14,9	46,81	174,37
150	22 500	3 375 000	12,2474	5,3133	15,0	47,12	176,71
151	22 801	3 442 951	12,2882	5,3251	15,1	47,44	179,08
152	23 104	3 511 808	12,3288	5,3368	15,2	47,75	181,46
153	23 409	3 581 577	12,3693	5,3485	15,3	48,07	183,85
154	23 716	3 652 264	12,4097	5,3601	15,4	48,38	186,27
155	24 025	3 723 875	12,4499	5,3717	15,5	48,69	188,69
156	24 336	3 796 416	12,4900	5,3832	15,6	49,01	191,13
157	24 649	3 869 893	12,5300	5,3947	15,7	49,32	193,59
158	24 964	3 944 312	12,5698	5,4061	15,8	49,64	196,07
159	25 281	4 019 679	12,6095	5,4175	15,9	49,95	198,56
160	25 600	4 096 000	12,6491	5,4288	16,0	50,27	201,06

n	n^2	n^3	$\sqrt{n}$	$\sqrt[3]{n}$	$d = 0,1\,n$	$\pi\,n$	$\frac{1}{4}\,\pi\,d^2$
161	25 921	4 173 281	12,6886	5,4401	16,1	50,58	203,58
162	26 244	4 251 528	12,7279	5,4515	16,2	50,89	206,12
163	26 569	4 330 747	12,7671	5,4626	16,3	51,21	208,67
164	26 896	4 410 944	12,8062	5,4737	16,4	51,52	211,24
165	27 225	4 492 125	12,8452	5,4848	16,5	51,84	213,82
166	27 556	4 574 296	12,8841	5,4959	16,6	52,15	216,42
167	27 889	4 657 463	12,9228	5,5069	16,7	52,46	219,04
168	28 224	4 741 632	12,9615	5,5178	16,8	52,78	221,67
169	28 561	4 826 809	13,0000	5,5288	16,9	53,09	224,32
170	28 900	4 913 000	13,0384	5,5397	17,0	53,41	226,98
171	29 241	5 000 211	13,0767	5,5505	17,1	53,72	229,66
172	29 584	5 088 448	13,1149	5,5613	17,2	54,04	232,35
173	29 929	5 177 717	13,1529	5,5721	17,3	54,35	235,06
174	30 276	5 268 024	13,1909	5,5828	17,4	54,66	237,79
175	30 625	5 359 375	13,2288	5,5934	17,5	54,98	240,53
176	30 976	5 451 776	13,2665	5,6041	17,6	55,29	243,28
177	31 329	5 545 233	13,3041	5,6147	17,7	55,61	246,06
178	31 684	5 639 752	13,3417	5,6252	17,8	55,92	248,85
179	32 041	5 735 339	13,3791	5,6357	17,9	56,23	251,65
180	32 400	5 832 000	13,4164	5,6462	18,0	56,55	254,47
181	32 761	5 929 741	13,4536	5,6567	18,1	56,86	257,30
182	33 124	6 028 568	13,4907	5,6671	18,2	57,18	260,16
183	33 489	6 128 487	13,5277	5,6774	18,3	57,49	263,02
184	33 856	6 229 504	13,5647	5,6877	18,4	57,81	265,90
185	34 225	6 331 625	13,6015	5,6980	18,5	58,12	268,80
186	34 596	6 434 856	13,6382	5,7083	18,6	58,43	271,72
187	34 969	6 539 203	13,6748	5,7185	18,7	58,75	274,65
188	35 344	6 644 672	13,7113	5,7287	18,8	59,06	277,59
189	35 721	6 751 269	13,7477	5,7388	18,9	59,38	280,55
190	36 100	6 859 000	13,7840	5,7489	19,0	59,69	283,53
191	36 481	6 967 871	13,8203	5,7590	19,1	60,00	286,52
192	36 864	7 077 888	13,8564	5,7690	19,2	60,32	289,53
193	37 249	7 189 057	13,8924	5,7790	19,3	60,63	292,55
194	37 636	7 301 384	13,9284	5,7890	19,4	60,95	295,59
195	38 025	7 414 875	13,9642	5,7989	19,5	61,26	298,65
196	38 416	7 529 536	14,0000	5,8088	19,6	61,58	301,72
197	38 809	7 645 373	14,0357	5,8186	19,7	61,89	304,81
198	39 204	7 762 392	14,0712	5,8285	19,8	62,20	307,91
199	39 601	7 880 599	14,1067	5,8383	19,9	62,52	311,03
200	40 000	8 000 000	14,1421	5,8480	20,0	62,83	311,16

n	n^2	n^3	$\sqrt{n}$	$\sqrt[3]{n}$	$d = 0{,}1\,n$	πn	$\frac{1}{4}\pi d^2$
201	40 401	8 120 601	14,1774	5,8578	20,1	63,15	317,31
202	40 804	8 242 408	14,2127	5,8675	20,2	63,46	320,47
203	41 209	8 365 427	14,2478	5,8771	20,3	63,77	323,65
204	41 616	8 489 664	14 2829	5,8868	20,4	64,09	326,86
205	42 025	8 615 125	14,3178	5,8964	20,5	64,40	330,06
206	42 436	8 741 816	14,3527	5,9059	20,6	64,72	333,29
207	42 849	8 869 743	14,3875	5,9155	20,7	65,03	336,54
208	43 264	8 998 912	14,4222	5,9250	20,8	65,35	339,79
209	43 681	9 129 329	14,4568	5,9345	20,9	65,66	343,07
210	44 100	9 261 000	14,4914	5,9439	21,0	65,97	346,36
211	44 521	9 393 931	14,5258	5,9533	21,1	66,29	349,67
212	44 944	9,528 128	14,5602	5,9627	21,2	66,60	352,99
213	45 369	9 663 597	14,5945	5,9721	21,3	66,92	356,33
214	45 796	9 800 344	14,6287	5,9814	21,4	67,23	359,68
215	46 225	9 938 375	14,6629	5,9907	21,5	67,54	363,05
216	46 656	10 077 696	14,6969	6,0000	21,6	67,86	366,44
217	47 089	10 218 313	14,7309	6,0092	21,7	68,17	369,84
218	47 524	10 360 232	14,7648	6,0185	21,8	68,49	373,25
219	47 961	10 503 459	14,7986	6,0277	21,9	68,80	376,68
220	48 400	10 648 000	14,8324	6,0368	22,0	69,12	380,13
221	48 841	10 793 861	14,8661	6,0459	22,1	69,43	383,60
222	49 284	10 941 048	14,8997	6,0550	22,2·	69,74	387,08
223	49 729	11 089 567	14,9332	6,0641	22,3	70,06	390,57
224	50 176	11 239 424	14,9666	6,0732	22,4	70,37	394,08
225	50 625	11 390 625	15,0000	6,0822	22,5	70,69	397,61
226	51 076	11 543 176	15,0333	6,0912	22,6	71,00	401,15
227	51 529	11 697 083	15,0665	6,1002	22,7	71,31	404,71
228	51 984	11 852 352	15,0997	6,1091	22,8	71,63	408,28
229	52 441	12 008 989	15,1327	6,1180	22,9	71,94	411,87
230	52 900	12 167 000	15,1658	6,1268	23,0	72,26	415,48
231	53 361	12 326 391	15,1987	6,1358	23,1	72,52	419,10
232	53 824	12 487 168	15,2315	6,1446	23,2	72,88	422,73
233	54 289	12 649 337	15,2643	6,1534	23,3	73,20	426,38
234	54 756	12 812 904	15,2971	6,1622	23,4	73,51	430,05
235	55 225	12 977 875	15,3297	6,1710	23,5	73,83	433,74
236	55 696	13 144 256	15,3623	6,1797	23,6	74,14	437,44
237	56 169	13 312 053	15,3948	6,1885	23,7	74,46	441,15
238	56 644	13 481 272	15,4272	6,1972	23,8	74,77	444,88
239	57 121	13 651 919	15,4596	6,2058	23,9	75,08	448,63
240	57 600	13 842 000	15,4919	6,2145	24,0	75,40	452,39

n	n^2	n^3	$\sqrt{n}$	$\sqrt[3]{n}$	$d = 0,1\,n$	$\pi\,d$	$\frac{1}{4}\,\pi\,d^2$
241	58 081	13 997 521	15,5242	6,2231	24,1	75,71	456,17
242	58 564	14 172 488	15,5563	6,2317	24,2	76,03	459,96
243	59 049	14 348 907	15,5885	6,2403	24,3	76,34	463,77
244	59 536	14 526 784	15,6205	6,2488	24,4	76,65	467,59
245	60 025	14 706 125	15,6525	6,2573	24,5	76,97	471,44
246	60 516	14 886 936	15,6844	6,2658	24,6	77,28	475,29
247	61 009	15 069 223	15,7162	6,2743	24,7	77,60	479,16
248	61 504	15 525 992	15,7480	6,2828	24,8	77,91	483,05
249	62 001	15 438 249	15,7797	6,2912	24,9	78,23	486,95
250	62 500	15 625 000	15,8114	6,2996	25,0	78,54	490,87
251	63 001	15 813 251	15,8430	6,3080	25,1	78,85	494,81
252	63 504	16 003 008	15,8745	6,3164	25,2	79,17	498,76
253	64 009	16 194 277	15,9060	6,3247	25,3	79,48	502,73
254	64 516	16 387 064	15,9374	6,3330	25,4	79,80	506,71
255	65 025	16 581 375	15,9687	6,3413	25,5	80,11	510,71
256	65 536	16 777 216	16,0000	6,3496	25,6	80,42	514,72
257	66 049	16 974 593	16,0312	6,3579	25,7	80,74	518,75
258	66 564	17 173 512	16,0624	6,3661	25,8	81,05	522,79
259	67 081	17 373 979	16,0935	6,3743	25,9	81,37	526,85
260	67 600	17 576 000	16,1245	6,3825	26,0	81,68	530,93
261	68 121	17 779 581	16,1555	6,3907	26,1	82,00	535,02
262	68 644	17 984 728	16,1864	6,3988	26,2	82,31	539,13
263	69 169	18 191 447	16,2173	6,4070	26,3	82,62	543,25
264	69 696	18 399 744	16,2481	6,4151	26,4	82,94	547,39
265	70 225	18 609 625	16,2788	6,4322	26,5	83,25	551,55
266	70 756	18 821 096	16,3095	6,4312	26,6	83,57	555,72
267	71 289	19 034 163	16,3401	6,4393	26,7	83,88	559,90
268	71 824	19 248 832	16,3707	6,4473	26,8	84,19	564,10
269	72 361	19 465 109	16,4012	6,4553	26,9	84,51	568,32
270	72 900	19 683 000	16,4317	6,4633	27,0	84,82	572,56
271	73 441	19 902 511	16,4621	6,4713	27,1	85,14	576,80
272	73 984	20 123 648	16,4924	6,4792	27,2	85,45	581,07
273	74 529	20 346 417	16,5227	6,4872	27,3	85,77	585,35
274	75 076	20 570 824	16,5529	6,4951	27,4	86,08	589,65
275	75 625	20 796 875	16,5831	6,5030	27,5	86,39	593,96
276	76 176	21 024 576	16,6132	6,5108	27,6	86,71	598,28
277	76 729	21 253 933	16,6433	6,5187	27,7	87,02	602,63
278	77 284	21 484 952	16,6733	6,5265	27,8	87,34	606,99
279	77 841	21 717 639	16,7033	6,5343	27,9	87,65	611,36
280	78 400	21 952 000	16,7332	6,5421	28,0	87,96	615,75

n	n^2	n^3	$\sqrt{n}$	$\sqrt[3]{n}$	$d = 0{,}1\,n$	πd	$\frac{1}{4}\,\pi d^2$
281	78,961	22 188 041	16,7631	6,5499	28,1	88,28	620,16
282	79 524	22 425 768	16,7929	6,5577	28,2	88,59	624,58
283	80 089	22 665 187	16,8226	6,5654	28,3	88,91	629,02
284	80 656	22 906 304	16,8523	6,5731	28,4	89,22	633,47
285	81 225	23 149 125	16,8819	6,5808	28,5	89,54	637,94
286	81 796	23 393 656	16,9115	6,5885	28,6	89,85	642,42
287	82 369	23 639 903	16,9411	6,5962	28,7	90,16	646,92
288	82 944	23 887 872	16,9706	6,6039	28,8	90,48	651,44
289	83 521	24 137 569	17,0000	6,6115	28,9	90,79	655,97
290	84 100	24 389 000	17,0294	6,6191	29,0	91,11	660,52
291	84 681	24 642 171	17,0587	6,6267	29,1	91,42	665,08
292	85 264	24 897 088	17,0880	6,6343	29,2	91,73	669,66
293	85 849	25 153 757	17,1172	6,6419	29,3	92,05	674,26
294	86 436	25 412 184	17,1464	6,6494	29,4	92,36	678,87
295	87 025	25 672 375	17,1756	6,6569	29,5	92,68	683,49
296	87 616	25 934 336	17,2047	6,6644	29,6	92,99	688,13
297	88 209	26 198 073	17,2377	6,6719	29,7	93,31	692,79
298	88 804	26 463 592	17,2627	6,6794	29,8	93,62	697,46
299	89 401	26 730 899	17,2916	6,6869	29,9	93,93	702,15
300	90 000	27 000 000	17,3205	6,6943	30,0	94,25	706,86
301	90 601	27 270 901	17,3494	6,7018	30,1	94,56	711,58
302	91 204	27 543 608	17,3781	6,7092	30,2	94,88	716,31
303	91 809	27 818 127	17,4069	6,7166	30,3	95,19	721,07
304	92 416	28 094 464	17,4356	6,7240	30,4	95,50	725,83
305	93 025	28 372 625	17,4642	6,7313	30,5	95,82	730,62
306	93 636	28 652 616	17,4929	6,7387	30,6	96,13	735,42
307	94 249	28 934 443	17,5214	6,7460	30,7	96,45	740,23
308	94 864	29 218 112	17,5499	6,7533	30,8	96,76	745,06
309	95 481	29 503 629	17,5784	6,7606	30,9	97,08	749,91
310	96 100	29 791 000	17,6068	6,7679	31,0	97,39	754,77
311	96 721	30 080 231	17,6352	6,7752	31,1	97,70	759,64
312	97 344	30 371 328	17,6635	6,7824	31,2	98,02	764,54
313	97 969	30 664 297	17,6918	6,7897	31,3	98,33	769,44
314	98 596	30 959 144	17,7200	6,7969	31,4	98,65	774,37
315	99 225	31 255 875	17,7482	6,8041	31,5	98,96	779,31
316	99 856	31 554 496	17,7764	6,8113	31,6	99,27	784,27
317	100 489	31 855 013	17,8045	6,8185	31,7	99,59	789,24
318	101 124	32 157 432	17,8326	6,8256	31,8	99,90	794,23
319	101 761	32 461 759	17,8606	6,8328	31,9	100,2	799,23
320	102 400	32 768 000	17,8885	6,8399	32,0	100,5	804,25

n	n^2	n^3	$\sqrt{n}$	$\sqrt[3]{n}$	$d = 0,1\,n$	$\pi\,d$	$\frac{1}{4}\,\pi\,d^2$
321	103 041	33 076 161	17,9165	6,8470	32,1	100,8	809,28
322	103 684	33 386 248	17,9444	6,8541	32,2	101,2	814,33
323	104 329	33 698 267	17,9722	6,8612	32,3	101,5	819,40
324	104 976	34 012 224	18,0000	6,8683	32,4	101,8	824,48
325	105 625	34 328 125	18,0278	6,8753	32,5	102,1	829,58
326	106 276	34 645 976	18,0555	6,8824	32,6	102,4	834,69
327	106 929	34 965 783	18,0831	6,8894	32,7	102,7	839,82
328	107 584	35 287 552	18,1108	6,8964	32,8	103,0	844,96
329	108 241	35 611 289	18,1384	6,9034	32,9	103,4	850,12
330	108 900	35 937 000	18,1659	6,9104	33,0	103,7	855,30
331	109 561	36 264 691	18,1934	6,9174	33,1	104,0	860,49
332	110 224	36 594 368	18,2209	6,9244	33,2	104,3	865,70
333	110 889	36 926 037	18,2483	6,9313	33,3	104,6	870,92
334	111 556	37 259 704	18,2757	6,9382	33,4	104,9	876,16
335	112 225	37 595 375	18,3030	6,9451	33,5	105,2	881,41
336	112 896	37 933 056	18,3303	6,9521	33,6	105,6	886,68
337	113 569	38 272 753	18,3576	6,9589	33,7	105,9	891,97
338	114 244	38 614 472	18,3848	6,9658	33,8	106,2	897,27
339	114 921	38 958 219	18,4120	6,9727	33,9	106,5	902,59
340	115 600	39 304 000	18,4391	6,9795	34,0	106,8	907,92
341	116 281	39 651 821	18,4662	6,9864	34,1	107,1	913,27
342	116 964	40 001 688	18,4932	6,9932	34,2	107,4	918,63
343	117 649	40 353 607	18,5203	7,0000	34,3	107,8	924,01
344	118 333	40 707 584	18,5472	7,0068	34,4	108,1	929,41
345	119 025	41 063 625	18,5742	7,0136	34,5	108,4	934,82
346	119 716	41 421 736	18,6011	7,0203	34,6	108,7	940,25
347	120 409	41 781 923	18,6279	7,0271	34,7	109,0	945,69
348	121 104	42 144 192	18,6548	7,0338	34,8	109,3	951,15
349	121 801	42 508 549	18,6815	7,0406	34,9	109,6	956,62
350	122 500	42 875 000	18,7083	7,0473	35,0	110,0	962,11
351	123 201	43 243 551	18,7350	7,0540	35,1	110,3	967,62
352	123 904	43 614 208	18,7617	7,0607	35,2	110,6	973,14
353	124 609	43 986 977	18,7883	7,0674	35,3	110,9	978,68
354	125 316	44 361 864	18,8149	7,0740	35,4	111,2	984,23
355	126 025	44 738 875	18,8414	7,0807	35,5	111,5	989,80
356	126 736	45 118 016	18,8680	7,0873	35,6	111,8	995,38
357	127 449	45 499 293	18,8944	7,0940	35,7	112,2	1001,0
358	128 164	45 882 712	18,9209	7,1006	35,8	112,5	1006,6
359	128 881	46 268 279	18,9473	7,1072	35,9	112,8	1012,2
360	129 600	46 656 000	18,9737	7,1138	36,0	113,1	1017,9

n	n^2	n^3	$\sqrt{n}$	$\sqrt[3]{n}$	$d = 0{,}1\,n$	πd	$\frac{1}{4}\,\pi d^2$
361	130 321	47 045 881	19,0000	7,1204	36,1	113,4	1023,5
362	131 044	47 437 928	19,0263	7,1269	36,2	113,7	1029,2
363	131 769	47 832 147	19,0526	7,1335	36,3	114,0	1034,9
364	132 496	48 228 544	19,0788	7,1400	36,4	114,4	1040,6
365	133 225	48 627 125	19,1050	7,1466	36,5	114,7	1046,3
366	133 956	49 027 896	19,1311	7,1531	36,6	115,0	1052,1
367	134 689	49 430 863	19,1572	7,1596	36,7	115,3	1057,8
368	135 424	49 836 032	19,1833	7,1661	36,8	115,6	1063,6
369	136 161	50 243 409	19,2094	7,1726	36,9	115,9	1069,4
370	136 900	50 653 000	19,2354	7,1791	37,0	116,2	1075,2
371	137 641	51 064 811	19,2614	7,1855	37,1	116,6	1081,0
372	138 384	51 478 848	19,2873	7,1920	37,2	116,9	1086,9
373	139 129	51 895 117	19,3132	7,1984	37,3	117,2	1092,7
374	139 876	52 313 624	19,3391	7,2048	37,4	117,5	1098,6
375	140 625	52 734 375	19,3649	7,2112	37,5	117,8	1104,5
376	141 376	53 157 376	19,3907	7,2177	37,6	118,1	1110,4
377	142 129	53 582 633	19,4165	7,2240	37,7	118,4	1116,3
378	142 884	54 010 152	19,4422	7,2304	37,8	118,8	1122,2
379	143 641	54 439 939	19,4679	7,2368	37,9	119,1	1128,2
380	144 400	54 872 000	19,4936	7,2432	38,0	119,4	1134,1
381	145 161	55 306 341	19,5192	7,2495	38,1	119,7	1140,1
382	145 924	55 742 968	19,5448	7,2558	38,2	120,0	1146,1
383	146 689	56 181 887	19,5704	7,2622	38,3	120,3	1152,1
384	147 456	56 623 104	19,5959	7,2685	38,4	120,6	1158,1
385	148 225	57 066 625	19,6214	7,2748	38,5	121,0	1164,2
386	148 996	57 512 456	19,6469	7,2811	38,6	121,3	1170,2
387	149 769	57 960 603	19,6723	7,2874	38,7	121,6	1176,3
388	150 544	58 411 072	19,6977	7,2936	38,8	121,9	1182,4
389	151 321	28 863 869	19,7231	7,2999	38,9	122,2	1188,5
390	152 100	29 319 000	19,7484	7,3061	39,0	122,5	1194,6
391	152 881	59 776 471	19,7737	7,3124	39,1	122,8	1200,7
392	153 664	60 236 288	19,7990	7,3186	39,2	123,2	1206,9
293	154 449	60 698 457	19,8242	7,3248	39,3	123,5	1213,0
394	155 236	61 162 984	19,8494	7,3310	39,4	123,8	1219,2
395	156 025	61 629 875	19,8746	7,3372	39,5	124,1	1225,4
396	156 816	62 099 136	19,8997	7,3434	39,6	124,4	1231,6
397	157 609	62 570 773	19,9249	7,3496	39,7	124,7	1237,9
398	158 404	63 044 792	19,9499	7,3558	39,8	125,0	1244,1
399	159 201	63 521 199	19,9750	7,3619	39,9	125,3	1250,4
400	160 000	64 000 000	20,0000	7,3681	40,0	125,7	1256,6

n	n^2	n^3	$\sqrt{n}$	$\sqrt[3]{n}$	$d = 0,1\,n$	πd	$\frac{1}{4}\pi d^2$
401	160 801	64 481 201	20,0250	7,3742	40,1	126,0	1262,9
402	161 604	64 964 808	20,0499	7,3803	40,2	126,3	1269,2
403	162 409	65 450 827	20,0749	7,3864	40,3	126,6	1275,6
404	163 216	65 939 264	20,0998	7,3925	40,4	126,9	1281,9
405	164 025	66 430 125	20,1246	7,3986	40,5	127,2	1288,2
406	164 836	66 923 416	20,1494	7,4047	40,6	127,5	1294,6
407	165 649	67 419 143	20,1742	7,4108	40,7	127,9	1301,0
408	166 464	67 917 312	20,1990	7,4169	40,8	128,2	1307,4
409	167 281	68 417 929	20,2237	7,4229	40,9	128,5	1313,8
410	168 100	68 921 000	20,2485	7,2490	41,0	128,0	1320,3
411	168 921	69 426 531	20,2731	7,4350	41,1	129,1	1326,7
412	169 744	69 934 528	20,2978	7,4410	41,2	129,4	1333,2
413	170 569	70 444 997	20,3224	7,4470	41,3	129,7	1339,6
414	171 369	70 957 944	20,3470	7,4530	41,4	130,1	1346,1
415	172 225	71 473 375	20,3715	7,4590	41,5	130,4	1352,7
416	173 056	71 991 296	20,3961	o,4650	41,6	130,7	1359,2
417	173 889	72 511 713	20,4206	7,4710	41,7	131,0	1365,7
418	174 724	73 034 632	20,4450	7,4770	41,8	131,3	1372,3
419	175 561	73 560 059	20,4695	7,4829	41,9	131,6	1378,9
420	176 400	74 088 000	20,4939	7,4889	42,0	131,9	1385,4
421	177 241	74 618 461	20,5183	7,4948	42,1	132,3	1392,0
422	178 084	75 151 448	20,5426	7,5007	42,2	132,6	1398,7
423	178 929	75 686 967	20,5670	7,5067	42,3	132,9	1405,3
424	179 776	76 225 024	20,5913	7,5126	42,4	133,2	1412,0
425	180 625	76 765 625	20,6155	7,5185	42,5	133,5	1418,6
426	181 476	77 308 776	20,6398	7,5244	42,6	133,8	1425,3
427	182 329	77 854 483	20,6640	7,5302	42,7	134,1	1432,0
428	183 184	78 402 752	20,6882	7,5361	42,8	134,5	1438,7
429	184 041	78 953 589	20,7123	7,5420	42,9	134,8	1445,5
430	184 900	79 507 000	20,7364	7,5478	43,0	135,1	1452,2
431	185 761	80 062 991	20,7605	7,5537	43,1	135,4	1459,0
432	186 624	80 621 568	20,7846	7,5595	43,2	135,7	1465,7
433	187 489	81 182 737	20,8087	7,5654	43,3	136,0	1472,5
434	188 356	81 746 504	20,8327	7,5712	43,4	136,3	1479,3
435	189 225	82 312 875	20,8567	7,5770	43,5	136,7	1486,2
436	190 096	82 881 856	20,8806	7,5828	43,6	137,0	1493,0
437	190 969	83 453 453	20,9045	7,5886	43,7	137,3	1499,9
438	191 844	84 027 672	20,9284	7,5944	43,8	137,6	1506,7
439	192 721	84 604 519	20,9523	7,6001	43,9	137,9	1513,6
440	193 600	85 184 000	20,9726	7,6059	44,0	138,2	1520,5

n	n^2	n^3	$\sqrt{n}$	$\sqrt[3]{n}$	$d = 0,1\,n$	$\pi\,d^2$	$\frac{1}{4}\,\pi\,d^2$
441	194 481	85 766 121	21,0000	7,6117	44,1	138,5	1527,5
442	195 364	86 350 888	21,0238	7,6174	44,2	138,9	1534,4
443	196,249	86 938 307	21,0476	7,6232	44,3	139,2	1541,3
444	197 136	87 528 384	21,0713	7,6289	44,4	139,5	1548,3
445	198 025	88 121 125	21,0950	7,6346	44,5	139,8	1555,3
446	198 916	88 716 536	21,1187	7,6403	44,6	140,1	1562,3
447	199 809	89 314 623	21,1424	7,6460	44,7	140,4	1569,3
448	200 704	89 915 392	21,1660	7,6517	44,8	140,7	1576,3
449	201 601	90 518 849	21,1896	7,6574	44,9	141,1	1583,4
450	202 500	91 125 000	21,2132	7,6631	45,0	141,4	1590,4
451	203 401	91 733 851	21,2368	7,6688	45,1	141,7	1597,5
452	204 304	92 345 408	21,2603	7,6744	45,2	142,0	1604,6
453	205 209	92 959 677	21,2838	7,6801	45,3	142,3	1611,7
454	206 116	93 576 664	21,3073	7,6857	45,4	142,6	1618,8
455	207 025	94 196 375	21,3307	7,6914	45,5	142,9	1626,0
456	207 936	94 818 816	21,3542	7,6970	45,6	143,3	1633,1
457	208 849	95 443 993	21,3776	7,7026	45,7	143,6	1640,3
458	209 764	96 071 912	21,4009	7,7082	45,8	143,9	1647,5
459	210 681	96 702 579	21,4243	7,7138	45,9	144,2	1654,7
460	211 600	97 336 000	21,4476	7,7194	46,0	144,5	1661,9
461	212 521	97 972 181	21,4709	7,7250	46,1	144,8	1669,1
462	213 444	98 611 128	21,4942	7,7306	46,2	145,1	1676,4
463	214 369	99 252 847	21,5174	7,7362	46,3	145,5	1683,7
464	215 296	99 897 344	21,5407	7,7418	46,4	145,8	1690,9
465	216 225	100 544 625	21,5639	7,7473	46,5	146,1	1698,2
466	217 156	101 194 696	21,5870	7,7529	46,6	146,4	1705,5
467	218 089	101 847 563	21,6102	7,7584	46,7	146,7	1712,9
468	219 024	102 503 232	21,6333	7,7639	46,8	147,0	1720,2
469	219 961	103 161 709	21,6564	7,7695	46,9	147,3	1727,6
470	220 900	103 823 000	21,6795	7,7750	47,0	147,7	1734,9
471	221 841	104 487 111	21,7025	7,7805	47,1	148,0	1742,3
472	222 784	105 154 048	21,7256	7,7860	47,2	148,3	1749,7
473	223 729	105 823 817	21,7486	7,7915	47,3	148,6	1757,2
474	224 676	106 496 424	21,7715	7,7970	47,4	148,9	1764,6
475	225 625	107 171 875	21,7945	7,8025	47,5	149,2	1772,1
476	226 576	107 850 176	21,8174	7,8079	47,6	149,5	1779,5
477	227 529	108 531 333	21,8403	7,8134	47,7	149,9	1787,0
478	228 484	109 215 352	21,8632	7,8188	47,8	150,2	1794,5
479	229 441	109 902 239	21,8861	7,8243	47,9	150,5	1802,0
480	230 400	110 592 000	21,9089	7,8297	48,0	150,8	1809,6

n	n^2	n^3	$\sqrt{n}$	$\sqrt[3]{n}$	$d = 0.1\,n$	$\pi\,d$	$\frac{1}{4}\,\pi\,d^2$
481	231 361	111 284 641	21,9317	7,8352	48,1	151,1	1817,1
482	232 324	111 980 168	21,9545	7,8406	48,2	151,4	1824,7
483	233 289	112 678 587	21,9773	7,8460	48,3	151,7	1832,2
484	234 256	113 379 904	22,0000	7,8514	48,4	152,1	1839,8
485	235 225	114 084 125	22,0227	7,8568	48,5	152,4	1847,5
486	236 196	114 791 256	22,0454	7,8622	48,6	152,7	1855,1
487	237 169	115 501 303	22,0681	7,8676	48,7	153,0	1862,7
488	238 144	116 214 272	22,0907	7,8730	48,8	153,3	1870,4
489	239 121	116 930 139	22,1133	7,8784	48,9	153,6	1878,1
490	240 100	117 649 000	22,1359	7,8837	49,0	153,9	1885,7
491	241 081	118 370 771	22,1585	7,8891	49,1	154,3	1893,4
492	242 064	119 095 488	22,1811	7,8944	49,2	154,6	1901,2
493	243 049	119 823 157	22,2036	7,8998	49,3	154,9	1908,9
494	244 036	120 553 784	22,2261	7,9051	49,4	155,2	1916,7
495	245 025	121 287 375	22,2486	7,9105	49,5	155,5	1924,4
96	246 016	122 023 936	22,2711	7,9158	49,6	155,8	1932,2
497	247 009	122 763 473	22,2935	7,9211	49,7	156,1	1940,0
498	248 004	123 505 992	22,3159	7,9264	49,8	156,5	1947,8
499	249 001	124 251 499	22,3383	7,9317	49,9	156,8	1955,6
500	250 000	125 000 000	22,3607	7,9370	50,0	157,1	1963,5
501	251 001	125 751 501	22,3830	7,9423	50,1	157,4	1971,4
502	252 004	126 506 008	22,4054	7,9476	50,2	157,7	1979,2
503	253 009	127 263 527	22,4277	7,9528	50,3	158,0	1987,1
504	254 016	128 024 064	22,4499	7,9581	50,4	158,3	1995,0
505	255 025	128 787 625	22,4722	7,9634	50,5	158,7	2003,0
506	256 036	129 554 216	22,4944	7,9686	50,6	159,0	2010,9
507	257 049	130 323 843	22,5167	7,9739	50,7	159,3	2018,9
508	258 064	131 096 512	22,5389	7,9791	50,8	159,6	2026,8
509	259 081	131 872 229	22,5610	7,9843	50,9	159,9	2034,8
510	260 100	132 651 000	22,5832	7,9896	51,0	160,2	2042,8
511	261 121	133 432 831	22,6053	7,9948	51,1	160,5	2050,8
512	262 144	134 217 728	22,6274	8,0000	51,2	160,8	2058,9
513	263 169	135 005 697	22,6495	8,0052	51,3	161,2	2066,9
514	264 196	135 796 744	22,6716	8,0104	51,4	161,5	2075,0
515	265 225	136 590 875	22,6936	8,0156	51,5	161,8	2083,1
516	266 256	137 388 096	22,7156	8,0208	51,6	162,1	2091,2
517	267 289	138 188 413	22,7376	8,0260	51,7	162,4	2099,3
518	268 324	138 991 832	22,7596	8,0311	51,8	162,7	2107,4
519	269 361	139 798 359	22,7816	8,0363	51,9	163,0	2115,6
520	270 400	140 608 000	22,8035	8,0415	52,0	163,4	2123,7

n	n^2	n^3	$\sqrt{n}$	$\sqrt[3]{n}$	$d = 0,1\,n$	$\pi\,d$	$\frac{1}{4}\,\pi\,d^2$
521	271 441	141 420 761	22,8254	8,0466	52,1	163,7	2131,9
522	272 484	142 236 648	22,8473	8,0517	52,2	164,0	2140,1
523	273 529	143 055 667	22,8692	8,0569	52,3	164,3	2148,3
524	274 576	143 877 824	22,8910	8,0620	52,4	164,6	2156,5
525	275 625	144 703 125	22,9129	8,0671	52,5	164,9	2164,8
526	276 676	145 531 576	22,9347	8,0723	52,6	165,2	2173,0
527	277 729	146 363 183	22,9565	8,0774	52,7	165,6	2181,3
528	278 784	147 197 952	22,9783	8,0825	52,8	165,9	2189,6
529	279 841	148 035 889	23,0000	8,0876	52,9	166,2	2197,9
530	280 900	148 877 000	23,0217	8,0927	53,0	166,5	2206,2
531	281 961	149 721 291	23,0434	8,0978	53,1	166,8	2214,5
532	283 024	150 568 768	23,0651	8,1028	53,2	167,1	2222,9
533	284 089	151 419 437	23,0868	8,1079	53,3	167,4	2231,2
534	285 156	152 273 304	23,1084	8,1130	53,4	167,8	2239,6
535	286 225	153 130 375	23,1301	8,1180	53,5	168,1	2248,0
536	287 296	153 990 656	23,1517	8,1231	53,6	168,4	2256,4
537	288 369	154 854 153	23,1733	8,1281	53,7	168,7	2264,8
538	289 444	155 720 872	23,1948	8,1332	53,8	169,0	2273,3
539	290 521	156 590 819	23,2164	8,1382	53,9	169,3	2281,7
540	291 600	157 464 000	23,2379	8,1433	54,0	169,6	2290,2
541	292 681	158 340 421	23,2594	8.1483	54,1	170,0	2298,7
542	293 764	159 220 088	23,2809	8.1533	54,2	170,3	2307,2
533	294 849	160 103 007	23,3024	8,1583	54,3	170,6	2315,7
544	295 936	160 989 184	23,3238	8,1633	54,4	170,9	2324,3
545	297 025	161 878 625	23,3452	8,1683	54,5	171,2	2332,8
546	298 116	162 771 336	23,3666	8,1733	54,6	171,5	2341,4
547	299 209	163 667 323	23,3880	8,1783	54,7	171,8	2350,0
548	300 304	164 566 592	23,4094	8,1833	54,8	172,2	2358,6
549	301 401	165 469 149	23,4307	8,1882	54,9	172,5	2367,2
550	302 500	166 375 000	23,4521	8,1932	55,0	172,8	2375,8
551	303 601	167 284 151	23,4734	8,1982	55,1	173,1	2384,5
552	304 704	168 196 608	23,4947	8,2031	55,2	173,4	2393,1
553	305 809	169 112 377	23,5160	8,2081	55,3	173,7	2401,8
554	306 916	170 031 464	23,5372	8,2130	55,4	174,0	2410,5
555	308 025	170 953 875	23,5584	8,2180	55,5	174,4	2419,2
556	309 136	171 879 616	23,5797	8,2229	55,6	174,7	2427,9
557	310 249	172 808 693	23,6008	8,2278	55,7	175,0	2436,7
558	311 364	173 741 112	23,6220	8,2327	55,8	175,3	2445,4
559	312 481	174 676 879	23,6432	8,2377	55,9	175,6	2454,2
560	313 600	175 616 000	23,6643	8,2426	56,0	175,9	2463,0

n	n^2	n^3	$\sqrt{n}$	$\sqrt[3]{n}$	$d = 0,1\,n$	$\pi\,d$	$\frac{1}{4}\,\pi\,d^2$
561	314 721	176 558 481	23,6854	8,2475	56,1	176,2	2471,8
562	315 844	177 504 328	23,7065	8,2524	56,2	176,6	2480,6
563	316 969	178 453 547	23,7276	8,2573	56,3	176,9	2489,5
564	318 096	179 406 144	23,7487	8,2621	56,4	177,2	2498,3
565	319 225	180 362 125	23,7697	8,2670	56,5	177,5	2507,2
566	320 356	181 321 496	23,7908	8,2719	56,6	177,8	2516,1
567	321 489	182 284 263	23,8118	8,2768	56,7	178,1	2525,0
568	322 624	183 250 432	23,8328	8,2816	56,8	178,4	2533,9
569	323 761	184 220 009	23,8537	8,2865	56,9	178,8	2542,8
570	324 900	185 193 000	23,8747	8,2913	57,0	179,1	2551,8
571	326 041	186 169 411	23,8956	8,2962	57,1	179,4	2560,7
572	327 184	187 149 248	23,9165	8,3010	57,2	179,7	2569,7
573	328 329	188 132 517	23,9374	8,3059	57,3	180,0	2578,7
574	329 476	189 119 224	23,9583	8,3107	57,4	180,3	2587,7
575	330 625	190 109 375	23,9792	8,3155	57,5	180,6	2596,7
576	331 776	191 102 976	24,0000	8,3203	57,6	181,0	2605,8
577	332 929	192 100 033	24,0208	8,3251	57,7	181,3	2614,8
578	334 084	193 100 552	24,0416	8,3300	57,8	181,6	2623,9
579	335 241	194 104 539	24,0624	8,3348	57,9	181,9	2633,0
580	336 400	195 112 000	24,0832	8,3396	58,0	182,2	2642,1
581	337 561	196 122 941	24,1039	8,3443	58,1	182,5	2651,2
582	338 724	197 137 368	24,1247	8,3491	58,2	182,8	2660,3
583	339 889	198 155 287	24,1454	8,3539	58,3	183,2	2669,5
584	341 056	199 176 704	24,1661	8,3587	58,4	183,5	2678,6
585	342 225	200 201 625	24,1868	8,3634	58,5	183,8	2687,8
586	343 396	201 230 056	24,2074	8,3682	58,6	184,1	2697,0
587	344 569	202 262 003	24,2281	8,3730	58,7	184,4	2706,2
588	345 744	203 297 472	24,2487	8,3777	58,8	184,7	2715,5
589	346 921	204 336 469	24,2693	8,3825	58,9	185,0	2724,7
590	348 100	205 379 000	24,2899	8,3872	59,0	185,4	2734,0
591	349 281	206 425 071	24,3105	8,3919	59,1	185,7	2743,2
592	350 464	207 474 688	24,3311	8,3967	59,2	186,0	2752,5
593	351 649	208 527 857	24,3516	8,4014	59,3	186,3	2761,8
594	352 836	209 584 584	24,3721	8,4061	59,4	186,6	2771,2
595	354 025	210 644 875	24,3926	8,4108	59,5	186,9	2780,5
596	355 216	211 708 736	24,4131	8,4155	59,6	187,2	2789,9
597	356 409	212 776 173	24,4336	8,4202	59,7	187,6	2799,2
598	357 604	213 847 192	24,4540	8,4249	59,8	187,9	2808,6
599	358 801	214 921 799	24,4745	8,4296	59,9	188,2	2818,0
600	360 000	216 000 000	24,4949	8,4343	60,0	188,5	2827,4

n	n^2	n^3	$\sqrt{n}$	$\sqrt[3]{n}$	$\dfrac{d-}{0.1\,n}$	πd	$\dfrac{1}{4}\pi d^2$
601	361 201	217 081 801	24,5153	8,4390	60,1	188,8	2836,9
602	362 404	218 167 208	24,5357	8,4437	60,2	189,1	2846,3
603	363 609	219 256 227	24,5561	8,4484	60,3	189,4	2855,8
604	364 816	220 348 864	24,5764	8,4530	60,4	189,8	2865,3
605	366 025	221 445 125	24,5967	8,4577	60,5	190,1	2874,8
606	367 236	222 545 016	24,6171	8,4623	60,6	190,4	2884,3
607	368 449	223 648 543	24,6374	8,4670	60,7	190,7	2893,8
608	369 664	224 755 712	24,6577	8,4716	60,8	191,0	2903,3
609	370 881	225 866 529	24,6779	8,4763	60,9	191,3	2912,9
610	372 100	226 981 000	24,6982	8,4809	61,0	191,6	2922,5
611	373 321	228 099 131	24,7184	8,4856	61,1	192,0	2932,1
612	374 544	229 220 928	24,7386	8,4902	61,2	192,3	2941,7
613	375 769	230 346 397	24,7588	8,4948	61,3	192,6	2951,3
614	376 996	231 475 544	24,7790	8,4994	61,4	192,9	2960,9
615	378 225	232 608 375	24,7992	8,5040	61,5	193,2	2970,6
616	379 456	233 744 896	24,8193	8,5086	61,6	193,5	2980,2
617	380 689	234 885 113	24,8395	8,5132	61,7	193,8	2989,9
618	381 924	236 029 032	24,8596	8,5178	61,8	194,2	2999,6
619	383 161	237 176 659	24,8797	8,5224	61,9	194,5	3009,3
620	384 400	238 328 100	24,8998	8,5270	62,0	194,8	3019,1
621	385 641	239 483 061	24,9199	8,5316	62,1	195,1	3028,8
622	386 884	240 641 848	24,9399	8,5362	62,2	195,4	3038,6
623	388 129	241 804 367	24,9600	8,5408	62,3	195,7	3048,4
624	389 376	242 970 624	24,9800	8,5453	62,4	196,0	3058,2
625	390 625	244 140 625	25,0000	8,5499	62,5	196,3	3068,0
626	391 776	245 314 376	25,0200	8,5544	62,6	196,7	3077,8
627	393 129	246 491 883	25,0400	8,5590	62,7	197,0	3087,6
628	394 384	247 673 152	25,0599	8,5635	62,8	197,3	3097,5
629	395 641	248 858 189	25,0799	8,5681	62,9	197,6	3107,7
630	396 900	250 047 000	25,0998	8,5726	63,0	197,9	3117,2
631	398 161	251 239 591	25,1197	8,5772	63,1	198,2	3127,1
632	399 424	252 435 968	25,1396	8,5817	63,2	198,5	3137,1
633	400 689	253 636 137	25,1595	8,5862	63,3	198,9	3147,0
634	401 956	254 840 104	25,1794	8,5907	63,4	199,2	3157,0
635	403 225	256 047 875	25,1992	8,5952	63,5	199,5	3166,9
636	404 496	257 259 456	25,2190	8,5997	63,6	199,8	3176,9
637	405 769	258 474 853	25,2389	8,6043	63,7	200,1	3186,9
638	407 044	259 694 072	25,2587	8,6088	63,8	200,4	3196,9
639	408 321	260 917 119	25,2784	8,6132	63,9	200,7	3206,9
640	409 600	262 144 000	25,2982	8,6177	64,0	201,1	3217,0

n	n^2	n^3	$\sqrt{n}$	$\sqrt[3]{n}$	$d = 0{,}1\ n$	πd	$\frac{1}{4}\ \pi d^2$
641	410 881	263 374 721	25,3180	8,6222	64,1	201,4	3227,1
642	412 164	264 609 288	25,3377	8,6267	64,2	201,7	3237,1
643	413 449	265 847 707	25,3574	8,6312	64,3	202,0	3247,2
644	414 736	267 089 984	25,3772	8,6357	64,4	202,3	3257,3
645	416 025	268 336 125	25,3969	8,6401	64,5	202,6	3267,5
646	417 316	269 586 136	25,4165	8,6446	64,6	202,9	3277,6
647	418 609	270 840 023	25,4362	8,6490	64,7	203,3	3287,7
648	419 904	272 097 792	25,4558	8,6535	64,8	203,6	3297,9
649	421 201	273 359 449	25,4755	8,6579	64,9	203,9	3308,1
650	422 500	274 625 000	25,4951	8,6624	65,0	204,2	3318,3
651	423 801	275 894 451	25,5147	8,6668	65,1	204,5	3328,5
652	425 104	277 167 808	25,5343	8,6713	65,2	204,8	3338,8
653	426 409	278 445 077	25,5539	8,6757	65,3	205,1	3349,0
654	427 716	279 726 264	25,5734	8,6801	65,4	205,5	3359,3
655	429 025	281 011 375	25,5930	8,6845	65,5	205,8	3366,9
656	430 336	282 300 416	25,6125	8,6890	65,6	206,1	3379,9
657	431 649	283 593 393	25,6320	8,6934	65,7	206,4	3390,2
658	432 964	284 890 312	25,6515	8,6978	65,8	206,7	3400,5
659	434 281	286 191 179	25,6710	8,7022	65,9	207,0	3410,8
660	435 600	287 496 000	25,6905	8,7066	66,0	207,3	3421,2
661	436 921	288 804 781	25,7099	8,7110	66,1	207,7	3431,6
662	438 244	290 117 528	25,7294	8,7154	66,2	208,0	3442,0
663	439 569	291 434 247	25,7488	8,7198	66,3	208,3	3452,4
664	440 896	292 754 944	25,7682	8,7241	66,4	208,6	3462,8
665	442 225	294 079 625	25,7876	8,7285	66,5	208,9	3473,2
666	443 556	295 408 296	25,8070	8,7329	66,6	209,2	3483,7
667	444 889	296 740 963	25,8263	8,7373	66,7	209,5	3494,2
668	446 224	298 077 632	25,8457	8,7416	66,8	209,9	3504,6
669	447 561	299 418 309	25,8650	8,7460	66,9	210,2	3515,1
670	448 900	300 763 000	25,8844	8,7503	67,0	210,5	3525,7
671	450 241	302 111 711	25,9037	8,7547	67,1	210,8	3536,2
672	451 584	303 464 448	25,9230	8,7590	67,2	211,1	3546,7
673	452 929	304 821 217	25,9422	8,7634	67,3	211,4	3557,3
674	454 276	306 182 024	25,9615	8,7677	67,4	211,7	3567,9
675	455 625	307 546 875	26,9808	8,7721	67,5	212,1	3578,5
676	456 976	308 915 776	26,0000	8,7764	67,6	212,4	3589,1
677	458 329	310 288 733	26,0192	8,7807	67,7	212,7	3599,7
678	459 684	311 665 752	26,0384	8,7850	67,8	213,0	3610,3
679	461 041	313 046 839	26,0576	8,7893	67,9	213,3	3621,0
680	462 400	314 432 000	26,0768	8,7937	68,0	213,6	3631,7

n	n^2	n^3	$\sqrt{n}$	$\sqrt[3]{n}$	$d = 0.1\,n$	πd	$\frac{1}{4}\pi d^2$
681	463 761	315 821 241	26,0960	8,7980	68,1	213,9	3642,4
682	465 124	317 214 568	26,1151	8,8023	68,2	214,3	3653,1
683	466 489	318 611 987	26,1343	8,8066	68,3	214,6	3663,8
684	467 856	320 013 504	26,1534	8,8109	68,4	214,9	3674,5
685	469 225	321 419 125	26,1725	8,8152	68,5	215,2	3685,3
686	470 596	322 828 856	26,1916	8,8194	68,6	215,5	3696,1
687	471 969	324 242 703	26,2107	8,8237	68,7	215,8	3706,8
688	473 344	325 660 672	26,2298	8,8280	68,8	216,1	3717,6
689	474 721	327 082 769	26,2488	8,8323	68,9	216,5	3728,5
690	476 100	328 509 000	26,2679	8,8366	69,0	216,8	3739,3
691	477 481	329 939 371	26,2869	8,8408	69,1	217,1	3750,1
692	478 864	331 373 888	26,3059	8,8451	69,2	217,4	3761,0
693	480 249	332 812 557	26,3249	8,8493	69,3	217,7	3771,9
694	481 636	334 255 384	26,3439	8,8536	69,4	218,0	3782,8
695	483 025	335 702 375	26,3629	8,8578	69,5	218,3	3793,7
696	484 416	337 153 536	26,3818	8,8621	69,6	218,7	3804,6
697	485 809	338 608 873	26,4008	8,8663	69,7	219,0	3815,5
698	487 204	340 068 392	26,4197	8,8706	69,8	219,3	3826,5
699	488 601	341 532 099	26,4386	8,8748	69,9	219,6	3837,5
700	490 000	343 000 000	26,4575	8,8790	70,0	219,9	3848,5
701	491 401	344 742 101	26,4764	8,8833	70,1	220,2	3859,5
702	492 804	345 948 408	26,4953	8,8875	70,2	220,5	3870,5
703	494 200	347 428 927	26,5141	8,8917	70,3	220,9	3881,5
704	495 616	348 913 664	26,5330	8,8959	70,4	221,2	3892,6
705	497 025	350 402 625	26,5518	8,9001	70,5	221,5	3903,6
706	498 436	351 895 816	26,5707	8,9043	70,6	221,8	3914,7
707	499 849	353 393 243	26,5895	8,9085	70,7	222,1	3925,8
708	501 264	354 894 912	26,6083	8,9127	70,8	222,4	3936,9
709	502 681	356 400 829	26,6271	8,9169	70,9	222,7	3948,0
710	504 100	357 911 000	26,6458	8,9211	71,0	223,1	3959,2
711	505 521	359 425 431	26,6646	8,9253	71,1	223,4	3970,9
712	506 944	360 944 128	26,6883	8,9295	71,2	223,7	3981,5
713	508 369	362 467 097	26,7021	8,9337	71,3	224,0	3992,7
714	509 796	363 994 344	26,7208	8,9378	71,4	224,3	4003,9
715	511 225	365 525 875	26,7395	8,9420	71,5	224,6	4015,2
716	512 656	367 061 696	26,7582	8,9462	71,6	224,9	4026,4
717	514 089	368 601 813	26,7769	8,9503	71,7	225,3	4037,6
718	515 524	370 146 232	26,7955	8,9545	71,8	225,6	4048,9
719	516 961	371 694 959	26,8142	8,9587	71,9	225,9	4060,2
720	518 400	373 248 000	26,8328	8,9628	72,0	226,2	4071,5

n	n^2	n^3	$\sqrt{n}$	$\sqrt[3]{n}$	$d = 0.1\,n$	$\pi\,d$	$\frac{1}{4}\,\pi\,d^2$
721	519 841	374 805 361	26,8514	8,9670	72,1	226,5	4082,8
722	521 284	376 367 048	26,8701	8,9711	72,2	226,8	4094,2
723	522 729	377 933 067	26,8887	8,9752	72,3	227,1	4105,5
724	524 176	379 503 424	26,9072	8,9794	72,4	227,5	4116,9
725	525 625	381 078 125	26,9258	8,9835	72,5	227,8	4128,2
726	527 076	382 657 176	26,9444	8,9876	72,6	228,1	4139,6
727	528 529	384 240 583	26,9629	8,9918	72,7	228,4	4151,1
728	529 984	385 828 352	26,9815	8,9959	72,8	228,7	4162,5
729	531 441	387 420 489	27,0000	9,0000	72,9	229,0	4173,9
730	532 900	389 017 000	27,0185	9,0041	73,0	229,3	4185,4
731	534 361	390 617 891	27,0370	9,0082	73,1	229,7	4196,9
732	535 824	392 223 168	27,0555	9,0123	73,2	230,0	4208,4
733	537 289	393 832 837	27,0740	9,0164	73,3	230,3	4219,9
734	538 756	395 446 904	27,0924	9,0205	73,4	230,6	4231,4
735	540 225	397 065 375	27,1109	9,0246	73,5	230,9	4242,9
736	541 696	398 688 256	27,1293	9,0287	73,6	231,2	4254,5
737	543 169	400 315 553	27,1477	9,0328	73,7	231,5	4266,0
738	544 644	401 947 272	27,1662	9,0369	73,8	231,8	4277,6
739	546 121	403 583 419	27,1846	9,0410	73,9	232,2	4289,2
740	547 600	405 224 000	27,2029	9,0450	74,0	232,5	4300,3
741	549 081	406 869 021	27,2213	9,0491	74,1	232,8	4312,5
742	550 564	408 518 488	27,2397	9,0532	74,2	233,1	4324,1
743	552 049	410 172 407	27,2580	9,0572	74,3	233,4	4335,8
744	553 536	411 830 784	27,2764	9,0613	74,4	233,7	4347,5
745	555 025	413 493 625	27,2947	9,0654	74,5	234,0	4359,9
746	556 516	415 160.936	27,3130	9,0694	74,6	234,4	4370,2
747	558 009	416 832 723	27,3313	9,0735	74,7	234,7	4382,6
748	559 504	418 508 992	27,3496	9,0775	74,8	235,0	4394,3
749	561 001	420 189 749	27,3679	9,0816	74,9	235,3	4406,1
750	562 500	421 875 000	27,3861	9,0856	75,0	235,6	4417,6
751	564 001	423 564 751	27,4044	9,0896	75,1	235,9	4429,7
752	565 504	425 259 008	27,4226	9,0937	75,2	236,2	4441,5
753	567 009	426 957 777	27,4408	9,0977	75,3	236,6	4453,3
754	568 516	428 661 064	27,4591	9,1017	75,4	236,9	4465,1
755	570 025	430 368 875	27,4773	9,1057	75,5	237,2	4477,0
756	571 536	432 081 216	27,4955	9,1098	75,6	237,5	4488,8
757	573 049	433 798 093	27,5136	9,1138	75,7	237,8	4500,7
758	574 564	435 519 512	27,5318	9,1178	75,8	238,1	4512,6
759	576 081	437 245 479	27,5500	9,1218	75,9	238,4	4524,5
760	577 600	438 976 000	27,5681	9,1258	76,0	238,8	4536,5

n	n^2	n^3	$\sqrt{n}$	$\sqrt[3]{n}$	$d = 0,1\,n$	πd	$\frac{1}{4}\,\pi d^2$
761	579 121	440 711 081	27,5862	9,1298	76,1	239,1	4548,4
762	580 644	442 450 728	27,6043	9,1338	76,2	239,4	4560,4
763	582 169	444 194 947	27,6225	9,1378	76,3	239,7	4572,3
764	583 696	445 943 744	27,6405	9,1418	76,4	240,0	4584,3
765	585 225	447 697 125	27,6586	9,1458	76,5	240,3	4596,3
766	586 756	449 455 096	27,6767	9,9498	76,6	240,6	4608,4
767	588 289	451 217 663	27,6948	9,1537	76,7	241,0	4620,4
768	589 824	452 984 832	27,7128	9,1577	76,8	241,3	4632,5
769	591 361	454 756 609	27,7308	9,1617	76,9	241,6	4644,5
770	592 900	456 533 000	27,7489	9,1657	77,0	241,9	4656,6
771	594 441	458 314 011	27,7669	9,1696	77,1	242,2	4668,7
772	595 984	460 099 648	27,7849	9,1736	77,2	242,5	4680,8
773	597 529	461 889 917	27,8029	9,1775	77,3	242,8	4693,0
774	599 076	463 684 824	27,8209	9,1815	77,4	243,2	4705,1
775	600 625	465 484 375	27,8388	9,1855	77,5	243,5	4717,3
776	602 176	467 288 576	27,8568	9,1894	77,6	243,8	4729,5
777	603 729	469 097 433	27,8747	9,1933	77,7	244,1	4741,7
778	605 284	470 910 952	27,8927	9,1973	77,8	244,4	4753,9
779	606 841	472 729 139	27,9106	9,2012	77,9	244,7	4766,1
780	608 400	474 552 000	27,9285	9,2052	78,0	245,0	4778,4
781	609 961	476 379 541	27,9464	9,2091	78,1	245,4	4790,6
782	611 524	478 211 768	27,9643	9,2130	78,2	245,7	4802,9
783	613 089	480 048 687	27,9821	9,2170	78,3	246,0	4815,2
784	614 656	481 890 304	28,0000	9,2209	78,4	246,3	4827,5
785	616 225	483 736 625	28,0179	9,2248	78,5	246,6	4839,8
786	617 796	485 587 656	28,0357	9,2287	78,6	246,9	4852,2
787	619 369	487 443 403	28,0535	9,2326	78,7	247,2	4864,5
788	620 944	489 303 872	28,0713	9,2365	78,8	247,6	4876,9
789	622 521	491 169 069	28,0891	9,2404	78,9	247,9	4889,3
790	624 100	493 039 000	28,1069	9,2443	79,0	248,2	4901,7
791	625 681	494 913 671	28,1247	9,2482	79,1	248,5	4914,1
792	627 264	496 793 088	28,1425	9,2521	79,2	248,8	4926,5
793	628 849	498 677 257	28,1063	9,2560	79,3	249,1	4939,0
794	630 436	500 566 184	28,1780	9,2599	79,4	249,4	4951,4
795	632 025	502 459 875	28,1957	9,2638	79,5	249,8	4963,9
796	633 616	504 358 336	28,2135	9 2677	79,6	250,1	4976,4
797	635 209	506 261 573	28,2312	9,2716	79,7	250,4	4988,9
798	636 804	508 169 592	28,2489	9,2754	79,8	250,7	5001,4
799	638 401	510 082 399	28,2666	9,2793	79,9	251,0	5014,0
800	640 000	512 000 000	28,2843	9,2832	80,0	251,3	5026,5

14*

n	n^2	n^3	$\sqrt{n}$	$\sqrt[3]{n}$	$d = 0,1\,n$	$\pi\,d$	$\frac{1}{4}\,\pi\,d^2$
801	641 601	513 922 401	28,3019	9,2870	80,1	251,6	5039,1
802	643 204	515 849 608	28,3196	9,2909	80,2	252,0	5051,7
803	644 809	517 781 627	28,3373	9,2948	80,3	252,3	5064,3
804	646 416	519 718 464	28,3549	9,2986	80,4	252,6	5076,9
805	648 025	521 660 125	28,3725	9,3025	80,5	252,9	5089,6
806	649 636	523 606 616	28,3901	9,3063	80,6	253,2	5102,2
807	651 249	525 557 943	28,4077	9,3102	80,7	253,5	5114,9
808	652 864	527 514 112	28,4253	9,3140	80,8	253,8	5127,6
809	654 481	529 475 129	28,4429	9,3176	80,9	254,2	5140,3
810	656 100	531 441 000	28,4605	9,3217	81,0	254,5	5153,0
811	657 721	533 411 731	28,4781	9,3255	81,1	254,8	5165,7
812	659 344	535 387 328	28,4956	9,3294	81,2	255,1	5178,5
813	660 969	537 367 797	28,5132	9,3332	81,3	255,4	5191,2
814	662 596	539 353 144	28,5307	9,3370	81,4	255,7	5204,0
815	664 225	541 343 375	28,5482	9,3408	81,5	256,0	5216,8
816	665 856	543 338 496	28,5657	9,3447	81,6	256,4	5229,6
817	667 489	545 338 513	28,5832	9,3485	81,7	256,7	5242,4
818	669 124	547 343 432	28,6007	9,3523	81,8	257,0	5255,3
819	670 761	549 353 259	28,6182	9,3561	81,9	257,3	5268,1
820	672 400	551 368 000	28,6356	9,3599	82,0	257,6	5281,0
821	674 041	553 387 661	28,6531	9,3637	82,1	257,9	5293,9
822	675 684	555 412 248	28,6705	9,3675	82,2	258,2	5306,8
823	677 329	557 441 767	28,6880	9,3713	82,3	258,6	5319,7
824	678 976	559 476 224	28,7054	9,3751	82,4	258,9	5332,7
825	680 625	561 515 625	28,7228	9,3789	82,5	259,2	5345,6
826	682 276	563 559 976	28,7402	9,3827	82,6	259,5	5358,6
827	683 929	565 609 283	28,7576	9,3865	82,7	259,8	5371,6
828	685 584	567 663 552	28,7750	9,3902	82,8	260,1	5384,6
829	687 241	569 722 789	28,7924	9,3940	82,9	260,4	5397,6
830	688 900	571 787 000	28,8097	9,3978	83,0	260,8	5410,6
831	690 561	573 856 191	28,8271	9,4016	83,1	261,1	5423,7
832	692 224	575 930 368	28,8444	9,4053	82,2	261,4	5436,7
833	693 889	578 009 537	28,8617	9,4091	83,3	261,7	5449,8
834	695 556	580 093 704	28,8791	9,4129	83,4	262,0	5462,9
835	697 225	582 182 875	28 8964	9,4166	83,5	262,3	5476,0
836	698 896	584 277 056	28,9137	9,4204	83,6	262,6	5489,1
837	700 569	586 376 253	28,9310	9,4241	83,7	263,0	5502,3
838	702 244	588 480 742	28,9482	9,4279	83,8	263,3	5515,4
839	703 921	590 589 719	28,9655	9,4316	83,9	263,6	5528,6
840	705 600	592 704 000	28,9828	9,4354	84,0	263,9	5541,8

n	n^2	n^3	$\sqrt{n}$	$\sqrt[3]{n}$	$d = 0{,}1\,n$	πd	$\frac{1}{4}\,\pi\,d^2$
841	707 281	594 823 321	29,0000	9,4391	84,1	264,2	5555,0
842	708 964	596 947 688	29,0172	9,4429	84,2	264,5	5568,2
843	710 649	599 077 107	29,0345	9,4466	84,3	264,8	5581,4
844	712 336	601 211 584	29,0517	9,4503	84,4	265,2	5594,7
845	714 025	603 351 125	29,0689	9,4541	84,5	265,5	5607,9
846	715 716	605 495 736	29,0861	9,4578	84,6	265,8	5621,2
847	717 409	607 645 423	29,1033	9,4615	84,7	266,1	5634,5
848	719 104	609 800 192	29,1204	9,4652	84,8	266,4	5647,8
849	720 801	611 960 049	29,1367	9,4690	84,9	266,7	5661,2
850	722 500	614 125 000	29,1548	9,4727	85,0	267,0	5674,5
851	724 201	616 295 051	29,1719	9,4764	85,1	267,3	5687,9
852	725 904	618 470 208	29,1890	9,4801	85,2	267,7	5701,2
853	727 609	620 650 477	29,2062	9,4838	85,3	268,0	5714,6
854	729 316	622 835 864	29,2233	9,4875	85,4	268,3	5728,0
855	731 025	625 026 375	29,2404	9,4912	85,5	268,6	5741,5
856	732 736	627 222 016	29,2575	9,4949	85,6	268,9	5754,9
857	734 449	629 422 793	29,2746	9,4986	85,7	269,2	5768,3
858	736 164	631 628 712	29,2916	9,5023	85,8	269,5	5781,8
859	737 881	633 839 779	29,3087	9,5060	85,9	269,9	5795,3
860	739 600	636 056 000	29,3258	9,5097	86,0	270,2	5808,8
861	741 321	638 277 381	29,3428	9,5134	86,1	270,5	5822,3
862	743 044	640 503 928	29,3598	9,5171	86,2	270,8	5835,9
863	744 769	642 735 647	29,3769	9,5207	86,3	271,1	5849,4
864	746 496	644 972 544	29,3939	9,5244	86,4	271,4	5863,0
865	748 225	647 214 625	29,4109	9,5281	86,5	271,7	5876,5
866	749 956	649 461 896	29,4279	9,5317	86,6	272,1	5890,1
867	751 689	651 714 363	29,4449	9,5354	86,7	272,4	5903,8
868	753 424	653 972 032	29,4618	9,5391	86,8	272,7	5917,4
869	755 161	656 234 909	29,4788	9,5427	86,9	273,0	5931,0
870	756 900	658 503 000	29,4958	9,5464	87,0	273,3	5944,7
871	758 641	660 776 311	29,5127	9,5501	87,1	273,6	5958,4
872	760 384	663 054 848	29,5296	9,5537	87,2	273,9	5972,0
873	762 129	665 338 617	29,5466	9,5574	87,3	274,3	5985,7
874	763 876	667 627 624	29,5635	9,5610	87,4	274,6	5999,5
875	765 625	669 921 875	29,5804	9,5647	87,5	274,9	6013,2
876	767 376	672 221 376	29,5973	9,5683	87,6	275,2	6027,0
877	769 129	674 526 133	29,6142	9,5719	87,7	275,5	6040,7
878	770 884	676 836 152	29,6311	9,5756	87,8	275,8	6054,5
879	772 641	679 151 439	29,6479	9,5792	87,9	276,1	6068,3
880	774 400	681 742 000	29,6648	9,5828	88,0	276,5	6082,1

n	n^2	n^3	$\sqrt{n}$	$\sqrt[3]{n}$	$d = 0,1\,n$	$\pi\,d$	$\frac{1}{4}\,\pi\,d^2$
881	776 161	683 797 841	29,6816	9,5865	88,1	276,8	6096,0
882	777 924	686 128 968	29,6985	9,5901	88,2	277,1	6109,8
883	779 689	688 465 387	29,7153	9,5937	88,3	277,4	6123,7
884	781 456	690 807 104	29,7321	9,5973	88,4	277,7	6137,5
885	783 225	693 154 125	29,7489	9,6010	88,5	278,0	6151,4
886	784 996	695 506 456	29,7658	9,6046	88,6	278,3	6165,3
887	786 769	697 864 103	29,7825	9,6082	88,7	278,7	6179,3
888	788 544	700 227 072	29,7993	9,6118	88,8	279,0	6193,2
889	790 321	702 595 369	29,8161	9,6154	88,9	279,3	6207,2
890	792 100	704 969 000	29,8329	9,6190	89,0	279,6	6221,1
891	793 881	707 347 971	29,8496	9,6226	89,1	279,9	6235,1
892	795 664	709 732 288	29,8664	9,6262	89,2	280,2	6249,1
893	797 449	712 121 957	29,8831	9,6298	89,3	280,5	6263,1
894	799 236	714 516 984	29,8998	9,6334	89,4	280,9	6277,2
895	801 025	716 917 375	29,9166	9,6370	89,5	281,2	6291,2
896	802 816	719 323 136	29,9333	9,6406	89,6	281,5	6305,3
897	804 609	721 734 273	29,9500	9,6442	89,7	281,8	6319,4
898	806 404	724 150 792	29,9666	9,6477	89,8	282,1	6333,5
899	808 201	726 572 699	29,9833	9,6513	89,9	282,4	6347,6
900	810 000	729 000 000	30,0000	9,6549	90,0	282,7	6361,7
901	811 801	731 432 701	30,0167	9,6585	90,1	283,1	6375,9
902	813 604	733 870 808	30,0333	9,6620	90,2	283,4	6390,0
903	815 409	736 314 327	30,0500	9,6656	90,3	283,7	6404,2
904	817 216	738 763 264	30,0666	9,6692	90,4	284,0	6418,4
905	819 025	741 217 625	30,0832	9,6727	90,5	284,3	6432,6
906	820 836	743 677 416	30,0998	9,6763	90,6	284,6	6446,8
907	822 649	746 142 643	30,1164	9,6799	90,7	284,9	6461,1
908	824 464	748 613 312	30,1330	9,6834	90,8	285,3	6475,3
909	826 281	751 089 429	30,1496	9,6870	90,9	285,6	6489,6
910	828 100	753 571 000	30,1662	9,6905	91,0	285,9	6503,9
911	829 921	756 058 031	30,1828	9,6941	91,1	286,2	6518,2
912	831 744	758 550 528	30,1993	9,6976	91,2	286,5	6532,5
913	833 569	761 048 497	30,2159	9,7012	91,3	286,8	6546,8
914	835 396	763 551 944	30,2324	9,7047	91,4	287,1	6561,2
915	837 225	766 060 875	30,2490	9,7082	91,5	287,5	6575,5
916	839 056	768 575 296	30,2655	9,7118	91,6	287,8	6589,8
917	840 889	771 095 213	30,2820	9,7153	91,7	288,1	6604,3
918	842 724	773 620 632	30,2985	9,7188	91,8	288,4	6618,7
919	844 561	776 151 559	30,3150	9,7224	91,9	288,7	6633,2
920	846 400	778 668 000	30,3315	9,7259	92,0	289,0	6647,6

n	n^2	n^3	$\sqrt{n}$	$\sqrt[3]{n}$	$d = 0,1\,n$	$\pi\,d$	$\frac{1}{4}\,\pi\,d^2$
921	848 241	781 229 961	30,3480	9,7294	92,1	289,3	6662,1
922	850 084	783 777 448	30,3645	9,7329	92,2	289,7	6676,5
923	851 929	786 330 467	30,3809	9,7364	92,3	290,0	6691,0
924	853 776	788 889 024	30,3974	9,7400	92,4	290,3	6705,5
925	855 625	791 453 125	30,4138	9,7435	92,5	290,6	6720,1
926	857 476	794 022 776	30,4302	9,7470	92,6	290,9	6734,6
927	859 329	796 597 983	30,4467	9,7505	92,7	291,2	6749,2
928	861 184	799 178 752	30,4631	9,7540	92,8	291,5	6763,7
929	863 041	801 765 089	30,4795	9,7575	92,9	291,9	6778,3
930	864 900	804 357 000	30,4959	9,7610	93,0	292,2	6792,9
931	866 761	806 954 491	30,5123	9,7645	93,1	292,5	6807,5
932	868 624	809 557 568	30,5287	9,7680	93,2	292,8	6822,2
933	870 489	812 166 237	30,5450	9,7715	93,3	293,1	6836,8
934	872 356	814 780 504	30,5614	9,7750	93,4	293,4	6851,5
935	874 225	817 400 375	30,5778	9,7785	93,5	293,7	6866,1
936	876 096	820 025 856	30,5941	9,7819	93,6	294,1	6880,8
937	877 969	822 656 953	30,6105	9,7854	93,7	294,4	6895,6
938	879 844	825 293 672	30,6268	9,7889	93,8	294,7	6910,3
939	881 721	827 936 019	30,6431	9,7924	93,9	295,0	6925,0
940	883 600	830 584 000	30,6594	9,7959	94,0	295,3	6939,8
941	885 481	833 237 621	30,6757	9,7993	94,1	295,6	6954,6
942	887 364	835 896 888	30,6920	9,8028	94,2	295,9	6969,3
943	889 249	838 561 807	30,7083	9,8063	94,3	296,3	6984,1
944	891 136	841 232 384	30,7246	9,8097	94,4	296,6	6999,0
945	893 025	843 908 625	30,7409	9,8132	94,5	296,9	7013,8
946	894 916	846 590 536	30,7571	9,8167	94,6	297,2	7028,7
947	896 809	849 278 123	30,7734	9,8201	94,7	297,5	7043,5
948	898 704	851 971 392	30,7896	9,8236	94,8	297,8	7058,4
949	900 601	854 670 349	30,8058	9,8270	94,9	298,1	7073,3
950	902 500	857 375 000	30,8221	9,8305	95,0	298,5	7088,2
951	904 401	860 085 351	30,8383	9,8339	95,1	298,8	7103,1
952	906 304	862 801 408	30,8545	9,8374	95,2	299,1	7118,1
953	908 209	865 523 177	30,8707	9,8408	95,3	299,4	7133,1
954	910 116	868 250 664	30,8869	9,8443	95,4	299,7	7148,0
955	912 025	870 983 875	30,9031	9,8477	95,5	300,0	7163,0
956	913 936	873 722 816	30,9192	9,8511	95,6	300,3	7178,0
957	915 849	876 467 493	30,9354	9,8546	95,7	300,7	7193,1
958	917 764	879 217 912	30,9516	9,8580	95,8	301,0	7208,1
959	919 681	881 974 079	30,9677	9,8614	95,9	301,3	7223,2
960	921 600	884 736 000	30,9839	9,8648	96,0	301,6	7238,2

n	n^2	n^3	$\sqrt{n}$	$\sqrt[3]{n}$	$n = 0,1\,d$	$\pi\,d$	$\frac{1}{4}\,\pi\,d^2$
961	923 521	887 503 681	31,0000	9,8683	96,1	301,9	7253,3
962	925 444	890 277 128	31,0161	9,8717	96,2	302,2	7268,4
963	927 369	893 056 347	31,0322	9,8751	96,3	302,5	7283,5
964	929 296	895 841 344	31,0483	9,8785	96,4	302,8	7298,7
965	931 225	898 632 125	31,0644	9,8819	96,5	303,2	7313,8
966	933 156	901 428 696	31,0805	9,8854	96,6	303,5	7329,0
967	935 089	904 231 063	31,0966	9,8888	96,7	303,8	7344,2
968	937 024	907 039 232	31,1127	9,8922	96,8	304,1	7359,4
969	938 961	909 853 209	31,1288	9,8956	96,9	304,4	7374,6
970	940 900	912 673 000	31,1448	9,8990	97,0	304,7	7389,8
971	942 841	915 498 611	31,1609	9,9024	97,1	305,0	7405,1
972	944 784	918 330 048	31,1769	9,9058	97,2	305,4	7420,3
973	946 729	921 167 317	31,1929	9,9092	97,3	305,7	7435,6
974	948 676	924 010 424	31,2090	9,9126	97,4	306,0	7450,9
975	950 625	926 859 375	31,2250	9,9160	97,5	306,3	7466,2
976	952 576	929 714 176	31,2410	9,9194	97,6	306,6	7481,5
977	954 529	932 574 833	31,2570	9,9227	97,7	306,9	7496,9
978	956 484	935 441 352	31,2730	9,9261	97,8	307,2	7512,2
979	958 441	938 313 739	31,2890	9,9295	97,9	307,6	7527,6
980	960 400	941 192 000	31,3050	9,9329	98,0	307,9	7543,0
981	962 361	944 076 141	31,3209	9,9363	98,1	308,2	7558,4
982	964 324	946 966 168	31,3369	9,9396	98,2	308,5	7573,8
983	966 289	949 862 087	31,3528	9,9430	98,3	308,8	7589,2
984	968 256	952 763 904	31,3688	9,9464	98,4	309,1	7604,7
985	970 225	955 671 625	31,3847	9,9497	98,5	309,4	7620,1
986	972 196	958 585 256	31,4006	9,9531	98,6	309,8	7635,6
987	974 169	961 504 803	31,4166	9,9565	98,7	310,1	7651,1
988	976 144	964 430 272	31,4325	9,9598	98,8	310,4	7666,6
989	978 121	967 361 669	31,4484	9,9632	98,9	310,7	7682,1
990	980 100	970 299 000	31,4643	9,9666	99,0	311,0	7697,7
991	982 081	973 242 271	31,4802	9,9699	99,1	311,3	7713,2
992	984 064	976 191 488	31,4960	9,9733	99,2	311,6	7728,8
993	986 049	979 146 657	31,5119	9,9766	99,3	212,0	7744,4
994	988 036	982 107 784	31,5278	9,9800	99,4	312,3	7760,0
995	990 025	985 047 875	31,5436	9,9833	99,5	312,6	7775,6
996	992 016	988 047 936	31,5595	9,9866	99,6	312,9	7791,3
997	994 009	991 026 973	31,5753	9,9900	99,7	313,2	7806,9
998	996 004	994 011 992	31,5911	9,9933	99,8	313,5	7822,6
999	998 001	997 002 999	31,6070	9,9967	99,9	313,8	7838,3
1000	1000 000	1000 000 000	31,6228	10,0000	100,0	314,2	7854,0

Tabelle Nr. II. **Briggsche Logarithmen der Zahlen von 1 bis 100.**

Nr.	0	1	2	3	4	5	6	7	8	9	Differenz
10	0000	0043	0086	0128	0170	0212	0253	0294	0334	0374	43—40
11	0414	0453	0492	0531	0569	0607	0645	0682	0719	0755	39—36
12	0792	0828	0864	0899	0934	0969	1004	1038	1072	1106	36—34
13	1139	1173	1206	1239	1271	1303	1335	1367	1399	1430	34—31
14	1461	1492	1523	1553	1584	1614	1644	1673	1703	1732	31—29
15	1761	1790	1818	1847	1875	1903	1931	1959	1987	2014	29—27
16	2041	2068	2095	2122	2148	2175	2201	2227	2253	2279	27—26
17	2304	2330	2355	2380	2405	2430	2455	2480	2504	2529	26—25
18	2553	2577	2601	2625	2648	2672	2695	2718	2742	2765	24—23
19	2788	2810	2833	2856	2878	2900	2923	2945	2967	2989	23—22
20	3010	3032	3054	3075	3096	3118	3139	3160	3181	3201	22—20
21	3222	3243	3263	3284	3304	3324	3345	3365	3385	3404	21—19
22	3424	3444	3464	3483	3502	3522	3541	3560	3579	3598	20—19
23	3617	3636	3655	3674	3692	3711	3729	3747	3766	3784	19—18
24	3802	3820	3838	3856	3874	3892	3909	3927	3945	3962	18—17
25	3979	3997	4014	4031	4048	4065	4082	4099	4116	4133	18—17
26	4150	4166	4183	4200	4216	4232	4249	4265	4281	4298	17—16
27	4314	4330	4346	4362	4378	4393	4409	4425	4440	4456	16—15
28	4472	4487	4502	4518	4533	4548	4564	4579	4594	4609	16—15
29	4624	4639	4654	4669	4683	4698	4713	4728	4742	4757	15—14
30	4771	4786	4800	4814	4829	4843	4857	4871	4886	4900	15—14
31	4914	4928	4942	4955	4969	4983	4997	5011	5024	5038	14—13
32	5051	5065	5079	5092	5105	5119	5132	5145	5159	5172	14—13
33	5185	5198	5211	5224	5237	5250	5263	5276	5289	5302	13
34	5315	5328	5340	5353	5366	5378	5391	5403	5416	5428	13—12
35	5441	5453	5465	5478	5490	5502	5514	5527	5539	5551	13—12
36	5563	5575	5587	5599	5611	5623	5635	5647	5658	5670	12—11
37	5682	5694	5705	5717	5729	5740	5752	5763	5775	5786	12—11
38	5798	5809	5821	5832	5843	5855	5866	5877	5888	5899	12—11
39	5911	5922	5933	5944	5955	5966	5977	5988	5999	6010	12—11
40	6021	6031	6042	6053	6064	6075	6085	6096	6107	6117	11—10
41	6128	6138	6149	6160	6170	6180	6191	6201	6212	6222	11—10
42	6232	6243	6253	6263	6274	6284	6294	6304	6314	6325	11—10
43	6335	6345	6355	6365	6375	6385	6395	6405	6415	6425	10
44	6435	6444	6454	6464	6474	6484	6493	6503	6513	6522	10—9
45	6532	6542	6551	6561	6571	6580	6590	6599	6609	6618	10—9
46	6628	6637	6646	6656	6665	6675	6684	6693	6702	6712	10—9
47	6721	6730	6739	6749	6758	6767	6776	6785	6794	6803	10—9
48	6812	6821	6830	6839	6848	6857	6866	6875	6864	6893	9
49	6902	6911	6920	6928	6937	6946	6955	6964	6972	6981	9—8
50	6990	6998	7007	7016	7024	7033	7042	7050	7059	7067	9—8
51	7076	7084	7093	7101	7110	7118	7126	7135	7143	7152	9—8
52	7160	7168	7177	7185	7193	7202	7210	7218	7226	7235	9—8
53	7243	7251	7259	7267	7275	7284	7292	7300	7308	7316	9—8
54	7324	7332	7340	7348	7356	7364	7372	7380	7388	7396	8

Nr.	0	1	2	3	4	5	6	7	8	9	Differenz
55	7404	7412	7419	7427	7435	7443	7451	7459	7466	7474	8—7
56	7482	7490	7497	7505	7513	7520	7528	7536	7543	7551	8—7
57	7559	7566	7574	7582	7589	7597	7604	7612	7619	7627	8—7
58	7634	7642	7649	7657	7664	7672	7679	7686	7694	7701	8—7
59	7709	7716	7723	7731	7738	7745	7752	7760	7767	7774	8—7
60	7782	7789	7796	7803	7810	7818	7825	7832	7839	7846	8—7
61	7853	7860	7868	7875	7882	7889	7896	7903	7910	7917	8—7
62	7924	7931	7938	7945	7952	7959	7966	7973	7980	7987	7—6
63	7993	8000	8007	8014	8021	8028	8035	8041	8048	8055	7—6
64	8062	8069	8075	8082	8089	8096	8102	8109	8116	8122	7—6
65	8129	8136	8142	8149	8156	8162	8169	8176	8182	8189	7—6
66	8195	8202	8209	8215	8222	8228	8235	8241	8248	8254	7—6
67	8261	8267	8274	8280	8287	8293	8299	8306	8312	8319	7—6
68	8325	8331	8338	8344	8351	8357	8363	8370	8376	8382	7—6
69	8388	8395	8401	8407	8414	8420	8426	8432	8493	8445	7—6
70	8451	8457	8463	8470	8476	8482	8488	8494	8500	8506	7—6
71	8513	8519	8525	8531	8537	8543	8594	8555	8561	8567	7—6
72	8573	8579	8585	8591	8597	8603	8609	8615	8621	8627	6
73	8633	8639	8645	8651	8657	8663	8669	8675	8681	8686	6—5
74	8692	8698	8704	8710	8716	8722	8727	8733	8739	8745	6—5
75	8751	8756	8762	8768	8774	8779	8785	8791	8797	8802	6—5
76	8808	8814	8820	8825	8831	8837	8842	8848	8854	8859	6—5
77	8865	8871	8876	8882	8887	8893	8899	8904	8910	8915	6—5
78	8921	8927	8932	8938	8943	8949	8954	8960	8965	8971	6—5
79	8976	8982	8987	8993	8998	9004	9009	9015	9020	9025	6—5
80	9031	9036	9042	9047	9053	9058	9063	9069	9074	9079	6—5
81	9085	9090	9096	9101	9106	9112	9117	9122	9128	9133	6—5
82	9138	9143	9149	9154	9159	9165	9170	9175	9180	9186	6—5
83	9191	9196	9201	9206	9212	9217	9222	9227	9232	9238	6—5
84	9243	9248	9253	9258	9263	9269	9274	9279	9284	9289	6—5
85	9294	9299	9304	9309	9315	9320	9325	9330	9335	9340	6—5
86	9345	9350	9355	9360	9365	9370	9375	9380	9385	9390	5
87	9395	9400	9405	9410	9415	9420	9425	9430	9435	9440	5
88	9445	9450	9455	9460	9465	9469	9474	9479	9484	9489	5—4
89	9494	9499	9504	9509	9513	9518	9523	9528	9533	9538	5—4
90	9542	9547	9552	9557	9562	9567	9571	9576	9581	9586	5—4
91	9590	9595	9600	9605	9609	9614	9619	9624	9628	9633	5—4
92	9638	9643	9647	9652	9657	9661	9666	9671	9675	9680	5—4
93	9685	9689	9694	9699	9703	9708	9713	9717	9722	9727	5—4
94	9731	9736	9741	9745	9750	9754	9759	9763	9768	9773	5—4
95	9777	9782	9786	9791	9795	9800	9805	9809	9814	9818	5—4
96	9823	9827	9832	9836	9841	9845	9850	9854	9859	9863	5—4
97	9868	9872	9877	9881	9886	9890	9894	9899	9903	9908	5—4
98	9912	9917	9921	9926	9930	9934	9939	9943	9948	9952	5—4
99	9956	9961	9965	9969	9974	9978	9983	9987	9991	9996	5—4

Tabelle Nr. III. Kosinus und Sinus.

Grad	Kosinus							Grad
	0′	10′	20′	30′	40′	50′	60′	
0	1,0000	1,0000	1,0000	1,0000	0,9999	0,9999	0,9999	89
1	0,9999	0,9998	0,9997	0,9997	0,9996	0,9995	0,9994	88
2	0,9994	0,9993	0,9992	0,9991	0,9989	0,9988	0,9986	87
3	0,9986	0,9985	0,9983	0,9981	0,9980	0,9978	0,9976	86
4	0.9976	0,9974	0,9971	0,9969	0 9967	0,9964	0,9962	85
5	0,9962	0,9959	0,9957	0,9954	0,9951	0,9948	0,9945	84
6	0,9945	0,9942	0,9939	0,9936	0,9932	0,9929	0,9926	83
7	0,9926	0,9922	0,9918	0,9914	0,9911	0,9907	0,9903	82
8	0,9903	0,9899	0,9894	0,9890	0,9886	0,9881	0,9877	81
9	0,9877	0,9872	0,9868	0,9863	0,9858	0,9853	0,9848	80
10	0,9848	0,9843	0,9838	0,9833	0,9827	0,9822	0,9816	79
11	0,9816	0,9811	0,9805	0,9799	0,9793	0,9788	0,9782	78
12	0,9782	0,9775	0,9769	0,9763	0,9757	0,9750	0,9744	77
13	0,9744	0,9737	0,9730	0,9724	0,9717	0,9710	0,9703	76
14	0,9703	0,9696	0,9689	0,9682	0,9674	0,9667	0,9659	75
15	0,9659	0,9652	0,9644	0,9663	0,9629	0,9621	0,9613	74
16	0,9613	0,9605	0,9596	0,9588	0,9580	0,9572	0,9563	73
17	0,9563	0,9555	0,9546	0,9537	0,9528	0,9520	0,9511	72
18	0,9511	0,9502	0,9492	0,9483	0,9474	0,9465	0,9455	71
19	0,9455	0,9446	0,9436	0,9426	0,9417	0,9407	0,9397	70
20	0,9397	0,9387	0,9377	0,9367	0,9357	0,9346	0,9336	69
21	0,9336	0,9325	0,9315	0,9304	0,9294	0,9283	0,9272	68
22	0,9272	0,9261	0,9250	0,9239	0,9228	0,9216	0,9205	67
23	0,9205	0,9194	0,9182	0,9171	0,9159	0,9147	0,9136	66
24	0,9136	0,9124	0,9112	0,9100	0,9088	0,9075	0,9063	65
25	0,9063	0,9051	0,9038	0,9026	0,9013	0,9001	0,8988	64
26	0,8988	0,8975	0,8962	0,8949	0,8936	0,8923	0,8910	63
27	0,8910	0,8897	0,8884	0,8870	0,8857	0,8843	0,8830	62
28	0,8830	0,8816	0,8802	0,8788	0,8774	0,8760	0,8746	61
29	0,8746	0,8732	0,8718	0,8704	0,8689	0,8675	0,8660	60
30	0,8660	0,8646	0,8631	0,8616	0,8602	0,8587	0,8572	59
31	0,8572	0,8557	0,8542	0,8526	0,8511	0,8496	0,8481	58
32	0,8481	0,8465	0,8450	0,8434	0,8418	0,8403	0,8387	57
33	0,8387	0,8371	0,8355	0,8339	0,8223	0,8307	0,8290	56
34	0,8290	0,8274	0,8258	0,8241	0,8225	0,8208	0,8192	55
35	0,8193	0,8175	0,8158	0,8141	0,8124	0,8107	0,8090	54
36	0,8090	0,8073	0,8056	0,8039	0,8021	0,8004	0,7986	53
37	0,7986	0,7969	0,7951	0,7934	0,7916	0,7898	0,7880	52
38	0,7880	0,7862	0,7844	0,7826	0,7808	0,7790	0,7772	51
39	0,7772	0,7753	0,7735	0,7716	0,7698	0,7679	0,7660	50
40	0,7660	0,7642	0,7623	0,7604	0,7585	0,7566	0,7547	49
41	0,7547	0,7528	0,7509	0,7490	0,7470	0,7451	0,7431	48
42	0,7431	0,7412	0,7392	0,7373	0,7353	0,7333	0,7314	47
43	0,7314	0,7294	0,7274	0,7254	0,7234	0,7214	0,7193	46
44	0.7193	0,7173	0,7153	0,7133	0,7112	0,7092	0,7071	45
45	0,7071	0,7051	0,7030	0,7009	0,6988	0,6968	0,6947	44
Grad	60′	50′	40′	30′	20′	10′	0′	Grad
				Sinus				

Tabelle Nr. III. **Sinus und Kosinus.**

Grad	Sinus							Grad
	0′	10′	20′	30′	40′	50′	60′	
0	0,0000	0,0029	0,0058	0,0087	0,0116	0,0145	0,0175	89
1	0,0175	0,0204	0,0233	0,0262	0,0291	0,0320	0,0349	88
2	0,0349	0,0378	0,0407	0,0436	0,0465	0,0494	0,0523	87
3	0,0523	0,0552	0,0581	0,0611	0,0640	0,0669	0,0698	86
4	0,0698	0,0727	0,0756	0,0785	0,0814	0,0843	0,0872	85
5	0,0872	0,0901	0,0930	0,0959	0,0987	0,1016	0,1045	84
6	0,1045	0,1074	0,1103	0,1132	0,1161	0,1190	0,1219	83
7	0,1219	0,1248	0,1276	0,1305	0,1334	0,1363	0,1392	82
8	0,1392	0,1421	0,1449	0,1478	0,1507	0,1536	0,1564	81
9	0,1564	0,1593	0,1622	0,1651	0,1679	0,1708	0,1737	80
10	0,1737	0,1765	0,1794	0,1822	0,1851	0,1880	0,1908	79
11	0,1908	0,1937	0,1965	0,1994	0,2022	0,2051	0,2079	78
12	0,2079	0,2108	0,2136	0,2164	0,2193	0,2221	0,2250	77
13	0,2250	0,2278	0,2306	0,2335	0,2363	0,2391	0,2419	76
14	0,2419	0,2447	0,2476	0,2504	0,2532	0,2560	0,2588	75
15	0,2588	0,2616	0,2644	0,2672	0,2700	0,2728	0,2756	74
16	0,2756	0,2784	0,2812	0,2840	0,2868	0,2896	0,2924	73
17	0,2924	0,2952	0,2979	0,3007	0,3035	0,3063	0,3090	72
18	0,3090	0,3118	0,3145	0,3173	0,3201	0,3228	0,3256	71
19	0,3256	0,3283	0,3311	0,3338	0,3366	0,3393	0,3420	70
20	0,3420	0,3448	0,3475	0,3502	0,3529	0,3557	0,3584	69
21	0,3584	0,3611	0,3638	0,3665	0,3692	0,3719	0,3746	68
22	0,3746	0,3773	0,3800	0,3827	0,3854	0,3881	0,3907	67
23	0,3907	0,3934	0,3961	0,3988	0,4014	0,4041	0,4067	66
24	0,4067	0,4094	0,4120	0,4147	0,4173	0,4200	0,4226	65
25	0,4226	0,4253	0,4279	0,4305	0,4331	0,4358	0,4384	64
26	0,4384	0,4410	0,4436	0,4462	0,4488	0,4514	0,4540	63
27	0,4540	0,4566	0,4592	0,4618	0,4643	0,4669	0,4695	62
28	0,4695	0,4720	0,4746	0,4772	0,4797	0,4823	0,4848	61
29	0,4848	0,4874	0,4899	0,4924	0,4950	0,4975	0,5000	60
30	0,5000	0,5025	0,5050	0,5075	0,5100	0,5125	0,5150	59
31	0,5150	0,5175	0,5200	0,5225	0,5250	0,5275	0,5299	58
32	0,5299	0,5324	0,5348	0,5373	0,5398	0,5422	0,5446	57
33	0,5446	0,5471	0,5495	0,5519	0,5544	0,5568	0,5592	56
34	0,5592	0,5616	0,5640	0,5664	0,5688	0,5712	0,5736	55
35	0,5736	0,5760	0,5783	0,5807	0,5831	0,5854	0,5878	54
36	0,5878	0,5901	0,5925	0,5948	0,5972	0,5995	0,6018	53
37	0,6018	0,6041	0,6025	0,6088	0,6111	0,6134	0,6157	52
38	0,6157	0,6180	0,6202	0,6225	0,6248	0,6271	0,6293	51
39	0,6293	0,6316	0,6338	0,6361	0,6383	0,6406	0,6428	50
40	0,6428	0,6450	0,6472	0,6495	0,6517	0,6539	0,6561	49
41	0,6561	0,6583	0,6604	0,6626	0,6648	0,6670	0,6691	48
42	0,6691	0,6713	0,6734	0,6756	0,6777	0,6799	0,6820	47
43	0,6820	0,6841	0,6862	0,6884	0,6905	0,6926	0,6947	46
44	0,6947	0,6968	0,6988	0,7009	0,7030	0,7051	0,7071	45
45	0,7071	0,7092	0,7112	0,7133	0,7153	0,7173	0,7193	44
Grad	60′	50′	40′	30′	20′	10′	0′	Grad
	Kosinus							

Tabelle Nr. IV. Kotangente und Tangente.

Grad	Kotangente							Grad
	0'	10'	20'	30'	40'	50'	60'	
0		343,774	171,885	114,589	85,9398	68,7501	57,2900	89
1	57,2900	49,1039	42,9641	38,1885	34,3678	31,2416	28,6362	88
2	28,6362	26,4316	24,5418	22,9038	21,4704	20,2056	19,0811	87
3	19,0811	18,0750	17,1693	16,3499	15,6048	14,9244	14,3007	86
4	14,3007	13,7267	13,1969	12,7062	12,2505	11,8262	11,4300	85
5	11,4300	11,0594	10,7119	10,3854	10,0780	9,7882	9,5144	84
6	9,5144	9,2553	9,0098	8,7769	8,5556	8,3450	8,1444	83
7	8,1444	7,9530	7,7704	7,5958	7,4287	7,2687	7,1154	82
8	7,1154	6,9682	6,8269	6,6912	6,5606	6,4348	6,3138	81
9	6,3138	6,1970	6,0844	5,9758	5,8708	5,7694	5,6713	80
10	5,6713	5,5764	5,4845	5,3955	5,3093	5,2257	5,1446	79
11	5,1446	5,0658	4,9894	4,9152	4,8430	4,7729	4,7046	78
12	4,7046	4,6383	4,5736	4,5107	4,4494	4,3897	4,3315	77
13	4,3315	4,2747	4,2193	4,1653	4,1126	4,0611	4,0108	76
14	4,0108	3,9617	3,9136	3,8667	3,8208	3,7760	3,7321	75
15	3,7321	3,6891	3,6471	3,6059	3,5656	3,5261	3,4874	74
16	3,4874	3,4495	3,4124	3,3759	3,3402	3,3052	3,2709	73
17	3,2709	3,2371	3,2041	3,1716	3,1397	3,1084	3,0777	72
18	3,0777	3,0475	3,0178	2,9887	2,9600	2,9319	2,9042	71
19	2,9042	2,8770	2,8502	2,8239	2,7980	2,7725	2,7475	70
20	2,7475	2,7228	2,6985	2,6746	2,6511	2,6279	2,6051	69
21	2,6051	2,5826	2,5605	2,5387	2,5172	2,4960	2,4751	68
22	2,4751	2,4545	2,4342	2,4142	2,3945	2,3750	2,3559	67
23	2,3559	2,3369	2,3183	2,2998	2,2817	2,2637	2,2460	66
24	2,2460	2,2286	2,2113	2,1943	2,1775	2,1609	2,1445	65
25	2,1445	2,1283	2,1123	2,0965	2,0809	2,0655	2,0503	64
26	2,0503	2,0353	2,0204	2,0057	1,9912	1,9768	1,9626	63
27	1,9626	1,9486	1,9347	1,9210	1,9074	1,8940	1,8807	62
28	1,8807	1,8676	1,8546	1,8418	1,8291	1,8165	1,8041	61
29	1,8041	1,7917	1,7796	1,7675	1,7556	1,7438	1,7321	60
30	1,7321	1,7205	1,7090	1,6977	1,6864	1,6753	1,6643	59
31	1,6643	1,6534	1,6426	1,6319	1,6213	1,6107	1,6003	58
32	1,6003	1,5900	1,5798	1,5697	1,5597	1,5497	1,5399	57
33	1,5399	1,5301	1,5204	1,5108	1,5013	1,4919	1,4826	56
34	1,4826	1,4733	1,4641	1,4550	1,4460	1,4370	1,4282	55
35	1,4282	1,4193	1,4106	1,4020	1,3934	1,3848	1,3764	54
36	1,3764	1,3680	1,3597	1,3514	1,3432	1,3351	1,3270	53
37	1,3270	1,3190	1,3111	1,3032	1,2954	1,2876	1,2799	52
38	1,2799	1,2723	1,2647	1,2572	1,2497	1,2423	1,2349	51
39	1,2349	1,2276	1,2203	1,2131	1,2059	1,1988	1,1918	50
40	1,1918	1,1847	1,1778	1,1709	1,1640	1,1572	1,1504	49
41	1,1504	1,1436	1,1369	1,1303	1,1237	1,1171	1,1106	48
42	1,1106	1,1041	1,0977	1,0913	1,0850	1,0786	1,0724	47
43	1,0724	1,0661	1,0599	1,0538	1,0477	1,0416	1,0355	46
44	1,0355	1,0295	1,0256	1,0176	1,0117	1,0058	1,0000	45
45	1,0000	0,9942	0,9884	0,9827	0,9770	0,9713	0,9657	44

Grad	60'	50'	40'	30'	20'	10'	0'	Grad
				Tangente				

Tabelle Nr. IV. **Tangente und Kotangente.**

Grad	Tangente							Grad
	0′	10′	20′	30′	40′	50′	60′	
0	0,0000	0,0029	0,0058	0,0087	0,0116	0,0146	0,0175	89
1	0,0175	0,0204	0,0233	0,0262	0,0291	0,0320	0,0349	88
2	0,0349	0,0378	0,0408	0,0437	0,0466	0,0495	0,0524	87
3	0,0524	0,0553	0,0582	0,0612	0,0641	0,0670	0,0699	86
4	0,0699	0,0729	0,0758	0,0787	0,0816	0,0846	0,0875	85
5	0,0875	0,0904	0,0934	0,0963	0,0992	0,1022	0,1051	84
6	0,1051	0,1081	0,1110	0,1139	0,1169	0,1198	0,1228	83
7	0,1228	0,1257	0,1287	0,1317	0,1346	0,1376	0,1405	82
8	0,1405	0,1435	0,1465	0,1495	0,1524	0,1554	0,1584	81
9	0,1584	0,1614	0,1644	0,1673	0,1703	0,1733	0,1763	80
10	0,1763	0,1793	0,1823	0,1853	0,1884	0,1914	0,1944	79
11	0,1944	0,1974	0,2004	0,2035	0,2065	0,2095	0,2126	78
12	0,2126	0,2156	0,2186	0,2217	0,2248	0,2278	0,2309	77
13	0,2309	0,2339	0,2370	0,2401	0,2432	0,2462	0,2493	76
14	0,2493	0,2524	0,2555	0,2586	0,2617	0,2648	0,2680	75
15	0,2680	0,2711	0,2742	0,2773	0,2805	0,2836	0,2868	74
16	0,2868	0,2899	0,2931	0,2962	0,2994	0,3026	0,3057	73
17	0,3057	0,3089	0,3121	0,3153	0,3185	0,3217	0,3249	72
18	0,3249	0,3281	0,3314	0,3346	0,3378	0,3411	0,3443	71
19	0,3443	0,3476	0,3509	0,3541	0,3574	0,3607	0,3640	70
20	0,3640	0,3673	0,3706	0,3739	0,3772	0,3805	0,3839	69
21	0,3839	0,3872	0,3906	0,3939	0,3973	0,4007	0,4040	68
22	0,4040	0,4074	0,4108	0,4142	0,4176	0,4211	0,4245	67
23	0,4245	0,4279	0,4314	0,4383	0,4418	0,4348	0,4452	66
24	0,4452	0,4487	0,4522	0,4557	0,4592	0,4628	0,4663	65
25	0,4663	0,4699	0,4734	0,4770	0,4806	0,4841	0,4877	64
26	0,4877	0,4913	0,4950	0,4986	0,5022	0,5059	0,5095	63
27	0,5095	0,5132	0,5169	0,5206	0,5243	0,5280	0,5317	62
28	0,5317	0,5355	0,5392	0,5430	0,5467	0,5505	0,5543	61
29	0,5543	0,5581	0,5619	0,5658	0,5696	0,5735	0,5774	60
30	0,5774	0,5812	0,5851	0,5891	0,5930	0,5969	0,6009	59
31	0,6009	0,6048	0,6088	0,6128	0,6168	0,6208	0,6249	58
32	0,6249	0,6289	0,6330	0,6371	0,6412	0,6453	0,6494	57
33	0,6494	0,6536	0,6577	0,6619	0,6661	0,6703	0,6745	56
34	0,6745	0,6788	0,6830	0,6873	0,6916	0,6959	0,7002	55
35	0,7002	0,7046	0,7089	0,7133	0,7177	0,7221	0,7265	54
36	0,7265	0,7310	0,7355	0,7400	0,7445	0,7490	0,7536	53
37	0,7536	0,7581	0,7627	0,7673	0,7720	0,7766	0,7813	52
38	0,7813	0,7860	0,7907	0,7954	0,8002	0,8050	0,8098	51
39	0,8098	0,8146	0,8195	0,8243	0,8292	0,8342	0,8391	50
40	0,8391	0,8441	0,8491	0,8541	0,8591	0,8642	0,8693	49
41	0,8693	0,8744	0,8796	0,8847	0,8899	0,8952	0,9004	48
42	0,9004	0,9057	0,9110	0,9163	0,9217	0,9271	0,9325	47
43	0,9325	0,9380	0,9435	0,9490	0,9545	0,9601	0,9657	46
44	0,9657	0,9713	0,9770	0,9827	0,9884	0,9942	1,0000	45
45	1,0000	1,0058	1,0117	1,0176	1,0236	1,0295	1,0355	44
Grad	60′	50′	40′	30′	20′	10′	0′	Grad
	Kotangente							

Tabelle V. Verschiedene Zahlenwerte.

$\pi = 3,1415926536 \ominus 3,1416$	$\dfrac{\pi}{4} = 0,785398$	$g = 9,81$	$\sqrt{2g} = 4,429447$
$\log \pi = 0,4971498727 \ominus 0,49715$	$\sqrt{\pi} = 1,772454$	$\log g = 0,9916690$	$e = 2,718282$
$\pi^2 = 9,869604$		$g^2 = 96,2361$	$\log e = 0,434295$

Tabelle VI. $\cos \omega + \lambda \cos 2\omega$.

Kurbelwinkel ω	$\cos \omega$	$\cos 2\omega$	$\lambda = \dfrac{R}{L} = \dfrac{1}{4}$ $\lambda \cdot \cos 2\omega$	$\lambda = \dfrac{R}{L} = \dfrac{1}{4,5}$ $\lambda \cdot \cos 2\omega$	$\lambda = \dfrac{R}{L} = \dfrac{1}{5}$ $\lambda \cdot \cos 2\omega$	$\lambda = \dfrac{1}{4}$ $\cos \omega + \lambda \cos 2\omega$	$\lambda = \dfrac{1}{4,5}$ $\cos \omega + \lambda \cos 2\omega$	$\lambda = \dfrac{1}{5}$ $\cos \omega + \lambda \cos 2\omega$	Kurbelwinkel ω
0°	+ 1,000	+ 1,000	+ 0,250	+ 0,222	+ 0,200	+ 1,250	+ 1,222	+ 1,200	0°
15°	+ 0,966	+ 0,866	+ 0,217	+ 0,192	+ 0,173	+ 1,183	+ 1,158	+ 1,139	15°
30°	+ 0,866	+ 0,500	+ 0,125	+ 0,111	+ 0,100	+ 0,991	+ 0,977	+ 0,966	30°
45°	+ 0,707	0,000	0,000	0,000	0,000	+ 0,707	+ 0,707	+ 0,707	45°
60°	+ 0,500	— 0,500	— 0,125	— 0,111	— 0,100	+ 0,375	+ 0,389	+ 0,40	60°
75°	+ 0,259	— 0,866	— 0,217	— 0,192	— 0,173	+ 0,042	+ 0,067	+ 0,086	75°
90°	0,000	— 1,000	— 0,250	— 0,222	— 0,200	— 0,250	— 0,222	— 0,200	90°
105°	— 0,259	— 0,866	— 0,217	— 0,192	— 0,173	— 0,476	— 0,451	— 0,432	105°
120°	— 0,500	— 0,500	— 0,125	— 0,111	— 0,100	— 0,625	— 0,611	— 0,600	120°
135°	— 0,707	0,000	0,000	0,000	0,000	— 0,707	— 0,707	— 0,707	135°
150°	— 0,866	+ 0,500	+ 0,125	+ 0,111	+ 0,100	— 0,741	— 0,755	— 0,766	150°
165°	— 0,966	+ 0,866	+ 0,217	+ 0,192	+ 0,173	— 0,749	— 0,774	— 0,793	165°
180°	— 1,00	+ 1,000	+ 0,250	+ 0,222	+ 0,200	— 0,750	— 0,778	— 0,800	180°

Tabelle VII.

Knoten, Kilometer, Meter pro Sekunde.

Knoten pro Stunde	Kilometer pro Stunde	Meter pro Sekunde	Knoten pro Stunde	Kilometer pro Stunde	Meter pro Sekunde
4	7,413	2,06	13	24,091	6,692
4,25	7,876	2,19	13,25	24,554	6,8
4,5	8,339	2,32	13,5	25,018	6,95
4,75	8,802	2,45	13,75	25,481	7,08
5	9,266	2,57	14	25,944	7,21
5,25	9,729	2,70	14,25	26,408	7,34
5,5	10,192	2,82	14,5	26,871	7,46
5,75	10,656	2,96	14,75	27,334	7,59
6	11,119	3,09	15	27,797	7,72
6,25	11,582	3,22	15,25	28,261	7,85
6,5	12,046	3,35	15,5	28,724	7,98
6,75	12,509	3,47	15,75	29,187	8,11
7	12,972	3,59	16	29,651	8,24
7,25	13,435	3,73	16,25	30,114	8,37
7,5	13,899	3,86	16,5	30,577	8,49
7,75	14,362	3,99	16,75	31,041	8,62
8	14,825	4,12	17	31,504	8,75
8,25	15,289	4,25	17,25	31,967	8,88
8,5	15,752	4,38	17,5	32,430	9,01
8,75	16,215	4,50	17,75	32,894	9,14
9	16,678	4,63	18	33,357	9,27
9,25	17,142	4,76	18,25	33,820	9,39
9,5	17,605	4,89	18,5	34,284	9,52
9,75	18,068	5,02	18,75	34,747	9,65
10	18,532	5,15	19	35,210	9,78
10,25	18,995	5,28	19,25	35,673	9,91
10,5	19,458	5,41	19,5	36,137	10,04
10,75	19,921	5,53	19,75	36,600	10,17
11	20,385	5,66	20	37,063	10,30
11,25	20,848	5,79	20,25	37,526	10,42
11,5	21,311	5,92	20,5	37,990	10,55
11,75	21,775	6,05	20,75	38,453	10,68
12	22,238	6,18	21	38,916	10,81
12,25	22,701	6,31	21,25	39,379	10,94
12,5	23,165	6,43	21,5	39,843	11,07
12,75	23,628	6,56	21,75	40,306	11,20

Knoten pro Stunde	Kilometer pro Stunde	Meter pro Sekunde	Knoten pro Stunde	Kilometer pro Stunde	Meter pro Sekunde
22	40,769	11,32	31	57,448	15,96
22,25	41,233	11,45	31,25	57,911	16,09
22,5	41,696	11,58	31,5	58,374	16,22
22,75	42,160	11,71	31,75	58,838	16,34
23	42,623	11,84	32	59,302	16,47
23,25	43,086	11,97	32,25	59,765	16,60
23,5	43,549	12,10	32,5	60,228	16,73
23,75	44,013	12,23	32,75	60,691	16,86
24	44,476	12,35	33	61,154	16,99
24,25	44,939	12,48	33,25	61,618	17,12
24,5	45,403	12,61	33,5	62,082	17,25
24,75	45,866	12,74	33,75	62,545	17,37
25	46,329	12,87	34	63,008	17,50
25,25	46,792	13,00	34,25	63,471	17,63
25,5	47,256	13,13	34,5	63,934	17,76
25,75	47,719	13,25	34,35	64,397	17,89
26	48,182	13,38	35	64,860	18,02
26,25	48,646	13,51	35,25	65,324	18,15
26,5	49,109	13,64	35,5	65,788	18,27
26,75	49,572	13,77	35,75	66,251	18,40
27	50,035	13,90	36	66,714	18,53
27,25	50,499	14,03	36,25	67,177	18,66
27,5	50,962	14,16	36,5	67,640	18,79
27,75	51,425	14,28	36,75	68,104	18,92
28	51,889	14,41	37	68,568	19,05
28,25	52,352	14,54	37,25	69,031	19,18
28,5	52,815	14,67	37,5	69,494	19,30
28,75	53,279	14,80	37,75	69,957	19,43
29	53,742	14,93	38	70,422	19,56
29,25	54,205	15,06	38,25	70,885	19,69
29,5	54,668	15,19	38,5	71,348	19,82
29,75	55,132	15,31	38,75	71,812	19,95
30	55,595	15,44	39	72,275	20,08
30,25	56,058	15,57	39,25	72,738	20,21
30,5	56,522	15,70	39,5	73,201	20,33
30,75	56,985	15,83	39,75	73,665	20,46

Vorstehende Tabelle ist berechnet für „admiralty knots" oder englische See-meilen.

$$1 \text{ admiralty knot} = 6080' \text{ engl.} = 1,8532 \text{ km.}$$

Die deutsche, österreichische und französische Seemeile ist gleich der mittleren Länge einer Bogenminute des Erdmeridians.

$$1 \text{ deutsche Seemeile} = 6076,23' \text{ engl.} = 1,852 \text{ km.}$$

Tabelle VIII.
Reibungskoeffizienten.
(Bearbeitete Flächen ohne Schmiermaterial.)

Stahl auf Weißmetall	0,12
Bronze auf Bronze	0,2
Gußeisen auf Gußeisen oder Bronze .	0,14
Stahl auf Bronze	0,14—0,15
Schweißeisen auf Schweißeisen	0,3
Schweißeisen auf Gußeisen oder Bronze	0,18
Eisen auf Eichenholz	0,5

Es ist zu vermeiden, Stahl auf Stahl laufen zu lassen, da hierbei leicht ein Anfressen stattfindet. Aus diesem Grunde macht man auch die Muttern auf Stahlbolzen aus Schweißeisen und nicht aus Stahl. Am besten läuft Stahl auf Weißmetall; ein Anfressen der Stahlfläche kommt dabei fast niemals vor.

Tabelle IX.
Eigenschaften gesättigter Wasserdämpfe.
(Nach Zeuner, Technische Thermodynamik Bd. II, Tabelle 12.)

Druck in kg/qcm absolut	Tempera-tur t	Flüssig-keits-wärme q	Innere latente Wärme ϱ	Äußere latente Wärme Apu	u	Spezifisches Gewicht $\gamma = \dfrac{1}{v}$
0,1	45,549	45,679	539,347	35,406	15,0121	0,0666
0,2	59,755	59,890	528,134	36,701	7,7806	0,1285
0,3	68,742	68,934	521,025	37,507	5,3009	0,1886
0,4	75,467	75,710	515,706	38,101	4,0387	0,2475
0,5	80,899	81,189	511,409	38,576	3,2712	0,3056
0,6	85,484	85,818	507,782	38,972	2,7540	0,3630
0,7	89,469	89,844	504,630	39,314	2,3813	0,4198
0,8	93,003	93,427	501,835	39,604	2,0990	0,4762
0,9	96,187	96,639	499,316	39,882	1,8789	0,5319
1,0	99,088	99,576	497,021	40,125	1,7013	0,5874
1,1	101,758	102,281	494,909	40,346	1,5552	0,6426
1,2	104,235	104,792	492,950	40,550	1,4328	0,6974
1,3	106,548	107,138	491,121	40,738	1,3287	0,7520
1,4	108,717	109,339	489,405	40,915	1,2391	0,8064
1,5	110,763	111,416	487,786	41,081	1,1612	0,8604
1,6	112,699	113,382	486,255	41,236	1,0928	0,9142
1,7	114,539	155,252	484,800	41,382	1,0321	0,9679
1,8	116,290	117,032	483,415	41,521	0,9780	1,0214
1,9	117,966	118,737	482,089	41,654	0,9295	1,0747

Druck in kg/qcm absolut	Temperatur t	Flüssigkeitswärme q	Innere latente Wärme ϱ	Äußere latente Wärme Apu	u	Spezifisches Gewicht $\gamma = \dfrac{1}{v}$
2,0	119,570	120,369	480,820	41,780	0,8857	1,1278
2,1	121,109	121,935	479,603	41,900	0,8460	1,1806
2,2	122,590	123,443	478,431	42,026	0,8102	1,2327
2,3	124,017	124,897	477,303	42,125	0,7766	1,2860
2,4	125,395	126,301	476,213	42,231	0,7461	1,3385
2,5	126,726	127,658	475,160	42,333	0,7180	1,3908
2,6	128,015	128,972	474,140	42,433	0,6920	1,4430
2,7	129,264	130,246	473,152	42,528	0,6678	1,4952
2,8	130,476	131,438	472,193	42,619	0,6454	1,5452
2,9	131,653	132,684	471,262	42,708	0,6244	1,5989
3,0	132,798	133,853	470,357	42,793	0,6048	1,6507
3,1	133,913	134,992	469,475	42,876	0,5864	1,7024
3,2	134,999	136,102	468,616	42,957	0,5692	1,7537
3,3	136,057	137,183	467,779	43,035	0,5529	1,8053
3,4	137,090	138,239	466,962	43,111	0,5376	1,8566
3,5	138,099	139,271	466,164	43,185	0,5232	1,9076
3,6	139,085	140,279	465,384	43,285	0,5095	1,9588
3,7	140,049	141,265	464,621	43,329	0,4965	2,0100
3,8	140,992	142,230	463,875	43,398	0,4842	2,0609
3,9	141,915	143,175	463,145	43,464	0,4725	2,1118
4,0	142,820	144,102	462,429	43,529	0,4614	2,1625
4,1	143,707	145,010	461,728	43,593	0,4508	2,2132
4,2	144,576	145,901	461,040	43,655	0,4407	2,2639
4,3	145,429	146,775	460,366	43,715	0,4311	2,3141
4,4	146,266	147,633	459,704	43,774	0,4218	2,3650
4,5	147,088	148,475	459,053	43,834	0,4130	2,4153
4,6	147,895	149,303	458,415	43,890	0,4046	2,4653
4,7	148,689	150,117	457,787	43,946	0,3964	2,5162
4,8	149,469	150,918	457,170	44,000	0,3887	2,5659
4,9	150,236	151,705	456,563	44,054	0,3812	2,6163
5,0	150,991	152,480	455,966	44,106	0,3740	2,6665
5,1	151,734	153,242	455,378	44,159	0,3671	2,7165
5,2	152,465	153,993	454,800	44,209	0,3605	2,7660
5,3	153,185	154,733	454,231	44,257	0,3541	2,8159
5,4	153,895	155,462	453,669	44,307	0,3479	2,8659
5,5	154,594	156,180	453,116	44,355	0,3419	2,9161
5,6	155,282	156,888	452,572	44,401	0,3362	2,9654
5,7	155,961	157,586	452,035	44,447	0,3306	3,0154
5,8	156,631	158,274	451,505	44,493	0,3253	3,0644
5,9	157,292	158,954	450,982	44,538	0,3201	3,1140
6,0	157,944	159,625	450,466	44,582	0,3150	3,1643
6,1	158,587	160,287	449,958	44,624	0,3102	3,2131
6,2	159,222	160,940	449,455	44,668	0,3055	3,2623
6,3	159,849	161,585	448,959	44,709	0,3009	3,3120
6,4	160,467	162,222	448,471	44,749	0,2965	3,3610
6,5	161,079	162,852	447,987	44,790	0,2922	3,4103

Druck in kg/qcm absolut	Temperatur t	Flüssig-keits-wärme q	Innere latente Wärme ϱ	Äußere latente Wärme Apu	u	Spezifisches Gewicht $\gamma = \frac{1}{c}$
6,6	161,683	163,474	447,509	44,830	0,2880	3,4598
6,7	162,279	164,088	447,037	44,870	0,2840	3,5084
6,8	162,869	164,696	446,571	44,909	0,2800	3,5583
6,9	163,452	165,296	446,109	44,948	0,2762	3,6071
7,0	164,028	165,890	445,654	44,985	0,2725	3,6559
7,1	164,598	166,478	445,203	45,021	0,2689	3,7047
7,2	165,161	167,058	444,758	45,058	0,2653	3,7547
7,3	165,718	167,633	444,317	45,094	0,2619	3,8033
7,4	166,270	168,202	443,880	45,130	0,2586	3,8516
7,5	166,815	168,764	443,449	45,166	0,2553	3,9012
7,6	167,355	169,321	443,022	45,200	0,2522	3,9489
7,7	167,889	169,872	442,600	45,234	0,2491	3,9979
7,8	168,418	170,418	442,181	45,268	0,2461	4,0464
7,9	168,941	170,958	441,768	46,301	0,2431	4,0961
8,0	169,459	171,493	441,358	45,334	0,2403	4,1437
8,1	169,972	172,023	440,952	45,366	0,2375	4,1923
8,2	170,480	172,548	440,550	45,398	0,2347	4,2421
8,3	170,983	173,067	440,152	45,430	0,2321	4,2894
8,4	171,482	173,583	439,758	45,461	0,2295	4,3378
8,5	171,976	174,093	439,367	45,492	0,2269	4,3872
8,6	172,465	174,599	438,980	45,523	0,2244	4,4359
8,7	172,950	175,100	438,597	45,553	0,2220	4,4836
8,8	173,430	175,596	438,217	45,583	0,2196	4,5324
8,9	173,906	176,089	437,840	45,612	0,2173	4,5801
9,0	174,379	176,578	437,466	45,642	0,2150	4,6289
9,1	174,846	177,061	437,097	45,670	0,2128	4,6765
9,2	175,310	177,541	436,730	45,699	0,2106	4,7251
9,3	175,770	178,017	436,366	45,727	0,2085	4,7725
9,4	176,226	178,489	436,005	45,755	0,2064	4,8208
9,5	176,679	178,958	435,647	45,782	0,2043	4,8701
9,6	177,127	179,422	435,293	45,809	0,2023	4,9180
9,7	177,572	179,882	434,941	45,836	0,2004	4,9644
9,8	178,014	180,340	434,591	45,863	0,1984	5,0141
9,9	178,451	180,793	434,245	45,890	0,1965	5,0624
10,00	178,886	181,243	433,901	45,916	0,1947	5,1089
10,25	179,957	182,353	433,054	45,980	0,1902	5,2291
10,50	181,008	183,442	432,223	46,042	0,1859	5,3494
10,75	182,040	184,513	431,406	46,103	0,1818	5,4694
11,00	183,053	185,563	430,605	46,163	0,1779	5,5885
11,25	184,049	186,597	429,817	46,221	0,1742	5,7065
11,50	185,027	187,612	429,044	46,277	0,1706	5,8262
11,75	185,989	188,611	428,283	46,333	0,1672	5,9439
12,00	186,985	189,594	427,534	46,387	0,1639	6,0629
12,25	187,866	190,561	426,798	46,440	0,1607	6,1828
12,50	188,782	191,513	426,073	46,493	0,1577	6,2996
12,75	189,685	192,452	425,359	46,543	0,1548	6,4168

Druck in kg/qcm absolut	Tempera- tur t	Flüssig- keits- wärme q	Innere latente Wärme ϱ	Äußere latente Wärme Apu	u	Spezifisches Gewicht $\gamma = \dfrac{1}{v}$
13,00	190,573	193,376	424,657	46,592	0,1520	6,5342
13,25	191,449	194,287	423,964	46,641	0,1492	6,6560
13,50	192,311	195,184	423,282	46,689	0,1466	6,7732
13,75	193,162	196,070	422,609	46,735	0,1441	6,8898
14,00	194,001	196,944	421,945	46,781	0,1417	7,0057
14,25	194,828	197,806	421,290	46,826	0,1393	7,1255
14,50	195,644	198,656	420,645	46,870	0,1370	7,2442
14,75	196,449	199,495	420,009	46,913	0,1348	7,3615
15,00	197,240	200,324	419,380	46,955	0,1327	7,4771
16,00	200,320	203,533	416,947	47,118	0,1249	7,9428
17,00	203,260	206,665	414,621	47,208	0,1177	8,4175
18,00	206,070	209,544	412,399	47,408	0,1117	8,8652
19,00	208,750	212,350	410,279	47,540	0,1061	9,3284
20,00	211,340	215,065	408,230	47,664	0,1010	9,7943

Dieser Tabelle ist ein Wärmeäquivalent $A = \dfrac{1}{424}$ zugrunde gelegt.

Tabelle X.

Schmelzpunkte verschiedener Stoffe.

Material	Grad Celsius
Antimon	430
Blei	330
Bronze	900
Gold	1200
Gußeisen, weiß	1050
„ grau	1200
Kupfer	1100
Platin	2500
Quecksilber	— 39
Schmiedeeisen	1500—1800
Schwefel	110
Silber	1000
Stahl	1350
Wachs (gelbes)	60
Weißmetall	210—260
Wismut	260
Wismut (8 T.). Zinn (3 T.). Blei (5 T.) . . .	100
Zink	360
Zinn	230

Tabelle XI.

Spezifische Gewichte von Metallen und Legierungen.

Material	Gewicht von 1 cdm in kg	Material	Gewicht von 1 cdm in kg
Aluminium	2,6 — 2,7	E i s e n:	
Antimon	6,7	Roheisen, grau . . .	6,8 — 7.5
Blei	11,3 —11.4	Roheisen, weiß . . .	7,6
Aluminiumbronze . . .	7,7	Siemens-Martin-	
B r o n z e:		Flußeisen	7,85
Deltametall	8,6	Siemens-Martin-Stahl.	7,85
Glockenmetall	8,8	Werkzeugstahl . . .	7,86
Manganbronze . . .	8,5	Kupfer	8,8 — 9
Messing	8,4 — 8.7	Neusilber	8,4 — 8.7
Muntzmetall. . . .	8,5	Platin	21,5
Phosphorbronze . . .	8,8	Quecksilber	13,6
Rotguß	8,7	Silber	10,5
E i s e n:		Weißmetall	7,1
chemisch rein	7,8	Zinn	7,3
Gußeisen	7,25— 7.5	Zink	7,1
Stahlguß	7.8 — 8		

Tabelle XII.

Spezifische Gewichte verschiedener Stoffe.

Material	Gewicht von 1 cdm in kg	Material	Gewicht von 1 cdm in kg
Asbestpappe.	1,2	Korkstein, weiß	0,25
Asphalt	1,1 — 1,5	Korkstein, schwarz . .	0,56
Zement, loses Pulver .	1,15— 1,7	Marmor	2,7
„ erhärtet. . . .	2,7 — 3	Putzwolle, ziemlich lose .	0,16
Schamottesteine	1,85	Schwefel	2,0
Konsistentes Fett . . .	0,92— 0,94	Talg	0,91
Kautschuk, roh	0,92— 0,96	Ziegelsteine, gewöhnlich	1,94
„ vulkanisiert	1,45	„ Klinker .	1,91
Kreide	1,8 — 2,6	Leder.	0,86— 1.02

Tabelle XIII.

Spezifische Gewichte von Kohlensorten.

Material	Gewicht von 1 cdm in kg	Material	Gewicht von 1 cdm in kg
Anthrazit	1,4 — 1,7	Koks, geschüttet . . .	0,4
Braunkohle	0,8 — 1,5	Steinkohle	1,2 — 1.5
Koks	1,4	„ geschüttet .	0,75

Tabelle XIV.
Spezifische Gewichte von Hölzern.
(Vgl. Johow, Hilfsbuch f. d. Schiffbau.)

Material	Gewicht von 1 cdm in kg frisch	lufttrocken
Eiche	0,89—1,06	0,65—0,92
Esche	0,78—0,93	0,54—0,85
Fichte, Rottanne	0,79—0,99	0,38—0,48
Kiefer, Föhre	0,81—1,00	0,46—0,76
Kork.	—	0,24
Pitch Pine	—	0,66
Pockholz	—	1,26—1,34
Tanne, Weißtanne	0,89	0,45—0,75
Teak	—	0,88—0,98
Nußbaum	0,91—0,92	0,6 —0,81
Mahagoni	—	0,56—1,06

Tabelle XV.
Spezifische Gewichte von Flüssigkeiten.

Material	Gewicht von 1 cdm in kg	Material	Gewicht von 1 cdm in kg
Alkohol, absolut . . .	0,79	Quecksilber	13,6
Kienöl	0,85	Salpetersäure, konz. . .	1,53
Leinöl	0,94	Salzsäure, konz.	1,19
Mineralöl	0,90—0,92	Schwefelsäure, konz.. .	1,84
Rüböl	0,91	Seewasser	1,025
Petroleum.	0,80—0,90	Wasser, destilliert bei 4 °C	1,00

Tabelle XVI.
Spezifische Gewichte von Gasen
bei 760 mm Quecksilbersäule ·Druck und 0° C.

Gas	Gewicht von 1 cdm in kg	Gas	Gewicht von 1 cdm in kg
Kohlenoxyd	1,250	Sauerstoff	1,429
Kohlensäure	1,978	Stickstoff	1,256
Leuchtgas	0,690	Wasserdampf (siehe Tab.	
Luft	1,293	Nr. XXII)	—
Methan	0,720	Wasserstoff	0,0896

Ist G das spezifische Gewicht eines Gases bei 760 mm Druck und 0° C, so ist dasselbe bei einem Druck von p mm Quecksilbersäule und der Temperatur t

$$G_1 = G \frac{p}{760} \left(\frac{1}{1 + a\,t} \right).$$

wobei der Ausdehnungskoeffizient α für alle Gase ungefähr gleich und

$$= \frac{1}{273} = 0,00366 \text{ ist.}$$

735 mm Quecksilbersäule = 1 at = 1 kg/qcm.

Tabelle XVII.
Wärme-Ausdehnung von starren Körpern.

Bei einer Temperaturzunahme von 100° dehnt sich ein Stab von 1 mm Länge um α mm aus.

Material	α	Material	α
Blei	2,9	Schweißeisen	1,2
Bronze	1,8	Stahl	1,1—1,2
Eichenholz	0,8	Tannenholz	0,35
Gußeisen	1,1	Zink	3
Kupfer i. Mittel	1,6		

Tabelle XVIII.
Festigkeit und Dehnung verschiedener Materialien.

Material	Bruch-festigkeit kg/qmm [1])	Dehnung auf 200 mm Länge %	Elastizi-täts-grenze	Elastizi-täts-Modul
Gewöhnliches graues Gußeisen . . . do. Druck	12—14 70—75	—	—	750 000
Sehr gutes und festes Gußeisen, Zy-linderguß . . . . do. Druck	16—21 75—80	—	—	1 050 000
Gutes Schweißeisen, kleine Schmiede-stücke	34—38	14—18	20—25	2 000 000
Siemens-Martin-Flußeisen je nach Kohlenstoffgehalt geschmiedet . .	38—42	20—25	20—30	2 150 000
Siemens-Martin-Stahl für Wellen usw. geschmiedet	45—55	20—25	25—35	2 200 000
Tiegelstahl, beste Qualität geschmie-det	45—55	20—25	25—35	2 200 000
Nickelstahl, geschmiedet	55—62	20	38	2 200 000
Werkzeugstahl, ungehärtet	75—90	—	40 u. mehr	2 200 000

[1]) Für die Schub- oder Scherfestigkeit nimmt man meist ¼ der Zugfestigkeit.

Material	Bruch-festigkeit kg/mm	Dehnung auf 200 mm Länge %	Elastizi-täts-grenze	Elastizi-täts-Modul
Stahlgußstücke (Siemens-Martin) . .	40—50	18—20	20—30	2 150 000
Kesselbleche aus Flußeisen (weichem Stahl)	38—42	20—25	25	2 150 000
Bester Tiegelgußstahldraht für Ia Stahltrossen	150—180	—	—	—
Messing, gewalzt	15	—	—	1 100 000
Bester Rotguß, Flanschenmetall, Bronze für Ventile	20—30	mindest. 10—20		900 000
Muntzmetall, gewalzt oder geschmie-det	34	—		—
Deltametall, geschmiedet	34—37	—	18	1 000 000
Manganbronze, gegossen (Propeller-flügel)	30—45	15—25		—
Manganbronze, gezogen (Schrauben-bolzen)	40—50	20—40		—
Kupferblech	20—23	38	14	1 100 000
Kupferdraht	bis 28	—	—	—
Eichenholz in Richtung der Faser {	11 Zug 6,6 Druck	—	—	120 000
Kieternholz in Richtung der Faser {	11 Zug 4,5 Druck	—	—	120 000
Eschenholz in Richtung der Faser {	12 Zug 6,6 Druck	—	—	100 000

Bemerkung. Wo nichts weiteres bemerkt, ist hier unter Bruchfestigkeit Zugfestigkeit verstanden.

Die Ziffer für die Dehnung gibt an, um wieviele Prozent ein Probestab von 200 mm Länge sich beim Zerreißen verlängert.

Tabelle XIX. **Flächeninhalte, äquatoriale Trägheitsmomente und Widerstandsmomente verschiedener Querschnitte.**

Querschnitt	Fläche F	Trägheits-Moment J	Widerstands-Moment W
Rechteck	$b \cdot h$	$\dfrac{b \cdot h^3}{12}$	$\dfrac{b\,h^2}{6}$
Quadrat	b^2	$\dfrac{b^4}{12}$	$\dfrac{\sqrt{2}}{12}\,b^3 = 0.118\,b^3$
Hohlquadrat	$B^2 - b^2$	$\dfrac{B^4 - b^4}{12}$	$\dfrac{1}{6} \cdot \dfrac{B^4 - b^4}{B}$
Gurtungen	$b(H - h)$	$b \cdot \dfrac{H^3 - h^3}{12}$	$b \cdot \dfrac{H^3 - h^3}{H \cdot 6}$
Kreis	$\dfrac{d^2\,\pi}{4} = 0.7854\,d^2$	$\dfrac{d^4\,\pi}{64} = 0.0491\,d^4$	$\dfrac{d^3\,\pi}{32} = 0.0982\,d^3$
Kreisring	$(D^2 - d^2)\dfrac{\pi}{4}$	$(D^4 - d^4)\dfrac{\pi}{64}$	$\dfrac{D^4 - d^4}{D} \cdot \dfrac{\pi}{32}$
Ellipse	$b \cdot h \cdot \dfrac{\pi}{4}$	$b \cdot h^3 \cdot \dfrac{\pi}{64}$	$b \cdot h^2 \cdot \dfrac{\pi}{32}$

[1]) Für die horizontale Schwerachse.

Querschnitt	Fläche F	Trägheits-Moment J	Widerstands-Moment W
Elliptischer Ring	$(BH - bh)\dfrac{\pi}{4}$	$(BH^3 - bh^3)\dfrac{\pi}{64}$	$\dfrac{BH^3 - bh^3}{H} \cdot \dfrac{\pi}{32}$
Halbkreis	$\dfrac{r^2 \pi}{2}$	$0{,}11\, r^4$	für h_1 $0{,}19\, r^3$ für h_2 $0{,}26\, r^3$ $h_2 = 0{,}244\, r$
	$BH - bh$	$\dfrac{BH^3 - bh^3}{12}$	$\dfrac{BH^3 - bh^3}{6H}$
	$BH + bH$	$\dfrac{Bh^3 + bH^3}{12}$	$\dfrac{Bh^3 + bH^3}{6H}$
	$BH - bh$	$\dfrac{(BH^2 - bh^2)^2 - 4BHbh(H-h)^2}{12(BH - bh)}$	$\dfrac{(BH^2 bh^2)^2 - 4BHbh(H-h)^2}{6(BH^2 + bh^2 - 2bHh)}$

Die angegebenen Trägheitsmomente und Widerstandsmomente gelten für Achsen, welche durch den Schwerpunkt gehen.

Das Trägheitsmoment einer Fläche, bezogen auf eine zur Schwerpunktsachse parallele Achse im Abstande a von derselben ist

$$J_1 = J + Fa^2.$$

Die hier angegebenen Trägheitsmomente nennt man äquatoriale Trägheitsmomente.

Tabelle XX. **Äquatoriale Trägheitsmomente „J" und Widerstandsmomente „W" kreisförmiger Querschnitt vom Durchmesser „d".**

d	$J = \dfrac{d^4\pi}{64}$	$W = \dfrac{d^3\pi}{32}$	d	$J = \dfrac{d^4\pi}{64}$	$W = \dfrac{d^3\pi}{32}$
10	490,9	98,17	40	125 664	6 283
10,5	596,4	113,6	41	138 709	6 766
11	718,7	130,7	42	152 745	7 274
11,5	858,5	149,3	43	167 820	7 806
12	1 018	169,6	44	183 984	8 363
12,5	1 179	188,6	45	201 289	8 946
13	1 402	215,7	46	219 787	9 556
13,5	1 630	241,5	47	239 551	10 193
14	1 886	269,4	48	260 576	10 857
14,5	2 170	299,3	49	282 979	11 550
15	2 485	331,3	50	306 796	12 272
15,5	2 833	365,6	51	332 086	13 023
16	3 217	402,1	52	358 908	13 804
16,5	3 638	441,0	53	387 233	14 616
17	4 100	481,3	54	417 393	15 459
17,5	4 604	526,2	55	449 180	16 334
18	5 153	572,6	56	482 750	17 241
18,5	5 750	621,6	57	518 166	18 181
19	6 397	673,4	58	555 497	19 155
19,5	7 098	728,0	59	594 810	20 163
20	7 854	785,4	60	636 172	21 206
21	9 547	909,2	61	679 651	22 284
22	11 499	1 045	62	725 332	23 398
23	13 737	1 194	63	773 272	24 548
24	16 286	1 357	64	823 550	25 736
25	19 175	1 534	65	876 240	26 961
26	22 432	1 726	66	931 420	28 225
27	26 087	1 932	67	989 166	29 527
28	30 172	2 165	68	1 049 556	30 869
29	34 719	2 394	69	1 112 600	32 251
30	39 761	2 651	70	1 178 588	33 674
31	45 333	2 925	71	1 247 393	35 138
32	51 472	3 217	72	1 319 167	36 644
33	58 214	3 528	73	1 393 995	38 192
34	65 597	3 859	74	1 471 963	39 783
35	73 662	4 209	75	1 553 156	41 417
36	82 448	4 580	76	1 637 662	43 096
37	91 998	4 973	77	1 725 571	44 820
38	102 354	5 387	78	1 816 972	46 589
39	113 561	5 824	79	1 911 967	48 404

d	$J = \dfrac{d^4 \pi}{64}$	$W = \dfrac{d^3 \pi}{32}$	d	$J = \dfrac{d^4 \pi}{64}$	$W = \dfrac{d^3 \pi}{32}$
80	2 010 619	50 265	90	3 220 623	71 569
81	2 113 051	52 174	91	3 336 165	73 982
82	2 219 347	54 130	92	3 516 586	76 448
83	2 329 605	56 135	93	3 671 992	78 968
84	2 443 920	58 189	94	3 832 492	81 542
85	2 562 392	60 292	95	3 998 198	84 173
86	2 685 120	62 445	96	4 169 220	86 859
87	2 812 025	64 648	97	4 345 671	89 601
88	2 943 748	66 903	98	4 527 664	92 401
89	3 079 853	69 210	99	4 715 315	95 259
			100	4 908 738	98 175

Tabelle XXI. **Schmierpressen (Möllerup-Apparate).** Fig. 233.

Inhalt	a	b	c	d	e	f	g	h	i	k	l	m	n ⊕	o	p
0,07 l	360	200	60	235	10	55	75	40	130	130	55	14	$^5/_7$	$1/_4''$ G.-G.	$^3/_8''$
0,10 l	400	230	70	270	10	60	85	45	140	140	60	15	$^5/_7$	$1/_4''$ „	$^3/_8''$
0,25 l	470	260	90	315	10	75	100	50	155	155	85	16	$^7/_{10}$	$^3/_8''$ „	$1/_2''$
0,40 l	545	320	105	365	12	90	115	65	165	165	95	18	$^7/_{10}$	$^3/_8''$ „	$1/_2''$
0,55 l	620	370	120	420	15	100	120	75	200	200	105	20	$^{10}/_{13}$	$^3/_8''$ „	$^5/_8''$
0,75 l	685	400	130	465	15	110	130	85	220	215	115	22	$^{10}/_{13}$	$^3/_8''$ „	$^5/_8''$
1,00 l	750	450	140	510	20	120	135	100	230	230	125	22	$^{10}/_{14}$	$^3/_4''$ „	$^3/_4''$
1,50 l	830	490	175	570	20	130	145	100	245	245	135	24	$^{10}/_{14}$	$^3/_4''$ „	$^3/_4''$
2,00 l	920	520	180	610	25	150	160	125	270	270	155	26	$^{10}/_{14}$	$^3/_4''$ „	$^7/_8''$
2,50 l	975	580	210	665	25	150	175	125	275	275	155	28	$^{10}/_{14}$	$^3/_4''$ „	$^7/_8''$

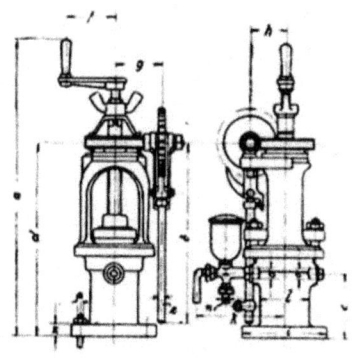

Fig. 233.

Lightning Source UK Ltd.
Milton Keynes UK
UKHW041924191218

334262UK00001B/154/P

9 783861 955016